Raimon Panikkar
Leben und Wort

Salzburger Theologische Studien Band 70

im Auftrag der Theologischen Fakultät der Universität Salzburg
herausgegeben von
Renate Egger-Wenzel • Rudolf Pacik • Heinrich Schmidinger
Martin Rötting

Salzburger Theologische Studien *interkulturell 24*

im Auftrag des Zentrums für Theologie Interkulturell und Studium
der Religionen der Theologischen Fakultät der Universität Salzburg
herausgegeben von Martin Rötting

Raimon Panikkar

Leben und Wort

Einführung in meine Werke

Herausgegeben von Christian Hackbarth-Johnson und
Milena Carrara Pavan

Mit einem Nachwort von Bernhard Nitsche

Übersetzung aus dem Englischen und Italienischen:
Franz Xaver Scheuerer und Christian Hackbarth-Johnson

2022
Tyrolia-Verlag · Innsbruck-Wien

Die Übersetzung und der Druck des vorliegenden Bandes wurden gefördert von der Fundació Vivarium Raimon Panikkar.

Mitglied der Verlagsgruppe „engagement"

Coverfoto: Giancarlo Mancori, Rom
Copyright by Fundació Vivarium Raimon Panikkar

Erstausgabe: Raimon Panikkar, Vita e Parola. La mia opera, a cura di M. Carrara Pavan, Jaca Book, Milano 2010.
© für die deutsche Ausgabe 2022: Verlagsanstalt Tyrolia, Innsbruck, und Fundació Vivarium Raimon Panikkar.
ISBN 978-3-7022-4083-7
E-Mail: buchverlag@tyrolia.at
Internet: www.tyrolia-verlag.at

INHALT

Vorwort des Herausgebers 7
Christian Hackbarth-Johnson

Vorwort des Autors 9

Band I – Mystik und Spiritualität 13
    Buch 1: Mystik, die Fülle des Lebens 13
    Buch 2: Spiritualität, der Weg des Lebens 23

Band II – Religion und Religionen 29

Band III – Christentum 33

Band IV – Hinduismus 43
    Buch 1: Die vedische Erfahrung. Mantramañjarī 43
    Buch 2: Der Dharma Indiens 58

Band V – Buddhismus 69

Band VI – Kulturen und Religionen im Dialog 79
    Buch 1: Pluralismus und Interkulturalität 79
    Buch 2: Interkultureller und interreligiöser Dialog 92

Band VII – Hinduismus und Christentum 98

Band VIII – Trinitarische und kosmotheandrische Vision:
    Gott-Mensch-Kosmos 116

Band IX – Mysterium und Hermeneutik 121
    Buch 1: Mythos, Symbol und Ritual 121
    Buch 2: Glaube, Hermeneutik und Wort 126

Band X – Philosophie und Theologie 131
    Buch 1: Der Rhythmus des Seins 131
    Buch 2: Philosophisches und theologisches Denken 137

Band XI – Heilige Säkularität 146

Band XII – Raum, Zeit und Naturwissenschaft 150

Anhang: Autobiographische Skizze – Fragment 160

Biographisches und bibliographisches Nachwort 165
Milena Carrara Pavan

Nachwort: Zur Relevanz von Raimon Panikkar 175
für den deutschsprachigen Diskurs
Bernhard Nitsche

Die Herausgeber, Übersetzer und der Autor des Nachworts 200

Vorwort des Herausgebers

Nach der Veröffentlichung des von mir und Ulrich Winkler im letzten Jahr in der Reihe *Salzburger Theologische Studien interkulturell* herausgegebenen Tagungsbandes *Homo interreligiosus. Zur biographischen Verortung interreligiöser Prozesse bei Raimon Panikkar (1918–2010). Beiträge einer internationalen Fachtagung zu seinem 100. Geburtstag*, freuen wir uns sehr und sind stolz darauf, dass die Fundació Vivarium Raimon Panikkar und ihre Präsidentin Milena Carrara Pavan uns das Vertrauen gegeben haben, diesen weiteren und sehr besonderen Band mit den Einleitungen Raimon Panikkars zu den 12 Bänden (18 Bücher) seiner *Opera Omnia* in derselben Reihe in deutscher Sprache herauszugeben. Die *Opera Omnia* sind das intellektuelle Vermächtnis eines der großen Pioniere des interreligiösen Dialogs, der interkulturellen Philosophie, eines großen globalen Denkers, der es unternahm, die spirituellen Erfahrungen der religiösen Traditionen des Christentums und Indiens nach der Katastrophe des 2. Weltkriegs und an der Wende ins Informationszeitalter für die Welt fruchtbar zu machen. Die Einleitungen, die bereits im Jahr 2010, noch zu Lebzeiten Panikkars, in italienischer Sprache erschienen[1] sind und nun gleichzeitig mit unserer deutschen auch in englischer Übersetzung erscheinen, geben einen einzigartigen Überblick über das Werk Panikkars aus seiner eigenen Feder. Damit sind in den Salzburger Theologischen Studien interkulturell nun sowohl ein Band mit Aufsätzen von Henri Le Saux (OSB)/Swami Abhishiktānanda (1910–1973), jenes anderen großen Pioniers des hinduistisch-christlichen Dialogs und Freund Panikkars, und ein Tagungsband über sein Leben und Wirken, als auch ein Band mit Aufsätzen von und ein Tagungsband über Raimon Panikkar versammelt.[2]

---

1   Raimon Panikkar, Vita e parola. La mia Opera, a cura di Milena Carrara Pavan, Editoriale Jaca Book SpA, Milano 2010.
2   Henri Le Saux (Swami Abhishiktānanda), *Innere Erfahrung und Offenbarung. Theologische Aufsätze zur Begegnung von Hinduismus und Christentum*, mit einer Einführung von Jacques Dupuis, S.J. (+), hg. von Christian Hackbarth-Johnson, Bettina Bäumer und Ulrich Winkler. Aus dem Französischen und Englischen übersetzt von Christian Hackbarth-Johnson, Salzburger Theologische Studien interkulturell 2, Wien-Innsbruck 2005; Bettina Bäumer, Ulrich Winkler (Hg.), *Unterwegs zur Quelle des Seins. Die Relevanz des Lebens und Denkens von Henri Le Saux/Abhishiktananda für die hindu-christliche*

Ich danke der Stiftung Vivarium Raimon Panikkar für die Finanzierung der Übersetzung und des Drucks, Prof. Dr. Martin Rötting, den Herausgeber der Reihe, für die Aufnahme in die Salzburger Theologischen Studien interkulturell, Dr. Franz-Xaver Scheuerer für die Übersetzung und das Korrekturlesen meiner Überarbeitung, Prof. Dr. Dr. Bernhard Nitsche, dem besten Kenner des Denkens Panikkars im deutschsprachigen Bereich, für sein Nachwort zur Relevanz des Denkens Raimon Panikkars für den aktuellen theologischen und philosophischen Diskurs im deutschen Sprachraum, Mag. Dorit Wolf-Schwarz für die Erstellung der Druckvorlage sowie Mag. Gottfried Kompatscher vom Tyrolia Verlag für die gewohnte gute Zusammenarbeit.

„Lektüre ist auch Meditation", diese handschriftliche Widmung Panikkars, die ich in einem seiner Bücher gefunden habe, hatte ich dem oben erwähnten Tagungsband im letzten Jahr als Faksimile vorangestellt. Sie möge auch für die versammelten Texte in diesem Band das Motto sein.

Dachau, den 31. Mai 2022   *Christian Hackbarth-Johnson*

Begegnung, Salzburger Theologische Studien interkulturell 17, Tyrolia Verlag, Wien-Innsbruck 2016. Die Reihe wurde eröffnet mit einem Aufsatzband der Schülerin beider, Bettina Bäumer, *Trika: Grundthemen des kaschmirischen Śivaismus*, hg. v. Ernst Fürlinger, Salzburger Theologische Studien interkulturell 1, Tyrolia Verlag, Innsbruck-Wien 2003 (inzwischen ^{5}2021).

Vorwort des Autors[3]

Immer wieder wurde ich gebeten, eine Zusammenfassung meines Denkens auszuarbeiten und zu veröffentlichen, einen Text, der „Meine Werke" betitelt werden kann. Nun habe ich gemerkt, dass ich das tatsächlich gemacht habe, indem ich in diesen letzten Jahren die Einführungen zu den verschiedenen Bänden der *Opera Omnia* vorbereitet habe. Dieses Buch besteht aus eben diesen Einführungen. Darunter sind neue Texte sowie für diesen Zweck adaptierte Aufsätze, die, obwohl sie schon vor einiger Zeit geschrieben wurden, die jeweiligen Thesen und Themen gut veranschaulichen.

Was die Auswahl und Unterteilung des Materials für die Bände betrifft, so stehe ich erneut in Milena Carraras Schuld für ihre Hilfe bei der Erstellung dieses Buches. Mein Dank ergeht ebenso an den Verleger Sante Bagnoli, mit dem ich auch freundschaftlich verbunden bin. Er hatte die Idee, diese Einzelstücke als ein eigenes Buch zu veröffentlichen, das den Leser in meine Schriften einführt.

An dieser Stelle möchte ich unterstreichen, dass meine gesammelten Schriften nicht einfach intellektuelle Probleme der Vernunft behandeln, sie sind vielmehr eine Herzensangelegenheit und spiegeln das existentielle Interesse meines ganzen Lebens wider, in dem ich versucht habe, mehr als alles andere, Klarheit und Tiefe durch das ernsthafte Studium der Probleme des menschlichen Lebens zu erlangen.

Viele mögen erstaunt sein, aber ich kann sagen, dass keiner meiner Artikel oder Bücher mit dem Ziel geschrieben worden ist, mich selbst auszudrücken, oder weil ich einen Drang zu schreiben verspürt oder aus eigenem Willen heraus mich entschlossen hätte, etwas zu schreiben. Sie wurden aus dem Zufall heraus geschrieben, aufgeworfen von den Umständen, erbeten von Freunden oder angeregt durch Treffen und Zusammenkünfte. Das heißt, dass ich meine Bücher nie als so ernsthaft betrachtet habe, als würde ich in ihnen all meine Erfahrungen und Einsichten wiedergeben, was jedoch nicht bedeutet, dass ich nicht immer danach gestrebt hätte, konsistent zu sein, oder mich nicht bemüht hätte, den bestmöglichen Ausdruck zu finden. Es bedeutet, dass ich nicht glaube, dass es möglich ist, von meinen Schrif-

---

3   Die englische Vorlage wurde ergänzt durch Teile der italienischen Version des Vorworts. Ein Fragment gebliebener autobiographischer Teil des englischen Vorworts wurde diesem Buch am Ende als Anhang beigefügt (Anm. d. Hg.).

ten eine Rückübertragung auf mein Leben zu machen – wenn sie auch alle Übertragungen des Lebens in Ideen sind. Ich habe mich immer sehr bemüht, sofern dies mit dem jeweiligen Thema vereinbar war, nicht nur als ein Mensch des Abendlandes oder als Inder zu schreiben, ebenso wenig als Christ oder Hindu, und nicht einmal als ein Mensch unserer Zeit. Was ich damit ausdrücken will, ist das mir stets gegenwärtige Gefühl, dass „der Buchstabe tötet",[4] dass das geschriebene Wort nicht der ausschließliche Botschafter des Lebens für das Bewusstsein ist.

Indem ich mich bemüht habe, all meine Schriften themenspezifisch zu gruppieren, wurde mir klar, dass das Schema dieser *Opera Omnia* den Weg darstellt, dem ich in meinem Leben und Denken gefolgt bin, obwohl, wie ich schon sagte, sie meine Erfahrung nicht vollständig abdecken.

Meine Schriften umfassen eine Zeitspanne von ungefähr siebzig Jahren, in der ich mich der Vertiefung meines Verstehens dessen widmete, was ein gerechteres und erfüllteres menschliches Leben bedeutet. Ich habe nicht gelebt, um zu schreiben, sondern ich habe geschrieben, um mit größerer Aufmerksamkeit zu leben und um meinen Brüdern und Schwestern mit Gedanken zu helfen, die nicht bloß von meinem Verstand herrühren, sondern einer höheren Quelle entspringen, die ich vielleicht Geist nennen kann – obwohl ich nicht beanspruche, dass meine Schriften „inspiriert" sind. Ebenso wenig glaube ich, dass wir isolierte Monaden sind, sondern jeder von uns ist ein Mikrokosmos, der den Makrokosmos der ganzen Wirklichkeit widerspiegelt und beeinflusst – genauso, wie es die Mehrheit der Kulturen glaubte, wenn sie vom Leib Śivas, der Gemeinschaft der Heiligen, dem Mystischen Leib, dem *karman*, usw. sprachen.

***

Dies sind in großen Zügen die Phasen, die sich während meines Weges, abgezeichnet haben, die oft ineinandergreifen, und die in meinen schriftlichen Werken sichtbar werden:

Von Jugend an von Spiritualität angezogen, näherte ich mich dem vertieften Studium der Religionen zuerst über die Religion, in die ich hineingeboren und in der ich aufgewachsen bin, das Christentum. Dann entdeckte ich die Religion meines Vaters, den Hinduismus, und verfiel schließlich der Faszination des Buddhismus, obgleich ich meinen christlichen Ursprüngen treu blieb.

Mit einem solchen Gepäck an Erfahrungen und Erkenntnissen öffnete ich mich in spontaner Weise dem Dialog mit den verschiedenen Kulturen und Religionen, den ich schon innerlich gelebt hatte. Man kann in der Tat

---

4   1Kor 3,6.

die Wahrheit einer anderen Religion nicht entdecken, wenn man sie nicht in der inneren Tiefe gelebt hat.

Ein derartiger religiöser Dialog hat sich vor allem zwischen den beiden Religionen, die mich geprägt haben, ergeben: das Christentum und der Hinduismus.

Über die intensive Beschäftigung mit der Trinität, die ich als den Kern des Christentums ansehe, bin ich zur Formulierung meiner Schau der Wirklichkeit gekommen, die ich kosmotheandrisch genannt habe.

Durch die Kommunikation mit anderen, die ich hier nicht direkt beschreiben kann, kam ich zurück auf Mythos, Symbol und Kult als die Grundlage jeder Formulierung von Glauben, worauf wiederum die Hermeneutik aufbaut.

Ich war immer angezogen von der Philosophie als Liebe zur Wahrheit und zum Mysterium.

Ich wollte mich nicht in eine Welt abstrakter Spekulation einsperren, ich war offen für das Leben, das mich in seiner Konkretheit umgibt und das, wie ich entdeckte, mein Heiliges nicht profaniert. Daher mein Interesse für die Probleme, welche die Säkularität betreffen.

Das ist in Kürze der Weg meines Lebens.

Band I – Mystik und Spiritualität

Buch 1: Mystik, die Fülle des Lebens[5]

Dieser erste Band meiner *Opera Omnia* ist teilweise autobiographisch, indem er mit dem wichtigsten Thema meines Lebens zu tun hat. Es hat alle meine Schriften so deutlich inspiriert, dass es der unentbehrliche hermeneutische Schlüssel für sie geworden ist.

Mystik stellt die dritte Dimension dar, die alle folgenden Seiten prägt und mit Leben füllt. Die Reduzierung der Existenz auf die Sinne oder auf die Vernunft begrenzt den Menschen auf den Status einer bloßen Spezies unter anderen mannigfaltigen Lebensformen, nämlich die des vernunftbegabten Tieres. Menschliches Leben (*zôê*) ist, wie wir wiederholt sehen werden, nicht bloß seine biologische Existenz (*bios*). Der Mensch ist nicht nur *ein Abbild* (*homoiôsis*) Gottes, der Quelle, des Anfangs, des Ursprungs, des Grundes (alles homöomorphe Entsprechungen), sondern auch *ein Bild* (*eikôn*) der Wirklichkeit, ein *Mikrokosmos* – wie die Alten zu sagen pflegten (bis zu Paracelsus und den Anhängern der *philosophia adepta*) –, der den ganzen *Makrokosmos* widerspiegelt. Die Unterscheidung zwischen Bild und Abbild ist mehr theologisch als lexikalisch.

Obwohl ich aus praktischen Erwägungen heraus Band I in zwei Bücher unterteilt habe, sollte ich von vornherein klarstellen, dass die beiden Themen Mystik und Spiritualität zwar unterschieden, aber nicht getrennt werden können. Kaum ein Thema hatte in bestimmten Kreisen einen schlechteren Ruf als Mystik, worüber zugegebenermaßen zu viel und dazu sehr schlecht geschrieben worden war. Wenn wir das Thema Spiritualität noch hinzunehmen, ist die Situation, befürchte ich, noch schlimmer.

Dies mag auch der Tatsache geschuldet sein, dass wir als Kinder unserer Zeit Descartes' zweite Regel unkritisch übernommen haben und glauben, Spezialisierung brächte „Klarheit und Unterscheidung". So verwechseln wir rationalen Erweis mit Verstehen. Aufgrund dieses Einflusses haben wir Mystik auf mehr oder weniger außergewöhnliche oder esoterische Phä-

---

5   Panikkar verwendet im Englischen das Wort Leben sowohl groß- als auch kleingeschrieben. Das großgeschriebene *Life* wird mit *LEBEN* wiedergegeben, *life* hingegen mit *Leben* (Anm. d. Übers.)

nomene reduziert und Spiritualität auf eine Übung des „Geistes", wobei dieser als vom Körper getrennt, wenn nicht sogar als dessen Gegenspieler angesehen wird, als wäre der Mensch bloß eine in einem Körper gefangene Seele. Auch das Christentum glaubte das früher, in völligem Widerspruch zum „Dogma" der Auferstehung des Fleisches, und drängte so dieses Dogma an den Rand im Sinne einer bloß zeitlichen Eschatologie. Der Einfluss von Descartes' Genius ist weiterhin beträchtlich und die *res extensa* wurde als äußerlich zum Denkvermögen aufgefasst. Ich meine, dass wir ohne das Korrektiv der Mystik den Menschen zu einem rationalen – um nicht zu sagen rationalistischen – Zweifüßer reduzieren würden, und das menschliche Leben auf die Herrschaft der Vernunft.

***

Die prägnanteste Definition von Mystik dürfte *die Erfahrung von LEBEN* sein. Wir haben es mit einer Erfahrung zu tun, und nicht mit ihrer Interpretation, auch wenn die Kenntnis, die wir davon haben, davon beeinflusst ist. Wir können die beiden nicht trennen, aber wir müssen sie unterscheiden. Die Erfahrung, mit der wir es zu tun haben, ist vollständig und nicht fragmentarisch. Was oft geschieht, ist, dass wir nicht in der Fülle des Lebens leben, weil unsere Erfahrung unvollständig ist und wir auf ein oberflächliches Niveau abgelenkt sind.

Daraus ergibt sich, dass Mystik nicht das Privileg einiger weniger Auserwählter ist, sondern *das* menschliche Charakteristikum *par excellence*. Der Mensch ist wesentlich ein Mystiker, oder, wenn man ihn als ein Tier (*animal*) ansieht (ein Wesen, „angetrieben" von einer *anima*), dann ist der Mensch das mystische Tier, auch wenn, wie wir später sehen werden, unsere Animalität (wenngleich rational) nicht den Menschen definiert. Der Mensch ist mehr *fleischgewordener Geist* als rationale Lebensform, ein *spirituelles Tier* (*animal*) vielleicht, wenn wir *anima* gemäß indo-europäischer Etymologie interpretieren (*aniti*, der, welcher atmet; *anilaḥ*, Atem). Anima würde also in diesem Fall den Geist miteinschließen.

Wenn wir die vielen „spirituellen" Praktiken in ihrer grundlegenden Essenz betrachten – ob wir sie nun Meditation, Yoga, Kontemplation, *Vipassana*, *Tantra*, *Jing*, oder sonst wie nennen –, können wir sehen, dass sie alle dazu einladen, uns auf das Wesentliche zu konzentrieren und uns ganz der Tatsache bewusst zu sein, dass wir lebendig sind und dieses Leben in seiner Fülle leben können, ohne von Zerstreuungen „versucht" zu werden. Nicht jeder Mensch hat eine durchschnittliche Intelligenz oder Gesundheit; nicht alle Menschen sind reich, gut, gebildet, usw., aber alle sind lebendig und erfreuen sich der Fähigkeit, es zu wissen. Tatsächlich sind wir alle uns bewusst, lebendig zu sein, auch wenn sich uns ein vollkommenes Bewusstsein des Lebens oft entzieht.

Gewöhnlich ist das Bewusstsein, das wir von unserem Leben haben, mit unserer Interpretation verknüpft, der Interpretation *unserer selbst* im Genitivus objectivus. Daher ist es ein objektiviertes Bewusstsein unseres Lebens, welches wir haben, das heißt, es ist interpretiert durch unsere Kategorien und beurteilt nach der Art, in der wir es ausleben. Es ist nicht das reine Bewusstsein des Lebens selbst. Es ist nicht Leben, das sich seiner selbst bewusst wird (das *cit anantam,* das „unendliche Bewusstsein" der Upaniṣaden), an dessen Schicksal wir teilhaben. Manchmal kostet es etwas, wenn das Leben sich seiner selbst bewusst wird – wegen der Oberflächlichkeit, die ich angedeutet habe. Dieses Bewusstsein des Lebens ist nicht unser privater Besitz; es gehört nicht dem *ego*. Deshalb sagt die Mystik, dass wir, wenn wir nicht den Egoismus überwinden und dem (egoistischen) *ego* absterben, diese Erfahrung nicht „genießen" können, die in uns ist, die aber sogleich verschwindet, sobald wir versuchen, sie uns zu eigen zu machen. Mystik als Erfahrung des LEBENs besitzt beides, einen objektiven als auch einen subjektiven Genitiv: als Erfahrung von LEBEN (, das wir haben), und auch als Erfahrung des LEBENS (, das in uns anwesend ist).

Bis vor kurzem (und manche Leute glauben das auch heute noch) wurde Mystik als ein bestimmtes, mehr oder weniger außergewöhnliches Phänomen angesehen, etwas außerhalb der „normalen" Bandbreite menschlichen Wissens, „etwas" Besonderes – Pathologisches, Paranormales oder Übernatürliches. Diese Studie hat das ehrgeizige Ziel, diese „Mystik" in das *Sein* des Menschen „wiedereinzusetzen", im Menschen, der mystischer Geist, rationales Tier und körperliches Wesen ist. Mit anderen Worten: Mystik ist kein Feld für Spezialisten, sondern eine anthropologische Dimension, die wesentlich zum Menschen, wie er ist, dazugehört. Jeder Mensch ist ein Mystiker, zumindest ein potenzieller. Echte Mystik ist deshalb nicht entmenschlichend. Sie zeigt uns, dass unser Menschsein mehr – nicht weniger – ist als bloße Rationalität.

Das menschliche Leben vereint alle Menschen, aber unterscheidet sie auch. Bis zum letzten Jahrhundert glaubte die Menschheit empirisch an eine „spontane Entstehung"; dass das Leben nicht nur das ist, was die Menschen vereint und unterscheidet, sondern auch das transzendentale Absolute des Seins, welches alles vereint und unterscheidet, was irgendwie *ist*. LEBEN und Sein waren gleichbedeutend – auch wenn man über LEBEN, und ebenso über Sein, auf viele Arten „sprechen" konnte. Im 19. Jahrhundert, mit der Verfeinerung der *empeiria*, dachte man „beweisen" zu können, dass Leben das Privileg gewisser Seiender sei: „*Omne vivum ex vivo*" („jedes Lebewesen geht aus einem anderen Lebewesen hervor") war das neue Dogma, das um die Zeit von Pasteur entstand. Leben wurde als besondere Eigenschaft von eben denjenigen Seienden angesehen, die als lebend beschrieben wurden. Fortpflanzung wurde als das unterscheidende Merkmal des Lebens angesehen, und ihre offensichtlichste Form war die biologische Fortpflanzung, die ihrerseits weiterführt zum Tod. Die große Trennungslinie zwischen untätiger Materie und lebenden Wesen erhielt so „wissenschaftliche" Bestätigung. Jede andere Auffassung wurde als magisches und „primitives" Gedankengut katalogisiert. „Physik" wurde, trotz ihres Namens, reduziert auf die untätige Materie, und das Leben Gottes wurde ein Dilemma, außer Gott wäre ebenfalls bereit, wie jedes andere lebende Wesen zu sterben – obwohl einige Theologen durch die Unterscheidung zwischen *zôê* und *bios* einen Rettungsversuch unternahmen.

Ohne die „essentiellen" Unterschiede zwischen den Seienden zu leugnen oder unkritisch die Interpretationen anderer Traditionen zu übernehmen, könnte man LEBEN und Sein als homolog akzeptieren, und die *analogia entis* könnte man auf die *analogia vitae* anwenden. Indem man als Ausgangspunkt die lateinische, ursprünglich auf Aristoteles zurückgehende Formulierung nimmt, die das Leben in Lebewesen mit ihrem Sein identifizierte (*vita viventibus est esse*), könnte man vorschlagen: *esse entibus est vita*, „das Sein von Seienden ist (ihr) Leben." „Sein" ist eine abstrakte Vorstellung, wogegen „Leben" ein klarer Begriff ist. Diese Intuition geht in die gleiche Richtung wie der traditionelle Glaube an die *anima mundi*, der so oft schlecht interpretiert wird.

Wir haben uns weit vom *mythos* des letzten Jahrhunderts entfernt, für den die zwei großen Figuren Sigmund Freud und Romain Rolland, neben vielen anderen, als Symbole herausgegriffen werden können. Obwohl ersterer Mystik als ein psychologisches Phänomen der Verdrängung ansah und letzterer ihr „ozeanischen Gefühl" als ein anthropologisches Merkmal, platzierten beide die Mystik doch in die Sphäre des Primitiven und Andersweltlichen. Die Namen Sarvepalli Radhakrishnan, Surendranath Dasgupta, Friedrich von Hügel, Rudolf Otto, Friedrich Heiler, Mircea Eliade, Lucien Lévy-Bruhl, Maurice Blondel, Henri Bergson, Jean Baruzi, Henri Brémond, René Guénon, William James, Aldous Huxley, Philip Sherrard, Evelyn Underhill, Robert Charles Zaehner und andere stehen für die neuerliche Wiedereinführung der Mystik in den Bereich philosophischer Reflektion. Man könnte noch zahlreiche zeitgenössische Denker aufführen, oder in der Tat auch die traditionelle Idee von Philosophie, der vor allem ein mystischer Begriff zugrunde lag.

Wie dem auch immer sei, wir haben es mit einer Erfahrung von LEBEN zu tun, die auf etwas spezifisch Menschliches eingegrenzt wird, indem wir über die menschliche Erfahrung von LEBEN sprechen. In der Tat wäre die vollständige Erfahrung von LEBEN die mystische Erfahrung in ihrer allgemeinsten Art. Deshalb ist Mystik etwas Freudvolles, wie es in der Wendung zum Ausdruck kommt: Ein Mystiker, der traurig ist, ist ein trauriger Mystiker. Die Wirklichkeit ist *sat* (Sein), *cit* (Bewusstsein) und *ānanta* (Unendlichkeit), wie der *Vedānta* sagt.

Ich habe LEBEN großgeschrieben, um nicht *a priori* auszuschließen, dass Leben andere Dimensionen haben kann, welche über seine physiologischen und psychischen Aspekte hinausgehen. Es gibt auch ein spirituelles Leben, ein LEBEN des Seins, und so, paradoxerweise, ein LEBEN der Materie.

Aufgrund all dieser Erwägungen verstehen wir unter Mystik diese integrale Erfahrung von LEBEN.

Ich verwende das Wort „Leben" statt „Wirklichkeit", weil es näher an „Erfahrung" ist. Letztendlich ist es alles dasselbe, aber Leben können wir direkt erfahren, wohingegen „Wirklichkeit" ein Begriff ist, der weiterer Erklärung bedarf. Als Lebewesen nehmen wir am LEBEN teil, obwohl, genauer betrachtet, wir entdecken, dass wir (lebende) Seiende sind, die am Sein teilhaben. Die Erfahrung von LEBEN ist uns eigen. Wir haben eine Vorstellung von Sein durch Deduktion oder Induktion, oder bestenfalls durch Intuition. LEBEN ist etwas, das wir leben und dessen wir uns bewusst sind. Dieses Buch hätte „Erfahrung des Lebens" (*Experience of Living*) betitelt werden können, aber das erschien mir als zu mehrdeutig.

Um der Klarheit willen werde ich jedoch oft das Wort „Wirklichkeit" anstelle von LEBEN benutzen, je nach Zusammenhang. Diese Einführung sollte genügen, um den Horizont festzulegen, auf den hin wir in den folgenden Seiten zusteuern werden. Keine außergewöhnlichen Phänomene oder bloß begriffliche Geistesergüsse finden sich dort, sondern vielmehr eine Annäherung an das grundlegende Problem, das dem Menschen begegnet – das Sein, das wir sind.

Die Erfahrung von LEBEN: Jeder ist sich bewusst, lebendig zu sein und dass das Leben selbst einen höchsten Wert darstellt. Alles andere ist in der Tat davon abhängig oder damit verbunden. Die Erhaltung des Lebens ist der erste menschliche Instinkt. Diese grundlegende Erfahrung kann verschiedene – und untrennbare – Stufen von Tiefe erreichen. Einige mögen sich lebendig fühlen, weil sie „das Blut durch ihre Adern rinnen" fühlen, mit all dem Reichtum an Leidenschaft und Gefühl, welche diese Metapher mit sich trägt. Einige fühlen sich vollkommen lebendig, wenn sie denken – das heißt, wenn sie dessen gewahr werden, dass sie mit einer wunderbaren Fähigkeit ausgestattet sind, den „Puls" der Wirklichkeit zu fühlen. Es gibt nämlich auch eine intellektuelle Erfahrung des LEBENs. Dann gibt es diejenigen, welche mit einer noch größeren Intensität begreifen, dass das LEBEN sie übersteigt, dass es ihnen als ein Geschenk gegeben worden ist, eine Gnade, auch wenn es manchmal als eine Un-Gnade erscheinen mag. Diese drei Erfahrungen gehen Hand in Hand, und in verschiedenen Zeiten kann die eine oder die andere überwiegen. Um auf die traditionelle Dreiteilung der Anthropologie zurückzugreifen, sprechen wir von der Erfahrung des Körpers, der Seele und des Geistes.

Die Erfahrung *des* LEBENs kann, wie wir gesagt haben, als ein subjektives Possessivum verstanden werden, das heißt, eine Erfahrung, die nicht „meine" oder „unsere" ist, sondern die Erfahrung des LEBENs selbst. Dieses LEBEN, das uns gegeben worden ist, das nicht uns gehört, scheint ein Subjekt zu brauchen. Für einige bedeutet dies, die Existenz eines absoluten Seienden anzunehmen: „In Ihm war Leben", wie es viele heilige Schriften sagen. Andere, im Gegensatz dazu, vermeiden den Schritt der Substantialisierung, außer in den Myriaden von (lebenden) Wesen. Dieses LEBEN erfährt sich selbst, und jeder von uns nimmt, mit unterschiedlichen Graden an Tiefe und Klarheit, an dieser Erfahrung teil.

Wenn ich über die Erfahrung von LEBEN spreche, meine ich nicht die Erfahrung *meines* eigenen Lebens, sondern von LEBEN, das Leben, das nicht mein eigenes ist, obwohl es in mir ist; das Leben, das, wie die Veden sagen, unsterblich und unendlich ist, und das manche göttlich nennen würden. Leben, das man dennoch als pulsierend „fühlen" kann oder, noch einfacher gesagt, das einfach in uns lebt. Die Interpretationen reichen natürlich von dem, was als ozeanisches Gefühl definiert wird, bis zur biologischen Empfindung, am Leben zu sein, und zur Erfahrung von Gott, von Christus, von Liebe, oder eben von SEIN.

Gemäß dem Hl. Justinus (2. Jh. n. Chr.) ist die Erfahrung von LEBEN (zôê) sogar die Erfahrung des Gebers des Lebens, da das Leben, die Seele, nicht *durch sich selbst* lebendig ist, sondern am LEBEN teilhat.

Das beutet nicht, Unterscheidungen zu leugnen und zu behaupten, dass alle Erfahrungen (welche eng mit Ihrer Interpretation verbunden sind) gleich und von gleichem Wert seien, noch zu sagen, dass sie aufgrund ihrer Ausdrucksform (Interpretation) falsche oder rein imaginäre Erfahrungen sind, denn dann wären es gar keine Erfahrungen. Wir sprechen hier nicht von „mystischen Erfahrungen", sondern von *Erfahrung* an sich. Diese können wir nur als menschlich bezeichnen, und genau diese definiere ich als mystisch.

In Übereinstimmung mit der bereits erwähnten dreiteiligen Anthropologie müssen wir unsere „drei Augen" weit offen halten für diese Erfahrung des Lebens, die integral (unberührt von den reflexiven Fähigkeiten) ist, wie wir später sehen werden. Die modernistische Euphorie über den Rationalismus (ich sage nicht Vernunft) hatte die Verkümmerung unseres dritten Auges zur Folge, das Auge des Glaubens (insofern Glaube nicht auf ein Glaubensbekenntnis reduziert ist). „*Fides enim est vita animae*", „denn der Glaube ist das Leben der Seele", schrieb der Hl. Thomas von Aquin. Es ist dieser Glaube, der es möglich macht, das LEBEN zu genießen: „*vita (…) id in quo maxime delectatur*", „das Leben (ist) das, worin wir unsere größte Freude finden", wie dieser große Meister auch sagte. Es ist die mystische Erfahrung, die zum vollkommenen Genuss des LEBENS führt. „*Philosophus semper est laetus*", „der Philosoph ist immer fröhlich", schrieb der Mystiker Ramon

Llull. In der Tat, *ānanda* (Freude) ist einer der Eigennamen der *vedāntischen* Trinität, nach einer anderen Version des oben erwähnten Textes der Upanishad (*ānanda* statt *ananta*). Und der vorhin zitierte Hl. Justinus der Märtyrer zögerte nicht zu sagen, dass Glaube „die Freude des LEBENS" ist.

Wir sprechen von der Erfahrung von LEBEN, aber wir sollten es nicht mit irgendwelchen Funktionen unseres Wesens verwechseln. Das LEBEN zu leben heißt nicht, es zu denken, zu fühlen, zu tun, ebenso wenig wie es zu verachten oder es beenden zu wollen. Wir haben kein anderes Wort dafür. Leben muss gelebt werden. Mystik ist genau diese Erfahrung des Lebens, wenngleich wir, sobald wir über sie sprechen, sie bereits in Sprache übersetzen, die Interpretation erfordert. Die Erfahrung des Lebens, von der wir reden, ist nicht die Erfahrung der Lebensdauer, sei sie kurz oder lang. Was man erfährt, ist der Moment der *Tempiternität*, der Zeitewigkeit. Erfahrung wird nicht durch die Zeit gemessen.

An diesem Punkt mag eine interkulturelle Erwägung angebracht sein. Die Erfahrung von LEBEN erlöst uns von der Vorherrschaft – um nicht zu sagen der Tyrannei – der dialektischen Vernunft, insofern es uns nicht gegeben ist, dessen Negation zu kontemplieren: Wir können den Tod nicht denken, so sagt man, weil wir ihn mit Nicht-Leben identifizieren. Wir können das Leben mit mehr oder weniger Einsicht denken und uns seiner gewahr sein, wir können uns aber nicht des Todes bewusst sein. Alles hat seinen eigenen möglichen Widerspruch: der Baum hat den Nicht-Baum, das Gute das Nicht-Gute, und sogar das Sein dessen Nicht-Sein, obwohl dieser letztere Gedanke abstrakt und wahrscheinlich leer ist. Wir können jedoch nicht Nicht-Leben erfahren, da in diesem Fall das (lebende) denkende Subjekt nicht mehr existiert. Ich kann den Tod eines anderen denken, aber ich kann seine Erfahrung davon nicht *fühlen*, und noch weniger die meines eigenen. Man kann die Erfahrung von LEBEN haben, aber nicht die von Tod.

Es ist gewiss unmöglich, Nicht-Leben zu „erfahren", aber nur das dialektische Denken identifiziert Nicht-Leben mit Tod. Tod ist nicht Leben; er ist verschieden und steht auch im Gegensatz zu ihm, aber Leben und Tod widersprechen einander nicht - außer im dialektischen Denken.

Wenn wir auch nicht die Erfahrung des Todes haben können, so können wir doch über ihn meditieren, und dieses (abstrakte) Denken klärt uns über das Leben auf.

Ferner, die Erfahrung des Lebens ist die Erfahrung des Geheimnisvollen, und es ist das Bewusstsein davon, etwas zu erfahren, das nicht gedacht werden kann. Das ist der eigentliche Grund, warum von Sokrates bis in unsere Tage[6] Philosophie als eine *meditatio mortis* interpretiert wird.

---

6 Panikkar bezieht sich hier vor allem auf Heidegger (Anm. d. Hg.in).

Doch da ist noch etwas mehr: Die Erfahrung des Lebens birgt auch manchmal die Erfahrung des Sterbens in sich. Es ist keine angenehme Erfahrung, aber man muss sie nicht mit der Todesqual identifizieren, die von anderen Faktoren abhängt, welche eher „animistischer" und physiologischer als spiritueller Natur sind. Es ist nichtsdestoweniger eine Erfahrung, in der der Körper in einem mehr spirituellen Aspekt präsent ist, wie beim Atmen. Jede Beschreibung impliziert *per se* eine Interpretation. Ich würde es eine Erfahrung menschlicher Kontingenz nennen, da das Leben nicht unser eigenes ist und es sich nicht selbst erhält, sondern für seinen Erhalt abhängig von LEBEN ist. Insofern es „am Anfang" meiner Existenz „LEBEN"[7] war (wenn auch nicht meines), so kehrt es am Ende zum LEBEN zurück.

Wenn ich in meinen eigenen Worten diese integrale Lebenserfahrung umreißen sollte, würde ich sagen, dass es die ganze Erfahrung sowohl des *Körpers*, der sich im Wechsel von Genuss und Schmerz lebendig fühlt, als auch der *Seele* ist, mit ihren Intuitionen von Wahrheit, auch wenn sie mit dem Risiko des Irrtums behaftet sind, in Verbindung mit den Funken des *Geistes*, der mit Liebe schwingt oder mit Abneigung. Die Erfahrung von LEBEN ist nicht nur die physiologische Empfindung eines lebenden Körpers, noch ist sie nur die Euphorie des Erkennens, die sich aus der Berührung mit der Wirklichkeit ergibt, noch ist es der Duft der Liebe, die entsteht, wenn die Dynamik, die die Welt bewegt, geteilt wird. Die Erfahrung von LEBEN ist die mehr oder weniger harmonische Vereinigung der drei Formen des Bewusstseins, bevor sie durch den Intellekt unterschieden werden. Diese Erfahrung scheint eine besondere Komplexität zu zeigen, die ich trinitarisch nennen werde. Es ist weder ein direktes sinnliches Vergnügen noch eine rein intellektuelle Erfahrung noch in der Tat eine bloß unbewusste Ekstase. Die „menschliche Verfasstheit", das heißt die Verfasstheit der Wirklichkeit, ist immer mit uns.

Die Erfahrung des Lebens ist zugleich körperlich, intellektuell und spirituell. Ich hätte ebenfalls sagen können, sie ist materiell, menschlich und göttlich: kosmotheandrisch. Sich lebendig zu fühlen heißt, die Fülle des LEBENS innerhalb der Grenzen unserer konkreten Beschränkungen zu fühlen. Aus diesem Grund habe ich die Wahrnehmung von Gegensätzen mit einbezogen, von Schmerz, Irrtum oder Abneigung, obwohl diese oft im Unterbewussten unseres Lebens verborgen liegen. Wenn wir jetzt diese Erfahrung als mystisch beschreiben, soll das nicht als reduktionistisch abgetan werden, als seien es drei Erfahrungen, denn es sind nicht drei (obwohl ich keineswegs eine Hierarchie dieser Trinität an Komponenten ausschließe): Sie sind die unauflösliche Verwobenheit einer einzigen Erfahrung, die

---

7   Vgl. Joh 1,1 und 4.

selbst die Erfahrung des Sterbens miteinschließt. „Ich sterbe jeden Tag" (ἀποθνῄσκω, *apothnêskô*),[8] sagte der Hl. Paulus.

Die These dieses Buches kann auf eine Umschreibung seines Titels reduziert werden.

Das größte Hindernis für ein spontanes Hervorfließen der Erfahrung von LEBEN in uns ist unser Vertieftsein ins *Tun*, zum Nachteil des *Seins*, des *Lebens*. So erfordert Mystik eine gewisse Reife, die man eher am Lebensabend erlangt, wenn das Handeln, das, was schon getan ist, in gewisser Weise beendet ist. Oder, um eine mehr akademische Formulierung zu gebrauchen, die mystische Erfahrung ist eher die Frucht von *Sein* als von *Tun*; sie ist das Bewusstsein von Sein als Akt statt als das Ergebnis einer Aktion – das ist auch der große mystische Rat der Bhagavadgītā und des Evangeliums: der Vorrang der Liebe.

Die Erfahrung von LEBEN zu machen hat für viele einen hohen Preis, da sie die Erfahrung des Todes fürchten, die ebenfalls unaussprechbar ist – und hier brauchen wir nicht aus Dogen zitieren, der die zwei Arten der Erfahrung wesensmäßig ineinander fallen lässt. Es mag bezeichnend sein, dass ich viele Jahrzehnte gewartet habe, um diesen Text zu veröffentlichen.

Ich greife dem Einwand vorweg, dass dieser „Begriff von Mystik" nicht dem allgemeinen Verständnis entspricht. Ich antworte darauf[9], dass Mystik zuallererst kein Begriff ist, und ich würde hinzufügen, dass der Einwand kein wirklicher Einwand ist, sondern nur eine Feststellung, dass ich nicht dem gängigen Gebrauch folge.

Vertreter dieses Einwands könnten immer noch darauf bestehen und sagen, dass, auch wenn man dem gängigen Gebrauch nicht um seiner selbst willen folgen muss, man in diesem Fall doch glaube, dass er einen höheren Grad an Reife und Reflexion darüber, was Mystik sei, repräsentiert. Ich gebe offen zu, dass, obwohl das moderne Studium der Mystik im Kontext eines aufgeklärten Rationalismus betrieben wird, die gegenwärtige Studie nicht diesen Hintergrund hat, wenngleich sie sehr wohl zu einer spezifischen anderen Philosophie gehört – was ich offensichtlich nicht leugnen kann.

Ich könnte streitbar sein und sagen, dass die Texte, die als zur Mystik gehörig anerkannt sind, der zugrundeliegenden Philosophie, auf die ich mich zuvor bezogen habe, näher sind, als der Philosophie hinter den Mystikstudien – doch andererseits ist auch dies kein gültiger Punkt, denn die Interpretation eines Textes kann nicht darauf reduziert werden, zu versuchen

---

8   Wörtliche Übersetzung von 1 Kor 15,31 (Anm. d. Übers. ins Engl.).
9   Im italienischen Originaltext „Rispondo dicendo", was die Formel *respondeo dicendum* von Thomas von Aquin widerspiegelt, wenn er auf theologische Einwände antwortet (Anm. d. Übers. ins Engl.).

zu erraten, was der Autor sagen will. Da Streitbarkeit ohnehin mit Mystik nicht vereinbar ist, ziehe ich es vor, nicht weiter darüber zu reflektieren und mich stattdessen auf das Beschreiben einfacher Erfahrung zu konzentrieren. Natürlich garantiert das nicht automatisch die Freiheit von Voraussetzungen, was völlig legitim kritisiert werden könnte – in der Tat lade ich von Herzen zu solcher Kritik ein und bin stets bereit, einen Fehler zu berichtigen und daraus zu lernen. „Es gibt nichts Größeres (μέγιστον; *megiston*) im Menschen als beständig (ἀεί, *aei*) zu lernen und Wissen zu erwerben (προσμανθάνειν καὶ προσλαμβάνειν, *prosmanthanein kai proslambanein*)", wie Sokrates im 5. Jahrhundert vor Christus gesagt haben soll (nach dem sogenannten *Brief des Aristeas* aus dem 3. Jahrhundert v. Chr.).

BAND I – MYSTIK UND SPIRITUALITÄT

BUCH 2: SPIRITUALITÄT, DER WEG DES LEBENS

Der erste Band dieser *Opera Omnia* ist in zwei Bücher unterteilt, der erste ist der Mystik als der höchsten Erfahrung von Wirklichkeit gewidmet, der zweite der Spiritualität als dem Weg zu einer solchen Erfahrung. Es gibt verschiedene Wege, denn sie hängen nicht nur von Traditionen und Riten ab, sondern auch von den unterschiedlichen Auffassungen und Empfindungsweisen der Menschen und geschichtlichen Epochen.

Welche Art von Spiritualität ist für unsere Zeit angemessen?

Der Versuch zu definieren, was die Spiritualität für unsere Zeit sein soll, ist ein Paradox: Die Lösung kann nicht in der Antwort gefunden werden, sondern in der Frage selbst, oder vielmehr im Formulieren der Frage, im Spüren des Bedürfnisses nach dieser Spiritualität, obgleich es unmöglich ist, eine Antwort zu geben. Ich will jedoch eine Skizze vorlegen und möchte mit der Aussage beginnen, dass diese Spiritualität *integral* sein muss, das heißt, sie muss den Menschen in seiner Ganzheit einschließen. Und natürlich müssen wir dann fragen: „Wer ist der Mensch?", und uns der Anthropologie zuwenden, um uns den Weg anzuzeigen. Denn wir müssen auch einer Disziplin folgen ... Wir müssen danach streben, diese Spiritualität in all ihren Dimensionen zu verwirklichen, ohne, wie es oft geschieht, den körperlichen Aspekt zu vernachlässigen.

Die Schwäche (wenn auch vermischt mit viel Größe) des modernen Westens geht zurück auf das zweite Prinzip der Methode Descartes': „Wenn du ein Problem lösen willst, beginne damit, es zu zerteilen ..." Doch es geht uns wie dem Uhrmacherlehrling, dem, als er die Uhr wieder zusammenfügt, ein paar Teile übrig bleiben.

Der Schwachpunkt der westlichen Kultur ist die Fragmentierung der Wirklichkeit. Wenn man „Mensch" sagt, denkt man „Individuum". Wenn man noch genauer sein will, spricht man von „Körper" und „Seele". Oder wenn man noch genauer unterscheiden will, redet man von Psychosomatik und sagt, der Mensch sei ein Zusammenspiel von *Körper*, *Seele* und *Geist*.

Um nicht in das Feld der Esoterik zu fallen, werde ich mich auf eine Beschreibung des Menschen beschränken, die auf vier Worten aus der griechischen Tradition gründet, deren Erben das Abendland und das Christentum sind. Gewöhnlicherweise hören wir nach den ersten beiden Worten auf und laufen so Gefahr, den Menschen zu fragmentieren und zu entfremden. Der Mensch ist die Wirklichkeit, die durch diese vier griechischen Worte ausgedrückt wird: *sôma – psychê – polis – kosmos*. Der Mensch *ist* (und „hat" nicht nur einen) *sôma*, Körper. Der Körper ist nicht bloß ein Unterbau für die Seele, als wäre er ein Pferd, auf dem die Seele reitet, während sie auf der Erde ist. Der Mensch ist so wesentlich Körper, dass es keinen Menschen gibt, wenn es keinen Körper gibt. Folglich gehören alle körperlichen Werte zum Wesen des Menschen. Jede Spiritualität wäre fußkrank, die vom menschlichen Körper abstrahiert, ihn unterbewertet oder als sekundär herabstuft. Der Körper ist ein konstitutives Element des Menschen und integriert alle anderen. Es wäre interessant, über die *śarīrāḥ* der indischen (*indic*)[10] Tradition zu sprechen: dem grobstofflichen, dem feinstofflichen bzw. Astralkörper, usw. Und wir könnten noch alles das, was gnostische und sanskritische Gelehrsamkeit über dieses Thema gesagt hat, anfügen. Wir wissen, dass der Körper nicht bloß ein Satz von Proteinen ist. Er ist komplexer, tiefer. Es gibt verschiedene Körper… Deshalb kann man nur wiederholen: Der Mensch ist *sôma*, Körper.

Der Mensch ist auch *psychê*, Seele. Er ist Gedanke, Vorstellungskraft, Phantasie, Wille – all das kann in dieses erstaunlich reiche griechische Wort *psychê* mit einbezogen werden, das grundsätzlich bedeutet: „Seele, die sich ihrer selbst bewusst ist".

Der Mensch ist auch *polis*, ein Wort, das mit „Stamm" übersetzt werden kann. Der Mensch ist kein Einzelwesen, er ist Gesellschaft. Die (tödliche) Dichotomie zwischen Individualität und Kollektivität war schon immer die Wurzel aller Arten von Spannungen. Es ist ein Fehler, Individuum und Gesellschaft, Liberalismus und Sozialismus dialektisch gegenüberzustellen. Dieser Konflikt scheint mir das Ergebnis einer fehlerhaften Anthropologie zu sein, denn der Mensch ist keine Abstraktion. Der Mensch ist auch Stamm (*polis*), Volk, Staatsbürger, Kollektiv, Gesellschaft, Kirche … Der Mensch ist Familie. Es gibt keinen Menschen, der nicht Sohn oder Tochter ist oder der nicht Teil einer Beziehung (Staatsbürger, usw.) ist. Wenn wir all die Beziehungen, die den Menschen ausmachen, entfernen, verschwindet der Mensch. Eine Anthropologie, die nur die Proteine in Betracht zieht, das Nervensystem, die bewusste oder unbewusste Psyche, die persönlichen Haltungen, das Recht auf Eigentum … und alles, was die individualistische

---

10 Panikkar gebraucht das Adjektiv „*indic*", um sich auf die Kultur des südostasiatischen Subkontinents zu beziehen, im Unterschied zu „*indian*", das auf Indien als moderne Nation verweist. Ich habe beides mit „indisch" übersetzt, aber dahinter *indic* bzw. *indian* aus der englischen Vorlage in Klammern gesetzt (Anm. d. Ü.).

Philosophie betont, eine solche Anthropologie ist eindimensional und daher unvollständig.

Wenn wir in dem Augenblick, in dem wir in einer Beziehung mit anderen sind, nicht gleichzeitig diese Beziehung sind, bedeutet das, dass wir uns entfremdet haben. Nehmen wir als Beispiel den Satz aus dem Evangelium: „Liebe deinen Nächsten wie dich selbst!"[11] Dieser Satz wird oft fast im Widerspruch zu seiner eigentlichen Bedeutung interpretiert. Wir fassen ihn so auf: „Liebe deinen Nächsten als *jemand anderen*, der dieselben Rechte und Pflichten hat wie du, dem du eine angemessene Bekundung von Liebe, Respekt und Rücksichtnahme schuldest." Was es eigentlich bedeutet, ist: „Liebe deinen Nächsten als dich selbst, als Teil deines eigenen Seins." Das Du ist nicht ein „anderer", sondern du selbst, dein „Du".

Der Mensch ist nicht nur Stamm, Gesellschaft, Gemeinschaft, usw. Der Mensch ist auch *kosmos*: Universum, Welt. Das heißt, der Mensch ist nicht nur der Stamm der Menschen, mehr oder weniger getrennt vom Rest: den Tieren, den Dingen, der Erde und den Planeten; der Mensch als der „Herr und Meister der Natur", wie Descartes ihn nennt; der König, der alles für seine eigenen Zwecke benutzt, usw. Ihn bloß in dieser Hinsicht zu betrachten wäre wiederum eine unvollständige Anthropologie.

Der Mensch *ist* die Welt, er *hat* (besitzt) nicht einfach die Welt. Heute werden wir uns endlich bewusst, dass die Erde mit Zeichen des Missmuts auf den menschlichen Fortschritt und die Ausbeutung reagiert, der sie jahrhundertelang unterworfen worden ist. Unterdessen machen wir weiter wie eh und je, aber mit einigen Vorsichtsmaßnahmen... (ein bisschen wie der Kapitalismus mit den Gewerkschaften). Jetzt hat die Erde auch ihre Gewerkschaft! Wir haben das Bewusstsein verloren, dass die Erde nicht „das andere" ist, sondern auch ein konstitutiver Teil des Menschen, der seinerseits wiederum Kosmos, Erde, usw. ist. So wie ein Mensch nicht ohne Körper existiert, kann der Mensch nicht ohne *kosmos* existieren.

Oft wird die Erde vom Menschen ausgebeutet, als könne er absolute Rechte über sie beanspruchen, als würde sie ihm gehören und er könne mit ihr tun, was er wolle. Wir werden jedoch teuer die Konsequenzen dafür bezahlen, die sich von einer solchen Einstellung ableiten können. Der Mensch *ist* deshalb auch Erde, Welt, *kosmos*.

Welche Erklärung geben wir nun dafür, dass Gott (*theos*) in unseren Diskussionen über den Menschen nicht vorkommt? Das ist so, weil – bedauerlicherweise – wir oft aus dem Göttlichen eine Karikatur gemacht haben. Der Begriff der Transzendenz ist ohne den intrinsisch damit verbundenen Ausgleich der Immanenz sowohl undenkbar als auch widersprüchlich, und deshalb falsch. Wir sollten die Versuchung vermeiden, den Menschen auf

---

11 Mt 22, 39.

ein „anderes" (in diesem Fall die göttliche Transzendenz) zu verweisen, um sie dann in Beziehung zueinander zu setzen. Das göttliche Element ist in der Tat *sowohl immanent als auch transzendent*. Göttliche Immanenz bedeutet, dass das Göttliche sich im *sôma*, in der *psychê*, in der *polis* und im *kosmos* findet. Und es ist genau dieses geheimnisvolle Element, dieser Atem, diese transzendente und immanente Gegenwart, die den Dingen, wie auch dem Menschen, Identität verleiht.

Deshalb ist es nicht notwendig, von Gott als Bezugspunkt zu reden, um den Menschen zu definieren, weil das Göttliche für den Menschen nicht ein „anderes" ist. Im Allgemeinen sagen wir, es gibt Tiere, Engel, die Erde, Menschen, Pflanzen, Maschinen usw., und „(einen) Gott". Es ist nicht so! Gott ist nicht anders, *ein anderer*, egal wie groß wir Ihn uns vorstellen. Gott ist transzendent wie immanent. Wir begegnen dem Göttlichen gerade in der *quaternitas* der Elemente, die den Menschen definieren.

Auch wenn wir nicht explizit über Gott reden, bedeutet das nicht, dass wir Ihn beiseitegelassen haben. Wenn ich zum Beispiel sage, dass Gott das Ziel des Menschen ist, besteht die Gefahr, dass wir in unserer Verfechtung des Theozentrismus Gott in ein „Höchstes Wesen" verwandeln und Ihn so – man braucht da nicht Pascal zu zitieren – in die hinterhältigste Form des Götzendienstes umformen.

Bevor wir in die Argumentation einsteigen, ist es nötig, einige Punkte zu vergegenwärtigen:

1. Ich glaube nicht, dass sich Spiritualität allein auf die Werte des Geistes konzentrieren sollte und damit vom übrigen Menschen abgetrennt bliebe. Noch glaube ich an eine Spiritualität, die den Menschen völlig von der Welt entfremdet, als wäre dies die unverzichtbare Voraussetzung, um menschliche Ganzheit zu erlangen (der a-kosmische Asket).

Spiritualität ist wie eine „Navigationskarte" für das Meer des Menschenlebens, die Summe der Prinzipien, die sein Weben und Streben zu „Gott", wie einige sagen, oder zu einer gerechten Gesellschaft oder zur Überwindung von Leiden, wie andere sagen, hinlenken. Wir können deshalb über buddhistische Spiritualität reden, obwohl Buddhisten nicht über Gott reden; oder von marxistischer Spiritualität, obwohl Marxisten auf religiöse Sprache allergisch reagieren. Solch ein breiter Begriff von Spiritualität drückt vielmehr eine Qualität des Lebens, des Tuns, des Denkens usw. aus, ohne an eine bestimmte Lehre, Konfession oder Religion gebunden zu sein, so sehr deren Annahmen auch erkennbar sein mögen.

Wenn ich das Wort „Spiritualität" benütze, so deshalb, weil ich kein anderes finde, das die unterschiedlichen Wege umfasst, ob sie sich auf die Gnade Gottes zurückführen, auf menschliche Kraft, oder auf die Dynamik der Geschichte, die Bestimmung der Schöpfung, etc. Ich möchte das Wort

„Spiritualität" in einer Weise benutzen, die es für all die verschiedenen Wege gelten lässt, die den Menschen zu seiner Bestimmung führen. Während das Wort „Religion" von einigen Religionen monopolisiert worden ist, wurde das Wort „Spiritualität" zu einem gewissen Grad von historischen Abhängigkeiten und engen Dogmatisierungen bewahrt, auch wenn sie in verschiedenen Weltanschauungen ausgedrückt wird und unterschiedliche Sprachen verwendet.

2. Wir können nicht in der Welt der Abstraktion bleiben, wenngleich ich immer versucht habe, einen Begriff des Menschen zu haben, der für alle Traditionen der Menschheit annehmbar ist; deshalb habe ich nie nur die Sprache einer einzigen bestimmten Spiritualität benutzt.

Wir sind ohne Zweifel „fragmentiert", und wir sind uns bewusst, besonders im Abendland, dass wir uns in einer Sackgasse befinden, aus der wir wieder herauskommen müssen. Die Zahl der Menschen mit Depressionen nimmt täglich zu, die Freude schwindet; wir leiden an einer Identitätskrise. Ich sehe *zwei Wege*, wie wir aus dieser Zwangslage herauskommen können.

Der erste: Zu den Wurzeln zurückkehren, zu unseren Traditionen, und auf die Botschaft hören, die uns unsere mystische Tradition hinterlassen hat. Ohne diese Wurzeln entsteht Oberflächlichkeit, die uns nirgendwo hinführt. Es gibt einen großen Bedarf nach Innerlichkeit, Meditation und Stille. Viele Menschen aus dem Westen gehen aus Unzufriedenheit mit ihrer eigenen Religion in den Osten, getrieben von einer Sehnsucht nach authentischer Spiritualität, aber oft bleibt ihre Auseinandersetzung mit einer anderen Spiritualität oberflächlich. Man kann eine Religion nicht wechseln, wie man Kleider wechselt. Diese Menschen haben die Traditionen ihrer eigenen Vorfahren noch nicht schätzen gelernt, und dennoch wollen sie bereits die östlichen umfassen. Wir müssen den Weg wiederaufnehmen, der von unseren Vorfahren vorgezeichnet worden ist. Der Westen wird nicht seine Seele finden, indem er wie ein Teenager 2500 Jahre Tradition aufgibt.

Der zweite: Wir müssen uns in Erinnerung rufen, dass auch andere Religionen ihre Spuren im Abendland hinterlassen haben und dass der traditionelle Weg nicht mehr als der alleinige angesehen wird.

Außerdem sollten wir angesichts der gegenwärtigen Situation der Menschheit nicht vergessen, dass *keine* Religion, *keine* Zivilisation, *keine* Kultur genügend Kraft hat oder in der Lage ist, dem Menschen eine zufriedenstellende Antwort zu geben: sie alle brauchen einander. Wir können nicht verlangen, dass die Lösung für die *gesamte* Menschheit von nun an aus einer einzigen Quelle kommt. Wir müssen von dem, was aus dem Osten kommt, Nutzen ziehen; vor allem aber müssen wir nach einer *gegenseitigen Befruchtung* der verschiedenen Traditionen der Menschheit streben. Wir brauchen sie alle, um die aktuelle Situation zu bewältigen. Wir gehen alle derselben Bestimmung entgegen.

Wie soll also die Spiritualität unserer Zeit beschaffen sein?

Es gibt da keine Rezepte oder Richtlinien. Ich wiederhole, dass Spiritualität integral sein muss und keinen Aspekt der Wirklichkeit vernachlässigen kann. Alles muss „vom Feuer geläutert" werden, alles muss transformiert werden; es ist die *apokatastasis,* von der der heilige Petrus spricht (2 Petr 3,11). Wir müssen eine Synthese zwischen Innerlichkeit und Äußerlichkeit erlangen. So werden die unmittelbaren praktischen Konsequenzen dessen, was ich vorher gesagt habe, sichtbar, nämlich dass Transzendenz nicht von Immanenz getrennt werden darf.

Kommen wir zurück auf die vier Elemente, mit denen wir begannen.

Die vier Elemente gehören zu meiner Natur, zu meiner Wirklichkeit; eines nicht mehr als ein anderes. Ich bin Körper nicht mehr als Seele, als Volk, als Welt. *Alles ist eine Ganzheit.* Es ist essenziell, das Bewusstsein dieser Einheit wiederzuerlangen. Solch eine *Wiedererlangung,* oder *Rückeroberung,* kann nicht durch bloße Addierung geschehen, noch kann es bloß eine optionale Möglichkeit sein, sondern muss aus einer neuen Bewusstwerdung hervorkommen, in der ich entdecke, wer ich bin, mit allem, was ich bin. Dann wird auch die Innerlichkeit nicht mehr in einem dialektischen Widerspruch zur äußeren Dimension stehen. Das ist sehr schön in einem Abschnitt aus dem *Thomasevangelium* ausgedrückt: „Das Reich wird kommen, wenn aus zwei eines gemacht wird; wenn das Innere wie das Äußere sein wird, und das Äußere wie das Innere, das Obere wie das Untere usw., dann werdet ihr [in das Reich] eintreten."

Beides muss zusammengebracht werden. Die Anstrengung, die es erfordert, ist symbolisiert in der *Inkarnation,* in welcher die Probleme der Erde nicht von den Problemen des Himmels getrennt werden können, da durch die Inkarnation die Kluft überbrückt worden ist.

Dass wir von „einer Spiritualität für unsere Zeit" sprechen, könnte ein Hindernis sein, denn es *kann* nicht eine *einzige* Spiritualität sein, denn, wie wir am Anfang gesagt haben, gibt es unterschiedliche Empfindungsweisen. Wie viele Traditionen übereinstimmend sagen, bedarf es einer „Reinigung des Herzens". Darin besteht die neue Unschuld. Das Mysterium des Lebens ist, dass das Böse existiert, dass die Spannungen nicht eliminiert werden können; dass man das Menschenmögliche tun muss, ohne sich davon dominieren zu lassen, und ohne jemals zu glauben, die absolute Wahrheit zu besitzen. Es ist nötig, die menschliche Verfasstheit zu akzeptieren, zu wissen, dass eine gewisse Form des Zweifels nicht unvereinbar ist mit Glauben, dass das Kontingenzgefühl für unser Leben notwendig ist, den Sinn des Lebens in der Freude, dem Leiden, den Leidenschaften zu entdecken, statt über die Mühsale des Lebens zu klagen und den *tiefen Genuss* dieses Lebens auf einen Tag zu verschieben, der nie kommen wird, den Sinn in *jedem Augenblick* zu finden.

BAND II – RELIGION UND RELIGIONEN

Der Titel dieses Bandes, der den Titel meines gleichnamigen Buches von 1964 aufgreift, hebt bewusst die Ambiguität des Wortes „Religion" hervor: Im Singular steht es für die konstitutionelle Offenheit des Menschen zum Geheimnis des Lebens hin; im Plural bezeichnet es die verschiedenen religiösen Traditionen.

Im Einzelnen:

1. Die Menschen sind nicht vollendet; sie sind un-fertig (*un-finished*), und in diesem Sinne „unendlich" (*infinite*). Sie sind in einem Prozess des Werdens, auf der Suche nach dem, was sie noch nicht sind. Dieses Ziel kann man – obwohl es nicht immer und nicht zwangsläufig so sein muss – als einen besseren Zustand ansehen.

2. Religionen sollen *Wege* sein, die die Menschen zu ihrer Vollendung führen, wie immer man diese auch interpretieren mag oder sich den Weg oder Pfad vorstellt. Eine Religion ist ein Ensemble von Praktiken und Lehren (Orthopraxie und Orthodoxie), von denen man *glaubt*, dass sie zu Befreiung und Vollkommenheit auf individueller, kollektiver und kosmischer Ebene führen. Jede Religion ist ein Heilsprojekt. Religion ist also definiert durch die Funktion, welche sie zu erfüllen beabsichtigt: Punkt x, den gegenwärtigen Zustand des Menschen, mit Punkt y, der als der finale Zustand oder das Ziel des Menschen, der Menschheit oder des Kosmos verstanden wird, zu verbinden (*religare*). Es ist offenbar, dass das, was wir über y glauben, unsere Erfahrung von x bedingt, und umgekehrt. Anders ausgedrückt, Religion verstehen und gestalten sich als Wege zum Heil. Heil ist hier in seinem breitesten etymologischen Sinne gemeint als etwas, das den Menschen in ein integrales, gesundes, freies und vollkommenes Wesen verwandelt. Das sind natürlich alles Begriffe, die in vielfältigster Weise interpretiert werden können.

3. Viele solcher Wege der Vergangenheit sind mittlerweile ausgestorben, andere sind immer noch lebendig. Und es gibt ein fortwährendes Entstehen neuer Wege, die nach einer besseren und offensichtlich unterschiedlichen Spur suchen, um das zu erlangen, wonach die traditionellen Religionen strebten. Viele dieser Wege nennen sich nicht Religionen aufgrund dessen, dass dieses Wort vielfältige Konnotationen mit einer bestimmten Art von „Weg" suggeriert. Es ist offensichtlich eine semantische Frage, und auch die einer kulturellen und politischen Übereinkunft, ob man diese neuen

„Wege" Religionen nennen soll oder nicht. Gleichwohl erheben diese Bewegungen den starken Anspruch, einen wirklichen Ersatz dafür zu bieten, was traditionelle Religionen ihrer Meinung nach nicht zu erreichen imstande waren.

4. Die Menschheit ist gegenwärtig in einer *diachronischen Situation*. Wir leben in verschiedenen Zeiten, so dass das, was zu einem gewissen Zeitpunkt einem Teil der Menschheit widerfährt, einem anderen Teil zu einer anderen Zeit schon widerfahren sein kann. Damit ein bestimmter *Weg* (als Religion) gilt, braucht es einen gewissen Grad an Bewusstheit, denn ohne diese würde dieser *Weg* gar nicht existieren, weil er gar nicht als ein solcher angesehen würde. Daraus folgt, dass es keine vorgefertigten Lösungen oder allgemeinen Antworten gibt, da die Fragen selbst keine universelle Reichweite haben. In diesem Sinne kann sich eine Form der Religiosität in einem bestimmten historischen Moment und geographischen Ort als geeigneter Weg zur menschlichen Erfüllung erweisen, während dieselbe *Religiosität* in einem anderen Kontext oder Augenblick schädliche Effekte hervorbringen kann. Daher müssen Behauptungen in Bezug auf Religion die spezifischen menschlichen Zusammenhänge berücksichtigen und sollten nicht durch eine generelle Übertragung universalisiert werden. Das schließt nicht aus, dass eine Religion zu einem gewissen Moment in Raum und Zeit glauben kann, der wahre Weg zu sein, und die anderen als un-wahre Religionen erachtet werden.

5. Keine Religion, Ideologie, Kultur oder Tradition kann vernünftigerweise beanspruchen, die universelle Bandbreite der menschlichen Existenz zu umfassen. Deshalb ist *Pluralismus* – wohlgemerkt nicht verstanden als eine bloße Ko-existenz einer Vielfalt von Weltanschauungen – das Gebot der Stunde. Pluralismus ist nicht gleichzusetzen mit einer Über-Ideologie oder einem Über-System. Er impliziert jedoch ein fast mythisches Vertrauen, dass auch andere Perspektiven plausibel sein können.

6. Der Dialog / die Begegnung der Religionen, Ideologien und Weltanschauungen ist ein menschlicher Imperativ unserer Zeit. Die „splendid isolation" von früher würde heutzutage zu einem jämmerlichen Sich-Einigeln werden, das jeden Kontakt nach außen ausschließt. Dialog ist selbst eine religiöse Aktivität, im Sinne des oben genannten Punkt 2.

7. Alle menschlichen Bemühungen in diesem Sinne (ob man sie nun Religionen, Ideologien, Humanismen, Atheismen oder mit anderen analogen Begriffen bezeichnet) zielen auf die menschliche Vervollkommnung, auch wenn es über den Inhalt dieser Vervollkommnung und daher auch über die Mittel, um diese zu erreichen, verschiedene Vorstellungen gibt.

Wenn menschliche Kommunikation irgendeine Bedeutung hat, wenn Religion und Atheismus sich wirklich begegnen können, wenn Ideologien und Weltanschauungen bereit sind, in einem noblen und ehrlichen Geist des

Wetteiferns in einen Dialog zu treten, dann müssen alle Seiten versuchen, eine von allen verstehbare Sprache zu sprechen und sich zumindest auf das zu erörternde Problem zu verständigen.

Sehr oft ähnelt die Kritik, die Religionen von außen erfahren, der Kritik, der sie auch von innen begegnen; die Werteskala, die angelegt wird, ist praktisch dieselbe, wenn auch die Schlussfolgerung eines Außenstehenden die Abschaffung der Religion sein mag, wohingegen Kritiker von innen eine Reform oder einen Reinigungsprozess anstreben. Ein bestimmter atheistischer Humanismus zum Beispiel, und eine bestimmte zeitgenössische Form des Christentums im Westen beschäftigen sich mit im Grunde denselben Problemen, obwohl ihre unterschiedlichen Arten, an die Themen heranzugehen, zweifellos Teil des Problems ist. Beide suchen nach einer Lösung für die menschliche Konstitution in ihrem faktischen Zustand.

Einen letzten Punkt möchte ich noch betonen. Vor ungefähr 30 Jahren schlug ich vor, die echte und aufrichtige Begegnung zwischen den Religionen *ökumenischer Ökumenismus* zu nennen, nach dem Vorbild der Bemühungen des christlichen Ökumenismus. (Dieser bemüht sich, auf Grundlage des Respekts gegenüber der inneren Vielfalt eine gewisse Harmonie zu erreichen, und andere nicht des Irrtums zu beschuldigen, um sie dann zu der eigenen *Wahrheit* zu führen). *Ökumenischer Ökumenismus* zielt auf eine fruchtbare, wechselseitige Bereicherung der religiösen Traditionen der Welt; er lässt eine Kritik an ihnen zu, ohne den Wert der einzigartigen Rolle einer jeden von ihnen geringzuschätzen. Gleichwie die christlichen Konfessionen einen Christus anerkennen, auf den sie kein Monopol haben, einen Christus, der sie alle vereint, ohne dass sie sich vermischen müssten, so erkennen die unterschiedlichen Traditionen der Menschheit ein *Humanum* an (verschieden interpretiert, wie es auch bei den verschiedenen Interpretationen von Christus der Fall ist), das nicht einer Manipulation unterworfen ist, das heißt, das transzendent ist. In Treue zu diesem *Humanum* können sie untereinander debattieren und dabei danach streben, dem Ideal näher zu kommen.

Ich möchte zum Schluss kommen mit der Erinnerung daran, dass ein weiterer Schritt nötig ist, nämlich die verschiedenen Glaubensüberzeugungen der Menschen einzuladen, in das offene Feld eines neuen *dialogischen Dialogs* herabzusteigen, auch diejenigen, die – aus verständlichen Gründen – eine bestimmte religiöse Etikettierung ablehnen. Wenn die traditionellen Religionen der Welt ihren Monopolanspruch auf das, was Religion repräsentiert, aufgäben, wenn die modernen *Religionen* zustimmten, sich einem gemeinsamen Bestreben anzuschließen (wie viele der gegenwärtigen Vertreter religiöser Traditionen es tatsächlich zu tun versuchen), wenn – anders ausgedrückt – der gemeinsame Grund als *religiöser* Grund gesehen werden kann, wenn diese *Wege*, welche die gegenwärtige menschliche Konstitution verbessern wollen, ihre Kräfte bündeln und eine gegenseitige Anstrengung unternehmen, und das ohne verborgene – das heißt *uneingestandene* – Waffen (Motive), dann könnten wir vielleicht eine der grundlegendsten und beständigsten Pflichten der *Religion* – und des *Laizismus*, den wir als heiligen Säkularismus verstehen – entdecken, nämlich dem Menschen zu helfen, seine Erfüllung zu erlangen.

BAND III – CHRISTENTUM

Das Adjektiv „christlich" kann sich auf die Christenheit (eine Zivilisation), das Christentum (eine Religion), oder auf Christlichkeit (eine persönliche Religiosität) beziehen. Während der Phase der christlichen Zivilisation im Mittelalter war es beinahe unmöglich Christ zu sein, ohne zur Christenheit zu gehören. Und vor nicht allzu langer Zeit war es sehr schwer zu behaupten, man sei Christ, ohne zum Christentum zu gehören.

Heute gibt es immer mehr Menschen, die die Möglichkeit in Betracht ziehen, Christ aus einer persönlichen Haltung heraus zu sein, ohne zur Christenheit zu gehören oder Anhänger des Christentums als einer institutionellen Struktur zu sein. Ich spreche von einer *persönlichen* Haltung, nicht von einem *individualistischen* Standpunkt. „Person" impliziert immer Gemeinschaft. Die christliche Haltung ist *kirchlich*, aber dieses Wort ist nicht einfach ein Synonym für eine große traditionelle Organisation. *Ecclesia* (Kirche) ist strikt genommen ein Organismus, nicht eine Organisation. Ein Organismus benötigt eine Seele, ein Leben. Eine Organisation erfordert eine Idee, eine Begründung für ihre Existenz.

Die These, die die Grundlage dieser Überlegungen bildet, ist folgende: Sowohl die Geschichte als auch die Anthropologie zeigen drei kairologische Momente im christlichen Bewusstsein auf. Sie sind *kairologisch* und nicht bloß *chronologisch*, weil sie sich gegenseitig bedingen und einander durchdringen. Christliche Reife, persönlich wie historisch, besteht im harmonischen und deshalb hierarchischen Zusammenspiel dreier Dimensionen, die sich im Menschen als das Materiale/Juristische, Intellektuelle/ Dogmatische und Mystische/Erfahrungsmäßige manifestieren. Unsere These legt ebenfalls nahe, dass es eine – oft unausgewogene – soziologische Übergewichtung der einen oder anderen dieser drei Dimensionen gegeben hat, und dass das dritte christliche Jahrtausend einen Appell an das *christliche* (christic) *Bewusstsein* darstellt, die dritte Dimension stärker zu betonen.

Diese Unterscheidungen sind wichtig. Christlich zu sein aufzufassen als gleichbedeutend mit Mitglied der Christenheit zu sein, gehört der Vergangenheit an und ist nur für wenige ein Zukunftstraum. Für die Mehrheit der Christen stellt es kein Problem mehr dar. Ihre säkularisierte „Christenheit" hat die Gestalt souveräner Staaten angenommen. Trotz alledem, der Geist und die Wirklichkeit der Christenheit sind nicht verschwunden und können nicht völlig aus dem christlichen Bewusstsein gelöscht werden. Obwohl sie das Scheitern Konstantins, Karls des Großen, Bonifaz' VIII, Alexanders VI und anderer zugeben, oder von einer geläuterten Theokratie träumen, wie Dante sie sich vor langer und Solowjow in jüngerer Zeit vorgestellt haben, hoffen selbst in unseren Tagen einige Christen darauf, eine neue und erneuerte Christenheit wiederherzustellen.

Das theologische Argument für die Existenz einer Christenheit ist weiterhin lebendig und nicht ohne Kraft. Wenn das Christus-Ereignis (Christic Event) in der Geschichte der Menschheit etwas bedeutet, dann aufgrund der Vereinigung – unvermischt, aber ungetrennt – von Menschlichem und Göttlichem. Dieses Ereignis vereint (göttliche) Transzendenz mit (menschlicher) Immanenz, ohne in einen Monismus – sei er spirituell oder materiell – oder einen metaphysischen Dualismus zu fallen. Nicht nur ist Christus ganz Gott und ganz Mensch, auch der Mensch ist dazu berufen, vollständig menschlich und vollständig göttlich zu sein. Daher hat auch die Gesellschaft als solche eine transzendente Berufung. Um es anders auszudrücken: Wir müssen die politische Ordnung von der religiösen unterscheiden, aber wir können sie nicht völlig trennen. Gerechtigkeit zum Beispiel gehört zu beiden und muss deshalb in der Gesellschaft Gestalt annehmen, sich in ihr inkarnieren. Es ist wichtig zu begreifen, dass die *dikaiosynê* des Evangeliums, wenn es vom Reich Gottes und Seiner Gerechtigkeit (Mt 6,33) spricht, keinerlei Trennung zwischen einer politischen *Gerechtigkeit* auf der einen, und einer religiösen *Rechtfertigung* auf der anderen Seite macht. Die Dichotomie zwischen natürlich und übernatürlich ist tödlich für beide Seiten. Religion kann nicht vom Leben getrennt werden. Das Christus-Faktum ist ein Faktum der Inkarnation, weniger ein individuelles Ereignis als ein historischer Akt im vollen Sinn des Wortes. Wir sollten daher die Restaurationsbemühungen auf Seiten jener Denker und christlichen Politiker verstehen und wertschätzen, die, nachdem sie das Fieber des Individualismus und die Krise der Aufklärung überwunden haben, danach streben, die verlorene Einheit von Leben und Zivilisation wiederherzustellen und zum Ideal der Christenheit zurückzukehren.

Die Stärke dieses Ideals einer Christenheit ist sein „Holismus", der den ganzen Menschen umfasst, keine abgeschlossenen Bereiche zulässt, global ist und einen Ort anbietet, an dem wir vollkommen wir selbst sein können. Wir sind nicht Christen auf der einen, und Kopten, Iren, Kapitalisten, Marxisten oder was auch immer auf der anderen Seite. Die große Gefahr und die Versuchung dabei sind jedoch Totalitarismus und Fanatismus.. Man kann nicht alles vereinheitlichen, ohne die menschliche Natur zu verstümmeln. Ich vermute, dass die „Neue Weltordnung" von heute, wie die „Heilige Allianz" von damals, nichts anderes ist als ein Versuch, das verlorene Ideal der Christenheit wiederherzustellen. Die letztere bot wenigstens ein Ablassventil durch Transzendenz an. Aus den *Dei gesta per francos* („Gottes Taten durch die Franken") wurde ein *desert storm* („Operation Wüstensturm")[12]. Die Namen sind bezeichnend.

Es ist der menschlichen Natur wie der christlichen Dynamik eigen, Reduktionen zu bilden, wo das menschliche oder christliche Ideal eines erfüllten Lebens sich in den kleinsten Details des Lebens manifestieren kann. In der Vergangenheit bezeichnete man solche Reduktionen christliches Reich oder christliche Nation (bis zu den *reduccions* der Jesuiten in Paraguay), davor gab es die religiösen Orden und in der Moderne die Sekten, Kirchen und Bewegungen. Alle diese sind ambivalent, doch nicht völlig überholt. Das christliche Faktum kann dennoch nicht mit dem identifiziert werden, was wir Christenheit nennen: Sein Reich ist nicht von dieser Welt.[13] Es gibt auch das Christentum und die Christlichkeit; im Haus des Vaters gibt es viele Wohnungen![14]

Als die Christenheit als politisch-religiöse Macht im 16. Jahrhundert, aus welchen Gründen auch immer, dahinzuschwinden begann, wurde ihr Platz im christlichen Bewusstsein zunehmend vom Christentum als Religion eingenommen. Christ zu sein, nämlich Mitglied des Christentums, bedeutete, einer Religion unter vielen anzugehören. Die christliche Religion mag mehr oder weniger rein sein als andere, gleichwohl wäre es nicht nur ein Missbrauch der Sprache, sondern auch eine missbrauchende Sprache, andere Religionen als falsch zu denunzieren oder ihnen den Charakter einer Religion abzusprechen. Es wurde relativ wenig zur Kenntnis genommen, dass es einen Unterschied gibt zwischen dem Glauben an eine einzige Weltordnung, an die eine Christenheit, und dem Glauben an eine einzelne wahre Religion, in der Bedeutung, die wir heute dem Wort Religion gegeben haben – die verschieden ist zu der, die ihm gegeben war, als Augustinus *De vera religione* schrieb.

Jene, welche vom Weltmarkt, von globaler Demokratie oder universaler Technik sprechen, leben (noch) in einer Art Christenheits-Ideologie – sie lässt keinen Platz für andere Weltordnungen. Dennoch gibt es eine Vielzahl an Religionen, auch wenn alle ihre eigene als die wahre verteidigen. Jene, die sich einer universalen Christenheit widersetzen, einer religiösen oder säkularisierten, werden als Häretiker verbrannt, als Terroristen bekämpft oder als gefährliche Elemente, die es wagen, einem unverletzbaren Status Quo zu trotzen, ausgeschaltet.

Die Probleme des Christentums als Religion unterscheiden sich von den Anfragen an eine Christenheit als einer integralen und vollständigen menschlichen Ordnung. Vor weniger als zwei Jahrhunderten wurden Ka-

---

12 Während des Golfkrieges im Irak.
13 Vgl. Joh 18,36.
14 Vgl. Joh 14,2.

tholiken, die das „göttliche Recht" des Kirchenstaates verneinen, exkommuniziert. Wer die Verbrennung von Häretikern in Frage stellte, handelte dementsprechend „gegen den Willen des Heiligen Geistes" (siehe *Denzinger*, Nr. 1482). Heute fühlt sich kein katholischer Christ verpflichtet, den päpstlichen Regeln, Gesetzen und Vorschriften aus dem Mittelalter und der Renaissance zu gehorchen. Solche Verpflichtungen waren Teil der Christenheit, nicht des Christentums. Aber Gewissenskonflikte bestehen auch heute noch für viele Katholiken, die den Übergang von der Christenheit zum Christentum nicht assimiliert haben - anders als Marsilio Ficino, Pico della Mirandola, Erasmus, Luther, Vives und Comenius, um nur einige Persönlichkeiten zu nennen, deren Leben parallel zur Ära der Christenheit verlief.

An dieser Stelle sollten wir eine ähnliche Bemerkung einfügen, wie wir sie bezüglich der Christenheit gemacht haben. Päpstliche Nuntien gehören zur Christenheit, dennoch gibt es sie immer noch, und ihre Funktion mag noch eine gewisse historische Berechtigung haben. Um uns auf Beispiele aus dem Umfeld des Katholizismus zu beschränken: Das Kirchenrecht ist immer noch bindend, päpstliche Enzykliken haben immer noch Autorität, erschöpfen jedoch nicht mehr die Weisen christlich zu sein, nicht viel weniger katholisch zu sein. Man muss nicht mehr mit den Guelfen oder den Ghibellinen gehen, rechts oder links wählen, um Christ zu sein.

Wir müssen auch in diesem zweiten Fall die christliche Übereinstimmung mit sich selbst innerhalb des Christentums als Lehre verteidigen. Der Mensch ist ein mit Intelligenzbegabtes Wesen, und alles Intellektuelle gehört zu seiner Natur. Es ist nicht möglich, *ecclesia* zu sein ohne eine unterscheidende und einigende ideologische Infrastruktur zu haben. Ein Glaubensbekenntnis scheint unerlässlich zu sein, um das Christliche zu identifizieren. Aber der Mensch ist mehr als bloße eine *res cogitans* („denkende Sache", Descartes), auch wenn man ihn *roseau pensant* („denkendes Schilfrohr", Pascal) nennt. Das Christentum erschöpft nicht das Christliche.

Auch hat der Bruch innerhalb des christlichen Bewusstseins, der durch den Übergang von der Christenheit zum Christentum herbeigeführt wurde, nicht ausreichend Beachtung gefunden. Dadurch, dass das Christentum sich als ein in einem *Credo* formuliertes Ereignis identifizierte, hörte das *Credo* auf, etwas *Symbolisches* („symbol of the Apostles", „simbolo degli apostoli") und eine Sache der Herzens zu sein (das Word *credo* hatte man volkstümlich mit *kardia*, Herz, in Verbindung gebracht); und die *dogmata,* welche die Lateiner noch als *placita* („das, was gefällt") übersetzten und einst die wohlüberlegte Meinung einer Mehrheit darstellten, erhielten die Bedeutung einer rigiden und unantastbaren Formulierung. Die anthropologische Grundlage des Christentums entsteht mit der Moderne: Der Mensch als *res cogitans* und der *logos* als *ratio*. Aber der Mensch ist nicht nur Gedanke, und der Akt des Denkens nicht nur Begriffsbildung. Mit einem Wort, das Christentum als reine Lehrtatsache befindet sich einer Krise.

Auf der anderen Seite ist es nicht nötig, die Großartigkeit des als Lehrsystem verstandenen Christentums zu unterstreichen. Intelligenz ist vielleicht der nobelste Teil des Menschen, und die Artikulierung des Glaubens (*faith, fede*) in Glaubensüberzeugungen (*belief, credenza*) ist ein menschlicher Imperativ. Die Identifikation des Christen geschieht über seine Glaubensüberzeugungen; aber, wie ich viele Male gesagt habe, *Identifikation* ist nicht dasselbe wie *Identität*, weshalb christliche Identifikation nicht gleichzusetzen ist mit christlicher Identität.

In unserer Zeit kommt sehr stark ein dritter Aspekt zum Vorschein: Christ zu sein kann auch verstanden werden als das Bekenntnis eines persönlichen Glaubens, der eine Haltung annimmt, die derjenigen Christi entspricht, so sehr, dass Christus das zentrale Symbol des eigenen Lebens darstellt. Ich nenne das *Christlichkeit*. Im Italienischen nennt man es *cristianìa*, im Englischen *christianness*. Mit diesem Namen möchte ich ein neues, aber auch genuin christliches Bewusstsein ausdrücken. Diese neue Religiosität breitet sich auf der ganzen Welt aus, vor allem in den neuen Generationen und bei denen, die sich von der Überinstitutionalisierung des Christentums, besonders des offiziellen Christentums, unabhängig gemacht haben. Es ist auf jeden Fall eine soziologische Tatsache, eine kirchliche Realität. Es handelt sich nicht nur um neue Ideen, noch um nur ein „aggiornamento".[15] Neuer Wein erfordert neue Weinschläuche; man darf sich nicht mit den punktuell geflickten alten Schläuchen zufriedengeben.[16]

Es handelt sich um eine Mutation im Selbstverständnis des Christen. Letztendlich bedeutet es einen Sprung in der Geschichte des Seins, durch den eine neue Bewusstseinsstufe im Menschen erreicht wurde. Ich habe dieses Phänomen an anderer Stelle vertieft behandelt und es als „Ende der Geschichte" beschrieben. Wir können es zusammenfassen als das Ende des Glaubens an die zeitlich lineare Natur des Seins. Metaphysik ist nicht eine a-temporale Disziplin. Zeit und Sein sind untrennbar. Gott ist *zeitfrei*, aber nicht *zeitlos*: Zeit erreicht Gott nicht, aber Er ist auch nicht außerhalb von ihr.

Christlichkeit bildet den christlichen Beitrag zu dieser kosmischen Veränderung im Abenteuer des Universums, in das wir alle eingebunden sind.

---

15 „Aggiornamento" („Aktualisierung"), ein Ausdruck, den Papst Johannes XXIII geprägt hat und der anschließend für das gesamte 2. Vatikanische Konzil angewandt wurde (Anm. d. Hg.in).
16 Vgl. Mt 9,17.

Wir sollten nicht vergessen, dass die menschliche Spezies vom Aussterben bedroht ist, sei es durch Selbstzerstörung oder indem wir zulassen, dass die Biosphäre sie zerstört. Heutzutage Theologie oder Naturwissenschaften zu betreiben, ohne dies in Betracht zu ziehen, wäre intellektuell kurzsichtig und spirituell unsensibel.

Christlichkeit muss nicht als ausschließlich historische Tatsache interpretiert werden. Sie ist ein *factum*, etwas, das wir machen, aber das gleichzeitig nicht allein von uns gemacht wird. An anderer Stelle habe ich in ähnlicher Weise zwischen Christentum, Kirche und Christus unterschieden, drei Konzepte, die sich jeweils auf den sozialen Aspekt von Religion, ihre sakramentale Dimension und ihren mystischen Kern beziehen. Diesen letzteren könnte man das Christliche (*Christic, cristico*) Prinzip nennen, das mit der Christlichkeit in Bezug stünde.

Christlichkeit ist keine individualistische Position, als wäre das christliche Faktum etwas, das wir nach unserem Belieben erfunden hätten; sie schließt nicht die Möglichkeit von Häresie und Apostasie aus. Christlichkeit ist keine unkontrollierte Anarchie, die sich aus Laune selbst als christlich definiert. Trotzdem kann man nicht die Notwendigkeit eines neuen *consensus fidelium* negieren noch das Auftauchen unterschiedlicher Interpretationen des Christus-Faktums. Aktuell wird Christlichkeit noch nicht ausreichend vom Christentum unterschieden.

Die traditionelle Christlichkeit bestand einerseits in der mystischen Haltung und andererseits in einer gewissen christlichen Esoterik. Die Christlichkeit des letzten Jahrhunderts war grundsätzlich pietistisch und individuell. Sie konnte ohne größere Spannung einen Teil des institutionalisierten Christentums bilden. Die Christlichkeit der Gegenwart nimmt mehr die Form eines persönlichen und politischen Engagements an und stellt als solche eine Herausforderung für das Christentum dar. Wie anderswo auch besteht Weisheit darin, destruktive Spannungen in kreative Polarität zu verwandeln.

Mit einem Wort, Christlichkeit unterscheidet sich von Christentum in derselben Weise wie das Christentum sich von der Christenheit unterscheidet. Tatsächlich ist die Situation fließend; jede Zeitperiode ist eine Übergangszeit, aber einige Epochen sind deutlicher definiert als andere. Diese sind kairologische Momente.

Christlichkeit sollte nicht nur in einem negativen Verhältnis zum Christentum beschrieben werden. Die drei Momente beziehen sich aufeinander und können nicht gänzlich getrennt werden, auch wenn sie unterschieden werden müssen.

Es gibt auch eine theologische Begründung für diese Unterscheidung. Viele Religionen haben heilige und rechtliche Schriften. In den zwei monotheistischen Religionen aus dem Stamm Abrahams ist das Gesetz Teil der Offenbarung selbst (*Torah, Qur'an*). Das ist nicht so, wenn man das Christus-Ereignis betrachtet: Christen haben eigentlich kein eigenes Gesetz. Jahrhundertelang bedeutete für alle Christen „die Bibel" nur das Alte Testament. Das Neue Testament wurde nicht als heilige Schrift erachtet. Das Heilige war nicht ein Buch, sondern eine Person, nicht eine (in einem Text enthaltene) Lehre, sondern eine (in einem Sakrament gefundene) Erfahrung. Es ist auch die Beobachtung bezeichnend, dass die christliche Tradition keinen eigenen Namen für das Höchste Wesen hat; „Gott" (welcher für Jesus der Vater war) ist eine Allgemeinbezeichnung. All das lässt die Möglichkeit einer Christlichkeit erahnen, die sich von Christenheit und Christentum unterscheidet.

Zweifellos haben Mystiker, die in der Christenheit lebten, fast immer den gebührenden Respekt für die rechtlichen Strukturen gezeigt, aber ohne an sie verhaftet zu sein. Weder Subversion noch Ausgrenzung ist die christliche (*christic, cristica*) Lösung.

Das Beispiel Jesus ist erhellend. Er ist jemand, der anklagt, der protestiert, er überschreitet sogar Grenzen, aber er ist kein Deserteur, kein Verräter. Petrus hatte gelernt, Gott mehr zu gehorchen als den Menschen (Apg 6,19–20); aber als loyaler Jude wollte er die Beschneidung nicht abschaffen – auch wenn er die Korrektur durch seine Gefährten und den Heiligen Geist (Apg 15,1ff.) akzeptierte.

Und in der Tat, wenn wir den Blick zurückwenden in die Geschichte, finden wir eine gute Anzahl an Christen, die den Moment der Christlichkeit lebten, nachdem sie Christenheit und Christentum überwunden, aber nicht abgelehnt hatten. Man kann viele einfache und tief gläubige Menschen als Beispiele nennen, aber Tertullian, Origines, Joachim von Fiore, Dante, Eckhart, Nikolaus von Kues, Johanna von Orleans, Savonarola, Johannes vom Kreuz, Vico, Kant und Hegel, und in unserer Zeit Teilhard de Chardin und Padre Pio, Thomas Merton und Abhiṣiktānanda.

Die verschiedenen Zugänge zum Gebot des Evangeliums „Sucht zuerst das Reich Gottes und seine Gerechtigkeit" (Lk 12,31) könnten dazu dienen, diese dreifache Struktur des christlichen (*christic, cristico*) Bewusstseins zu erläutern. In Bezug auf die berühmte Passage im Lukasevangelium (Lk 17,21) versteht der erste Standpunkt das „Reich" als eine Realität „unter" (*fra, among*) uns: Das Reich ist auch auf der Erde und hat politische Konnotationen. Der zweite Standpunkt betont dieselbe griechische Präposition, *entos*, und fasst sie so auf, dass das Reich „zwischen" (*tra, between*) uns ist, so dass der gemeinschaftlich-kulturelle Aspekt die größte Gewichtung erhält. Die dritte Position schließlich neigt dazu, das Reich als „in" (*dentro, within*) uns zu sehen, und betont somit die Dimension der Innerlichkeit. Etwas Ähnliches könnte man über das Wort „Gerechtigkeit" sagen: Es könnte sich grundsätzlich entweder auf ein politisches Symbol, ein dogmatisches Konzept oder eine innere Realität beziehen. Wir erinnern uns, dass das neutestamentliche Wort *dikaiosynê* sowohl Gerechtigkeit als auch Rechtfertigung bedeutet.

Die soziologischen Implikationen dieser Unterscheidungen sind wichtig. Zweifellos gibt es heute eine Identitätskrise für Christen überall auf der Welt. Obwohl es „restaurative" Bewegungen gibt, die zu einer modernisierten Christenheit zurückgehen wollen, und andere theologische Tendenzen, die für ein reformiertes Christentum kämpfen, gibt es eine wachsende Zahl verantwortlicher Menschen, die sich darum bemühen, ein genuin christliches Glaubensbekenntnis zu artikulieren, ohne gänzlich durch die historische Last der Vergangenheit oder die dogmatischen Konstruktionen der Tradition bedingt zu sein. Was diese Personen anstreben, ist nicht so sehr die christliche Identität zu privatisieren, sondern ihre christliche Identität zu inkarnieren, was mehr die Frucht innerer Erfahrung ist als die einer Gleichgültigkeit gegenüber der Geschichte und der Lehre. Im Bewusstsein, dass die Welt eine Wandlung durchläuft, versuchen sie, diese Veränderung tief in sich selbst zu leben – auf der religiösen Ebene ihres Bewusstseins.

Einfacher gesagt, eine wachsende Anzahl unserer Zeitgenossen will religiös sein, gläubig und auch christlich – aber sie lehnen die „Kontaminationen" ab, die den Sinn dieser Worte verändert haben. Sie streben nach einer Wiederentdeckung ihrer Wurzeln, um in einem Boden zu wachsen, der weder vom Kompost der Antike noch von Aufpfropfungen des Mittelalters, den Pestiziden der modernen Zeit, oder der Verstrahlung der Postmoderne kontaminiert ist.

Dieser Kampf um Erneuerung ist dem menschlichen Wesen angeboren; es war immer so, aber aktuell nimmt er historische, ja sogar kosmische Dimensionen an. Christlichkeit ist eine neue und alte Form christlicher (cristica, Christic) Existenz. Sie ist eine bis in die Antike zurückgehende Intuition, die viele Mystiker und Kontemplative von Anfang an hatten, die aber keine soziologische, das heißt kirchliche Gestalt annehmen konnte, welche aber jetzt zum Vorschein kommt. Sie setzt ein Bewusstseins- und Lebensstadium voraus, das eine zweifache Befreiung begünstigt. Zum einen die Unabhängigkeit von einer festen und bestimmten politischen Ordnung, welche bis vor kurzem noch als unabdingbar für die Praxis „christlicher Werte" (Christenheit) angesehen wurde. Zum anderen die Befreiung davon, dass Christsein identisch sei mit der Annahme fest umschriebener Glaubenssätze (Christentum).

Dieses neue christliche (cristica, Christic) Selbstverständnis findet sich nicht in Verbindung mit irgendeiner bestimmten politischen Ordnung oder einem fixen intellektuellen Rahmen. Es gehört der mystischen Sphäre an, dem Feld der Erfahrung. Christlichkeit ist weder eine neue politische Form (eine neue Christenheit), noch ein neues intellektuelles Credo (ein neues Christentum). Es ist etwas, das beiden vorgelagert ist.

Ich habe oben viel auf den Pluralismus und christliche (und menschliche) Reife Bezug genommen: sie verlaufen beide parallel. Um der Christlichkeit eine Heimat zu geben, braucht es Christenheit und Christentümer, das heißt politische Institutionen und Lehrgebäude. Auf alle Fälle ist ihr Pluralismus wesentlich. Der Mensch braucht Gemeinschaft, die Gemeinschaft benötigt einen lebendigen Organismus, das heißt Institutionen, die, wie der Sabbat, dem Menschen dienen.[17] Der Mensch braucht ferner die Formulierung einer Lehre und Gedankensysteme, die fähig sind, das Tiefste des menschlichen Wesens zum Ausdruck zu bringen, aber ohne zu beanspruchen, absolut zu sein oder das Geheimnis der Wirklichkeit vollständig auszuschöpfen.

Darüber hinaus müssen Christlichkeit und mystische Erfahrung in einem zweifachen Sinn relativiert werden. Jede mystische Erfahrung, die die Grenzen des Unaussprechlichen und der „reinen Dunkelheit" übersteigt, muss die sozialen und doktrinalen Dimensionen integrieren, repräsentiert von Christenheit und Christentum. Zweitens kann kein menschliches Wesen, weder individuell noch kollektiv (die Menschheit), für sich in Anspruch nehmen, das absolute Subjekt mystischer Erfahrung zu sein. Gleichwohl beharre ich auf der Tatsache, dass nur die Mystiker in der modernen Welt überleben werden. Die anderen werden vom „System" erstickt werden, wenn sie sich auflehnen, oder sie werden im System ertrinken, wenn sie in ihm ihre Zuflucht nehmen.

Das Christus-Faktum ist nicht bloß ein historisches Ereignis. Es ist auch eine mystische Realität, eine Offenbarung dessen, „was von Anfang an war".[18] Damit soll nicht notwendigerweise eine exklusive Offenbarung verteidigt, noch eine einzige Denkweise oder Schau der Wirklichkeit verabsolutiert werden.

Ich fasse zusammen: Christlichkeit nimmt die Überwindung der *Torah* (das Gesetz) ernst und will nicht in die Versuchung der Christenheit fallen, die Versuchung, das Alte Testament mit einem Neuen Bund zu ersetzen. Um ein konkretes Beispiel zu nennen: Die Taufe ist kein Ersatz für die Beschneidung. Der Gott der Geschichte ist nach Hiroshima, Auschwitz, Kambodscha und den verschiedenen Gulags über die Zeiten hinweg abgetreten, vorausgesetzt, dass er je geherrscht hat. Wer daran zweifelt, frage die Sklaven, die Unterdrückten und Besiegten aller Zeiten.

Die Erfahrung christlicher Reife ist sozusagen eine dreifache. Es ist die Begegnung mit Christus in der eigenen Mitte, in der Mitte der menschlichen Gemeinschaft, und in der Mitte der Wirklichkeit. Die menschliche Aufgabe besteht, in christlicher (cristico, Christic) Sprache, in der notwen-

---

17   Vgl. Mt 12, 8.
18   1 Joh 1,1.

digen „Kon-zentration", der Zentrierung der drei Zentren, so dass sie eine dreifache konzentrische Sphäre bilden, ohne diese auf nur eine einzige zu reduzieren.

Christlicher Glaube entsteht also nicht *propter tuam loquelam* (aufgrund deines Wortes), wie es der samaritanischen Frau gesagt wurde (Joh 4,42), noch durch Autorität, und noch viel weniger durch ein Bezeugen, sondern durch Erfahrung.

Christlichkeit entsteht als eine neue Hoffnung. Aber, wie ich immer gesagt habe: Hoffnung gehört nicht der Zukunft, sie gehört dem Unsichtbaren.

Editorische Notiz
Der Band III der Opera Omnia umfasst eigentlich zwei Bücher. Part 1 der englischen Version hat den Titel „The Christian Tradition" (1961–1967), Part 2 „A Christophany". Der hier verwendete Text ist die Einleitung zu Part 2. Wir haben uns, wie auch die Herausgeber der anderen englischen und italienischen Version dieses Buches, entschieden, die wesentlich kürzere Einleitung zu Part 1 nicht aufzunehmen, da sie sich inhaltlich mit der vorliegenden vielfach überschneidet.

Die Herausgeber

BAND IV – HINDUISMUS

BUCH 1: DIE VEDISCHE ERFAHRUNG. MANTRAMAÑJARĪ[19]

Die vedische Epiphanie

> *Wer nicht die ewige Silbe der Veden kennt,*
> *den höchsten Punkt, auf dem alle Götter beruhen,*
> *was wird er mit dem Veda anzufangen wissen?*
> *Nur diejenigen, die darum wissen,*
> *sitzen hier in Frieden und Eintracht beisammen.*
>
> RV I, 164,39

Eine der wunderbarsten Manifestationen des Geistes ist zweifellos das, was uns unter dem generischen Namen „Veda" überliefert worden ist. Die vedische Epiphanie gehört zum Erbe der Menschheit, und wie beim größten Teil der religiösen und kulturellen Werte der Menschheit wird man ihrer Berufung am besten gerecht, indem man sie in einem Geist der Verbundenheit mit der ganzen Menschheit teilt, nicht indem man sie peinlich genau konserviert, als wären wir die Wächter eines verschlossenen und fast verborgenen Schatzes. Dieses Teilen sollte jedoch weder eine Profanierung sein unter dem Vorwand, anderen Nutzen zu bringen, noch eine Ausbeutung unter dem Deckmantel von Gelehrsamkeit und wissenschaftlicher Erkenntnis. Es sollte vielmehr eine lebendige Kommunikation sein, oder sogar eine Kommunion, jedoch frei von jeglichem Schatten von Propaganda oder Proselytismus. Diese Seiten wollen also nicht bloße Information liefern, sondern eine Botschaft, die eine innere Transformation bewirken kann.

Diese Anthologie zielt darauf, den Veda als eine menschliche Erfahrung darzustellen, die immer noch gültig und fähig ist, den modernen Menschen zu bereichern und herauszufordern in dem Bestreben, seine Aufgabe in ei-

---

19 Dieses Buch enthält Panikkars imposante Anthologie *The Vedic Experience. Mantramañjarī. An Anthology of the Vedas for Modern Man and Contemporary Celebration* (Berkeley-London 1977; Pondicherry 1983; Delhi 1989, 1994, 1997, 2001). Der vorliegende Text war ursprünglich Teil der Einführung der Anthologie.

ner Zeit zu erfüllen, in der sein Schicksal zum Wohl oder Übel mit seinesgleichen untrennbar verbunden ist und er es sich nicht leisten kann, in Isolation zu leben. Die Erfahrung kann nicht übermittelt, sondern nur beschrieben werden, und kann so als Stimulus für persönliche Erfahrungen dienen. Eine Erfahrung, wie das Wort selbst es sagt, ist etwas, durch das wir hindurchgehen, eine Schwelle, die wir überschreiten, ein verbotenes Territorium, in das wir eindringen, eine Ausgabe, die wir nicht zurückerstattet bekommen, ein irreversibler Vorgang. Diese Anthologie ist eine Einladung, sich selbst die Grunderfahrung des vedischen Menschen anzueignen, nicht, weil sie interessant oder alt ist, sondern weil sie menschlich ist und daher uns allen gehört. Unter den vielen Erfahrungen der Menschheit kann die vedische Erfahrung eine Antwort in dem Teil unseres Wesens hervorrufen, der von den starken Belastungen des modernen Lebens übertönt wird.

Wir geben nicht vor, dass das, was wir mit „vedischer Erfahrung" bezeichnet haben, genau der Erfahrung des vedischen Menschen entspricht. Wir sind wahrscheinlich nicht in der Lage, uns die persönliche innere Erfahrung einer vergangenen Generation anzueignen. Unser hauptsächliches Anliegen ist es, die vedische Erfahrung des modernen Menschen zu ermöglichen und zu beschreiben, was davon er zu verstehen und zu assimilieren fähig ist, indem er eine Erfahrung wieder lebendig werden lässt, die als Teil der Gesamtheit menschlicher Erfahrung Hinweise und Spuren hinterlassen hat, denen zu folgen lohnend ist. Die vedische Erfahrung, die so geschieht, wird dann zu unserer eigenen persönlichen Erfahrung.

Gegen den aktuellen Sanskrit-Titel könnte eingewandt werden, dass streng nach der Tradition die *Brāhmaṇas* und Upaniṣaden nicht als *mantra* gelten. Aus diesem Grund wurden auch *śruti-mañjarī* und *vedamañjarī* als Titel in Erwägung gezogen, ebenso wie *āmnāyamañjarī*[20]. Zwei Gründe gaben den Ausschlag für die endgültige Entscheidung für *mantramañjarī*, die beide eine Erklärung erfordern.

Wie ich bereits angeführt habe, ist diese Anthologie mit der Hoffnung verbunden, dass sie den Veda als ein Monument universaler religiöser, und damit zutiefst menschlicher Bedeutung vorstellt. Gleichzeitig wollen wir dabei aber nicht die Gefühle der verschiedenen Religionen der Welt noch ihre Rechte verletzen, insbesondere derjenigen, welche unter dem Namen Hinduismus eingruppiert werden. Der Veda, so wie die Bibel oder der Koran, ist untrennbar mit den spezifischen religiösen Quellen verbunden, denen er historisch entsprungen ist. Eklektizismus wäre hier ein schädlicher Zugang. Wir wollen die Wurzeln nicht von ihrer historischen Identität lösen, aber wir glauben, dass diese Verwurzelung weiteres Wachstum nicht ausschließt. Wir stellen die Rechte der Vergangenheit nicht in Frage, son-

---

20 āmnāya = heilige, überlieferte Tradition (Anm. d. Hg.).

dern nur das Einfrieren lebendiger Traditionen. In diesem Sinn scheint das Wort *mantra* besser geeignet, Wachstum zu erhalten als Worte wie *āmnāya*, *Veda* und *śruti*[21]. Indem wir davon abgesehen haben, ein traditionelleres Wort zu wählen, respektieren wir die Rechte der Orthodoxie; allerdings beanspruchen wir mit der Wahl des Wortes *mantra* das Recht, einen traditionellen Wert in einer Weise zu interpretieren, die genau das ermöglicht, was die Tradition zum Ziel hat, nämlich, an nachfolgende Generationen in einer Weise übermittelt zu werden, die für sie weiterhin relevant und bedeutsam ist. *Mantra* steht hier für die heilige und *mañjarī* (bewusst ein Wort aus profanem Gebrauch, das „Blumenstrauß" bedeutet) für die säkulare Dimension des Menschen. Eine *mañjarī* (*margarita*, Gänseblümchen) ist auch eine Perle.

Ziel und Charakter dieser Studie können vielleicht am besten erklärt werden, indem wir die vier Begriffe[22] genauer betrachten, die im Untertitel enthalten sind.

1. Eine Anthologie ...

Man pflückt keine Blumen, noch weniger arrangiert man sie zu einem Strauß, nur für sich selbst. In ähnlicher Weise sammelt man nicht *mantras* zu egoistischen Zwecken, und noch weniger stellt man eine *mañjarī* für sein eigenes persönliches Vergnügen zusammen. Ferner, wenn man beschließt, einen Blumenstrauß zusammenzustellen, dann beschränkt man sich nicht auf eine einzige Farbe oder einen einzigen Duft. Eine Anthologie ist ein ganzes Universum. Sie stellt eine ganze Welt von Objekten und Subjekten vor. Außerdem pflückt man nicht nur die oberen Teile, so schön sie auch sein mögen; man fasst die Pflanze tief unten, nahe bei den Wurzeln, denn man möchte die Blumen vielleicht ins Wasser stellen oder sogar in den eigenen Garten, damit sie länger blühen und vielleicht sogar erneut Blüten bekommen. Und auch das ist nicht alles. Das Wasser und das Licht, die so entscheidend für das Wachstum oder die Verpflanzung sind, beide kommen von außen.

Eine vedische Anthologie scheint angebracht zu sein für unsere Zeit, in der die Welt so sehr eine heiter-ruhige und ausgewogene Weisheit nötig hat, und in der die indische Tradition, besonders für die jüngere Generation, solch eine gewaltige Anziehungskraft ausübt, ungeachtet der Tatsache, dass

21 Śruti bedeutet „das Gehörte". Der Begriff bezeichnet die vedischen Hymnen und Texte, die den „Sehern" (Ṛṣi) durch „Hören" geoffenbart wurde (Anm. d. Hg.).
22 Der hier wiedergegebene Text gibt nur die Ausführungen zu den drei ersten Begriffen wieder, diejenigen zum vierten Begriff („Contemporary Celebration") wurden nicht aufgenommen (Anm. d. Hg.).

diese Tradition im Allgemeinen nur aus sekundären oder gar noch weiter entfernten Quellen gekannt wird. Eine vedische Anthologie vermag eine direkte und fruchtbare Kenntnis des Veda einem größeren Spektrum von Menschen zugänglich zu machen als nur der kleinen Elite von paṇḍits und Indologen. Die Situation des Veda heute ist vergleichbar mit der der Bibel im Abendland von ein paar Jahrhunderten, insbesondere in römisch-katholischen Kreisen. Theoretisch war die Bibel zentral für ihre gesamte Spiritualität, aber in der konkreten Praxis war sie nahezu unbekannt; christliches Leben wurde hauptsächlich aus sekundären Quellen genährt. Die Tradition half dem Menschen, einen lebendigen Kontakt mit dem „Wort Gottes" aufrecht zu erhalten, aber eine ihrer Quellen wurde weitgehend außer Acht gelassen. Der Veda wird immer noch viel zu sehr vernachlässigt, nicht nur in der Welt insgesamt, sondern auch in seinem Ursprungsland.

Ein Blumenstrauß hat auch mit Liebe und Galanterie zu tun, weil er gewöhnlich jemandem als ein Geschenk überreicht wird, als Zeichen von Hochachtung, Bewunderung, Verehrung, und letztendlich Liebe. Diese Anthologie ist nicht anders. Sie wird der ganzen Welt überreicht, denjenigen, die keinerlei Berührung mit der Welt des Veda haben, wie auch denjenigen, die, obwohl sie von derselben Tradition kommen, den direkten Kontakt mit ihren Wurzeln verloren haben. Sie ist ein Strauß lebendiger Blumen. Aber natürlich ist es nicht das ganze blumenübersäte Tal oder das tatsächliche Feld, auf dem die Blumen wachsen. Es ist die Opfergabe der Wiese, die sich ihres eigenen Schmucks entgibt, um ihn der oder dem Geliebten darzubieten. Eine Anthologie bleibt immer eine Anthologie. Sie ist vom Boden gepflückt, auf dem sie gewachsen ist, von der Sprache, in der sie zuerst eingebettet war, vom Lebenssaft, der sie am Leben erhielt. Und dennoch: Verpflanzungen in frische Erde, und sogar Veredelungen auf andere Pflanzen, sind möglich. Was sonst ist die ursprüngliche Bedeutung von „Kultur"?

Schließlich ist ein Strauß eine Auswahl, eine repräsentative Kostprobe; denn wenn er einen besonderen Wert haben soll, müssen alle Blumen des Feldes darin vorkommen. Das gilt auch für eine authentische Anthologie, und hier liegt die Crux der Angelegenheit: Diese Anthologie erhebt den Anspruch, sozusagen den „Kanon" der ganzen śruti oder indischen Offenbarung zu repräsentieren. Sie behauptet, die zentrale Botschaft des Veda zu enthalten, seine Essenz zu verkörpern, seinen rasa. Wie ein kompletter Strauß alle sieben Farben des Regenbogens und alle Düfte des Feldes enthält, so versucht diese Anthologie die ganze Bandbreite der vedischen Erfahrung zu umfassen und den Kern der vedischen Offenbarung zu vermitteln.

Das Auswahlkriterium darf natürlich nicht eng gesetzt sein; es muss allgemein akzeptabel sein und muss einfacher menschlicher Erfahrung entspringen. Die verwendete Struktur scheint mir die grundlegendste Struktur zu sein, die sich von der Natur, vom Menschen, vom Leben auf der Erde und von der Geschichte her anbietet. Es ist die Struktur, die, wie es scheint, im tiefsten Kern des Seins selbst angelegt ist. Es ist sowohl eine geologische, eine historische wie auch eine kulturelle Struktur. Es ist bezeichnend, dass sich das gleiche Initiationsschema praktisch universell verbreitet findet. Überall gibt es eine Vorbereitung, bevor eine bestimmte Gemeinschaft zur Fülle des Lebens gelangt; da sind Wachstum und Verfall, sowie auch ein Weg der Erneuerung, der den Fortbestand und das Überleben einer bestimmten Gruppe ermöglicht. Jedoch leben die meisten Völker und Kulturen ihr Leben ohne größere Selbstreflektion dieser Art. Die sieben Teile dieser Anthologie folgen dieser Struktur:

I. *Morgendämmerung und Geburt*. Vorbereitung auf das Hervortreten in die Existenz, die Bearbeitung des Bodens, beziehungsweise Präexistenz und Hervorbrechen ins Sein, ins Leben.

II. *Keimung und Wachstum*. Der Beginn, das Streben, die Bejahung von Identität, das Sich-Niederlassen im Reich der Existenz.

III. *Blüte und Fülle*. Der Höhepunkt, das Erreichen von Fülle, Reife, der Zenit.

IV: *Fall und Niedergang*. Der Beginn des absteigenden Weges, die Entdeckung, dass nichts der Erosion der Zeit widerstehen kann und niemand immun ist gegen die Zersetzung der Existenz.

V. *Tod und Auflösung*. Das Schicksal alles Seienden und der Preis, der dafür bezahlt werden muss, gelebt und in Zeit und Raum existiert zu haben.

VI. *Neues Leben und Freiheit*. Das wunderbare Geheimnis des Seins, das Wiedererwachen des Lebens aus den Todesqualen, die Entdeckung, dass das Leben unsterblich ist, dass Sein unergründlich ist, und dass Glückseligkeit und Wirklichkeit zu Selbsterneuerung fähig sind.

VII. *Abenddämmerung*. Der letzte Teil dieser Anthologie hat, wie das Band, das den Blumenstrauß zusammenhält, einen vollkommen anderen Charakter. Er bindet alles, was erklärt worden ist, zusammen und integriert es. Er vereinigt wieder, was die Betrachtung der einzelnen Aspekte möglicherweise auseinandergeschnitten hat.

Die Struktur der Teile ist nicht schwer zu begreifen. Jeder Teil wird durch mindestens ein *mantra* als Antiphon eingeleitet und besteht aus zwei oder mehr Abschnitten, die ihrerseits verschiedene Unterabschnitte von mehreren Kapiteln haben. Sie sind alle durchnummeriert, damit man leicht darauf Bezug nehmen kann, und mit einer doppelten Überschrift versehen, in Italienisch bzw. Englisch etc. und Sanskrit. Die Kapitel stellen den eigentlichen Text dar. Die Einführungen zu den Teilen, Abschnitten, Unterabschnitten und Kapiteln sind nicht als Kommentare oder Interpretationen der Texte gemeint. Sie haben den simplen Zweck, den Leser in das Verstehen der vedischen Texte einzuführen.

Es gibt eine innere Ordnung in der Struktur eines jeden Teils. Einige Merkmale sind leicht ersichtlich, zum Beispiel die chronologische Ordnung, die verwendet wurde, wo immer es möglich war ohne die interne Einheit des Teils, des Abschnitts oder Kapitels zu stören. Aber die Funktion einer Struktur ist es, den Bau zu stützen, ohne selbst notwendigerweise sichtbar zu sein. Wir erachten es nicht als notwendig, die mühevolle Vorarbeit des Grabens der Fundamente, der Auswahl, der Zusammenstellung und Neuzusammenstellung der Texte, der Änderung der Darstellung aufgrund weiterer Funde minutiös nachzuzeichnen, denn es geht nicht darum, ein Schema überzustülpen, sondern vielmehr die tragende Struktur zu entdecken.

Der Schwerpunkt liegt auf den Texten selbst; sie sprechen für sich und übermitteln Ideen, die nicht in einer Einführung behandelt werden können. Dieses Buch ist deshalb weder ein Kommentar noch eine Abhandlung über den Veda, sondern eine Version des Veda selbst, versehen mit einer Systematik und Erklärungen. Letztere sind in einem gewissen Sinn Teil der Übersetzung, so dass die Version des aktuellen Textes wörtlicher sein kann und so besser seinen komplexen Sinn wiedergibt. Den Text zu lesen wird nicht immer leicht sein, und der Sinn wird vielleicht nicht immer auf den ersten Blick ersichtlich sein. Daher bedarf es nicht nur der Aufmerksamkeit und Konzentration, sondern auch dessen, was die vedische Tradition von denjenigen verlangt, die sich dem Studium der vedischen Überlieferung widmen: Hingabe und Eifer – natürlich nicht für eine bestimmte Meinung oder Interpretation einer Sekte, sondern für die Wahrheit, wie man sie sieht. Mit anderen Worten, dieses Buch ist keine leichte noch leicht zu nehmende Lektüre; und noch viel weniger ist es ein bloßes Objekt der Neugierde. Es erfordert Gebet oder Meditation. Es ist ein Buch, an das man sich wenden kann, wenn man mit einem persönlichen existentiellen Problem konfrontiert ist. Da die Antworten, die das Buch gibt, aus den tiefsten Schichten menschlicher Erfahrung kommen, erlaubt es uns nicht, mit den oberflächlichen Antworten zufrieden zu sein, die aus der begrenzten individuellen Erinnerung oder aus zeitgenössischen und kollektiven Erfahrungen stammen. Es ist klug, sich daran zu erinnern, dass menschliche Erinnerung und Erfahrung nicht zwangsläufig auf die Erinnerungen und Erfahrungen des Individuums reduziert werden müssen. Das wahre Alter einer Person muss nicht nach den Tagen berechnet werden, wie oft ihre Augen die Sonne auf- und untergehen gesehen haben.

Die vedische Erfahrung kann im Menschen vielleicht die Erinnerung an sein oder ihr Leben auf Erden anregen; sie kann ihn oder sie etwa daran erinnern, dass er wie auch seine Vorfahren (wenngleich nicht nur in ihm und durch ihn) die außergewöhnlichsten Erfahrungen angesammelt haben und eine Tiefe der Schau, des Gefühls und Lebens erreicht haben, die wir jetzt dringend wiederentdecken müssen, wenn wir erfolgreich die Wellen des Ozeans der Technologie, der Wissenschaft und anderer moderner Errungenschaften reiten wollen, die unser Überleben bedrohen. Die vedische Erfahrung erschließt uns vielleicht nicht so sehr eine Alternative zur modernen Lebens- und Weltanschauung (die wahrscheinlich keine Probleme lösen und sich gewiss als entfremdend herausstellen würde), als vielmehr eine bereits existierende, wenn auch oft verborgene Dimension des Menschen an sich. Sie liefert nicht nur eine „Information" über Vorstellungen der Vergangenheit, sondern sie „in-formiert" tatsächlich die Gegenwart, indem sie ermöglicht, dass sich diese Dimension manifestiert und sich als ein konstitutiver Teil der menschlichen Person offenbart. In mir ist nicht nur meine individuelle Vergangenheit präsent; auch die Geschichte der Menschheit hat sich in der Höhle meines Herzens – um einen upaniṣadischen Ausdruck zu verwenden – angesammelt; oder um denselben Gedanken auf andere Weise auszudrücken: Sie ist in den Dendriten meines Nervensystems und den Molekülen meiner DNA. All diese Dinge sind weitaus älter als mein chronologisches Alter.

2. ... der Veden ...

Diese Anthologie ist nicht ein Buch über indische Philosophie oder hinduistische Spiritualität. Noch weniger ist sie ein typisches Werk der Indologie, zumindest nicht im strengen und fast schon antiquierten Sinn des Wortes; sie ist nicht ein Versuch, die Vergangenheit um ihrer selbst willen zu erforschen. Sie ist vielmehr eine Darstellung der vedischen Offenbarung, verstanden als eine Enthüllung von Tiefen, die auch im Herzen des modernen Menschen nach wie vor widerhallen, so dass er sich seines eigenen menschheitlichen Erbes, und somit der Quellen seines persönlichen Seins bewusster werden kann. Die vedische Erfahrung fügt dem modernen Menschen also nichts Fremdes hinzu, sondern hilft ihm, sein eigenes Leben zu verwirklichen, und hebt einen oft vernachlässigten Aspekt seines eigenen Wesens hervor. In diesem Sinn nimmt der Veda einen privilegierten Platz in der kristallisierten Kultur des Menschen ein. Er ist weder primitiv noch modern. Er ist nicht primitiv, das bedeutet, er eröffnet eine Tiefe, ein kritisches Bewusstsein und ein Niveau an Verfeinerung, die es in vielen anderen alten Kulturen nicht gibt. Da er nicht modern ist, sendet er einen Duft und strahlt eine Faszination aus, welche die bloß moderne Kultur nicht besitzt.

Diese Anthologie behandelt nicht die gesamte indische Religiosität noch ausschließlich den Brahmanismus, sondern das, was man in Indien die vedische Überlieferung nennt. Sie behandelt jenen Teil der menschlichen Erfahrung, der in kondensierter Form in diesen erstaunlichen Dokumenten der *śruti* zum Ausdruck kommt, einem Produkt der Begegnung zweier

Kulturen im 2. Jahrtausend v. Chr., die mehr als eine Weltanschauung hervorgebracht hat.

Vedische Studien waren nicht immer frei von ideologischem und religiösem Enthusiasmus, sowohl positiver wie negativer Art, was dem Studium des Veda Lebendigkeit beschert, aber bisweilen auch zu unnötigen religiösen Vorurteilen und politischen Verzerrungen geführt hat. Während einige im Veda das Produkt eines verwirrten Geistes sahen oder einer primitiven, zur Magie neigenden Mentalität, haben andere darin die höchste Manifestation der Wahrheit und die letzte, unübertreffliche Offenbarung gesehen.

Dieses Buch setzt sich zum Ziel, so weit wie möglich frei von allen vorgefertigten Konzepten und partikulären Werturteilen zu sein. Die *śruti* muss vom Monopolanspruch einer einzelnen Gruppe befreit werden, sei es einer Gelehrtengruppe von *paṇḍits* und Indologen oder einer aktiven religiös- politischen Fraktion, auch wenn der Veda natürlich völlig legitim aus all diesen Perspektiven betrachtet werden kann. Wir wagen hingegen zu hoffen, dass der Blickpunkt dieser Anthologie universaler und ausgewogener ist. Sie sieht den Veda als eine Offenbarung, eine Enthüllung von „etwas", das die menschliche Erfahrung bereichert, ohne selbst die Natur dieses „etwas" näher auszuführen. Wir haben versucht, spezifische religiöse oder philosophische Annahmen zu vermeiden – ohne dem anderen Extrem zu verfallen, den Veda bloß als „objektives" Dokument für rein wissenschaftliche Forschung anzusehen.

Wir stellen keine Spekulationen über die Botschaft eines der ältesten Dokumente der indo-europäischen Welt an. Unzählige Schulen im Osten seit undenklichen Zeiten und mehrere Generationen von Gelehrten im Westen haben sich der mühsamen, aber lohnenden Aufgabe der Interpretation des Veda angenommen. Kein Student des Veda kann heute die Arbeit vergangener Generationen von Weisen und Indologen aus Ost und West unberücksichtigt lassen. Bei der Zusammenstellung dieser Anthologie hatte ich von allen Schulen, alt und modern, zu lernen, um zu verstehen, was der Veda sagt. Ich habe Werkzeuge benutzt, die ich selber nicht hätte schmieden können. Mein Hauptanliegen ist es, die Ergebnisse meiner Lektüre objektiv und authentisch wiederzugeben.

Sehr wenige Menschen akzeptieren heutzutage die Möglichkeit einer wesenhaften Objektivität, das heißt eines Systems ohne Vorannahmen und einer objektiven Begriffswelt, die jedem zugänglich ist. Andererseits gibt es heutzutage Menschen, die lernen möchten, was der Veda ihnen zu lehren hat. Diese Menschen interessiert vielleicht eine wesenhafte Objektivität nicht, noch glauben sie, dass es sie gibt. Gleichwohl haben sie eine existentielle Einstellung, die nur subjektive sie rein subjektive Absichten apologetischer oder propagandistischer Natur ablehnt. Diese Menschen wollen mit dem Text selbst konfrontiert werden, nicht einfach, weil es sich gut für sie anfühlt oder verstärkt, was sie zu hören wünschen, sondern weil sie bereit sind, die vedische Offenbarung als ein lebendiges Dokument anzusehen. Solch eine Haltung lässt das, was religiöse Fanatiker oder Gelehrte darüber denken, zweitrangig erscheinen. Dahinter steht keine Geringschätzung von Gelehrsamkeit, sondern eine post-scholastische Haltung.

Betrachten wir zum Beispiel das Wesen der Götter. Viele wohlbekannte Hypothesen über die Götter wurden sowohl von indischen als auch ausländischen Studierenden vorgebracht. Obgleich dieses Buch die Sicht, die vedischen Götter wären kosmische Mächte, nicht betont, sieht es sie aber auch nicht als bloßen Ausdruck der menschlichen Psyche. Es nimmt nicht an, dass es einen Gott gibt mit vielen kleinen Göttern, die als seine dienstbaren Geister oder Dämonen agieren; auch stützt es sich nicht auf rein historische Daten und führt die Ursprünge der Götter auf bestimmte vorgeschichtliche Mächte zurück, die in der Geschichte in den oder durch die Ideen und Glaubensansichten verschiedener kultureller Zeitalter gewirkt haben. Das heißt zugleich jedoch nicht, dass das Buch die Götter mit skeptischen Augen betrachtet, als wären sie bloß subjektive Größen. Im Gegenteil, es geht davon aus, dass die Götter real sind, aber es geht weder auf die Natur noch auf den Grad ihrer Wirklichkeit näher ein. Überdies hat diese Anthologie das Bestreben, eine Sprache zu sprechen, die für „Gläubige" und „Agnostiker" in gleicher Weise Sinn ergibt, für jene, welche das Phänomen in der einen, wie auch für jene, die es auf eine andere Weise interpretieren.

Um zu vermeiden, von Gott im Plural zu sprechen, was für den Monotheismus nicht tolerierbar ist, hat man in europäischen Sprachen den Plural in Kleinbuchstaben geschrieben und die Großschreibung für den Singular benutzt *(gods – God)*, so wie wir Wesen *(beings)* und Sein *(Being)* unterscheiden. In der Tat sind die Götter nicht der Plural des monotheistischen Gottes. Wir hätten es vorgezogen, einfach *devāḥ* für Götter zu schreiben, aber das Problem des Singulars hätte fortbestanden. Ist *deva* Gott *(God)* oder nur *ein Gott (god)*? Gewiss kommt es auf den Zusammenhang an. Aber auch dann, wo zieht man die Trennungslinie zwischen Symbolen des Göttlichen, die Gott oder einen Aspekt oder Namen von ihm repräsentieren, und den kleineren Gottheiten, die sogar die Sinnesorgane miteinschließen können? Wegen dieser Schwierigkeit haben wir uns dafür entschieden, die Ambivalenz des Wortes aufrecht zu erhalten und es mit einem Großbuchstaben zu schreiben, außer wenn es sich eindeutig auf eine menschliche Eigenschaft bezieht und daher anders übersetzt wird.[23]

Der heutige Mensch neigt so sehr dazu, alles zu politisieren, sei es auch unter dem Deckmantel der Soziologie, dass es mir wichtig erscheint zu

---

23 Im Deutschen kann man diese Unterscheidung nicht machen. Man ist auf den Kontext verwiesen (Anm. d. Hg.).

betonen, dass diese Anthologie nicht als pro- oder anti-arisch eingeordnet werden will, weder als für noch als gegen den Brahmanismus oder andere populäre Formen der Religion, weder unterstützt noch ist sie gegen die Idee, dass Indien vor allem das vedische Indien sei, oder die, dass es so etwas wie einen indoeuropäischen Commonwealth gebe. Wir ergreifen für keine dieser Positionen Partei. Auf den indischen Kontext bezogen, haben wir nicht die Absicht zu beweisen, dass der wichtigste Faktor in der Religiosität der Menschen in Indien der Veda ist, oder dass der Veda mit der brahmanischen Weisheit zusammenfällt. Wir behaupten auch nicht das Gegenteil. In Bezug auf den weiteren Kontext bestehen wir nicht auf einen höheren Wert schriftlicher Tradition oder der sogenannten größeren oder Hauptreligionen; auch vertreten wir nicht die Auffassung, der indoeuropäische Mensch habe eine Stufe der Zivilisation erreicht, der andere Kulturen nicht gleich kommen. Diese Studie sagt einfach, was sie sagt, sie spielt nicht unausgesprochen auf etwas an, was sie nicht ausdrücklich benennt. Einen bestimmten „Pfad" zu empfehlen, ein bestimmtes Volk zu preisen oder die positiven Aspekte einer bestimmten religiösen Form aufzuzeigen, bedeutet nicht, andere Werte oder Einsichten gering zu achten oder zu schmälern. Diese Anthologie hat nur einen Kontext: die Menschheit als Ganze. Die vedische Offenbarung gehört dem Menschen und wird hier als ein Dokument des Menschen dargeboten. Wir sind uns jedoch vollkommen bewusst, dass die Textur der Menschheit noch unvollendet ist, und dass daher auch unser Kontext begrenzt ist. Die Anerkennung dieser Begrenzung lässt uns offen und demütig sein, aber auch gelassen und voller Hoffnung.

Zwei paradoxe und unterschiedliche Gedanken sollen hier als Beispiel aufgeführt werden, um zu zeigen, was wir meinen. Im ersten Fall handelt es sich um eine orthodoxe, im zweiten um eine heterodoxe Vorstellung, beide jedoch neigen in dieselbe Richtung, zumindest vom Zweck dieser Anthologie her betrachtet.

Wir beziehen uns zuerst auf die traditionelle Vorstellung des *apauruṣeya*, der Nicht-Urheberschaft der Veden, die weder einen menschlichen noch einen göttlichen Urheber haben. Diese Theorie wurde oft belächelt, sie widerspreche dem gesunden Menschenverstand und leugne kausales Denken; oder sie wurde so aufgefasst, dass der Veda einfach keinen „Autor" habe, der seine Texte geschrieben, und keinen „Verstand", der sie erdacht hätte. Ohne in die fast nicht endenden Subtilitäten der *Mīmāṁsā* einzusteigen, können wir einfach sagen, dass im Kern dieser Vorstellung das Bestreben steht, unsere Beziehung zum Text zu reinigen und jegliche Art von Götzendienst zu vermeiden. Wer immer die Veden liest, betet und versteht, ist ihr Autor. Niemand ist der Autor lebendiger Worte, nur der, welcher sie ausspricht. Die Veden sind lebendige Worte – und das Wort ist nicht ein Werkzeug des Menschen, sondern seine höchste Ausdrucksform. Was keinen

Autor hat, laut der *apauruṣeya*-Intuition, ist der Bezug zwischen dem Wort und seinem Sinn oder Gegenstand. Es ist kein künstlicher oder extrinsischer Bezug, der von jemandem verursacht wäre. Es gibt keinen Autor, der diese Art von Bezug zwischen dem Wort und seinem Sinn setzen würde. Dazu würden wir einen weiteren Bezug benötigen, und so weiter *ad infinitum*. Wenn ein Wort kein lebendiges Wort mehr ist, wenn es aufhört, Sinn zu vermitteln, wenn es nicht mehr ein Wort für mich ist, ist es nicht *Veda*, es übermittelt nicht wahres oder rettendes Wissen.

In recht paradoxer Weise befreit diese Konzeption den Veda von der Beschlagnahme nicht nur durch einen bestimmten Gott als den ursprünglichen Verfasser, sondern auch durch die hinduistische Tradition, die nicht als Autor der Veden bezeichnet werden kann. Der Veda, der ohne Autor ist, wird zu einem Text ohne Autorität. Nur wenn man selbst zu seinem „Autor" wird, wenn man durch Assimilation imstande ist, ihn auszusprechen, wenn man selbst zum Ursprung, zum „auctor", des Textes wird, erschließen die Veden ihre wahre „Autorität". Die vedische Offenbarung ist nicht die Stimme eines anthropomorphen Offenbarers noch das Lüften eines Schleiers, welcher die Wirklichkeit bedeckt. Tatsächlich ist die *śruti* etwas, das „gehört" wird (nicht ein Gesehenes), so dass die Metapher der Enthüllung mitunter irreführend sein kann, weil wir das Wahre nicht durch das Heben eines Schleiers (wodurch wir die nackte Wirklichkeit sehen würden) entdecken, sondern indem wir erkennen, dass der Schleier bedeckt und verhüllt, und die Entdeckung dieser Tatsache die eigentliche Offenbarung ausmacht.

Offenbaren (*reveal*) bedeutet in diesem Sinne nicht „ent-hüllen" (*unveil*), den Schleier (*veil*) zu heben, sondern den Schleier zu enthüllen, nämlich uns bewusst zu machen, dass das, was wir sehen, und alles, was wir sehen können, der Schleier ist – und dass es uns überlassen ist, die Wirklichkeit zu „erraten" – oder wir könnten auch sagen, zu „denken" –, welche eben durch den Schleier, der sie bedeckt, manifest wird. Wir können den Schleier nicht von dem, was er bedeckt, trennen, so wie wir ein Wort nicht von seiner Bedeutung trennen können, oder das, was man hört, von dem, was man versteht. Wenn ich den Schleier der *māyā* heben könnte, würde ich nichts sehen. Wir können nur sehen, wenn wir den Schleier der *māyā* sehen und ihn als das erkennen, was er ist. Die *śruti* ist *śruti*, wenn das, was gehört wird, nicht nur sein Klang ist, sondern alles, was darin zu hören, wahrzunehmen, gemeint und zu verstehen ist. Unsere eigene Entdeckung, unser Prozess der Entdeckung, ist Teil der Offenbarung selbst. Nur im Geist ist der *Veda Veda*. Und jetzt *können wir verstehen, warum seine Texte* jahrhundertelang weder niedergeschrieben noch Außenstehenden gezeigt wurden.

Die vedische Offenbarung ist nicht in erster Linie eine thematische Kommunikation esoterischer Fakten, obwohl einige ihrer Aussagen, wie zum

Beispiel gewisse Passagen aus den Upaniṣaden, eine Wahrheit erschließen, die der normalen Reichweite menschlicher Erfahrung verborgen ist. Aber größtenteils ist die vedische Offenbarung die diskrete Erleuchtung eines Schleiers, welcher nicht als Schleier, sondern als Schicht, man möchte fast sagen als eine Haut des Menschen gesehen wird. Die vedische Offenbarung erschließt den Prozess der „Bewusstwerdung" des Menschen, der sich selbst entdeckt im Verbund mit den drei Welten und ihren wechselseitigen Beziehungen. Sie ist nicht die Botschaft eines anderen Wesens, das sich durch ein Medium kundtut, sondern die Erleuchtung des „Mediums" selbst, die fortschreitende Erhellung der Wirklichkeit. Sie ist kein Lichtstrahl aus einem Leuchtturm oder einem leistungsstarken Reflektor; sie ist die Morgendämmerung. Sie ist die Offenbarung des Wortes, des ursprünglichen Wortes, des Wortes, das kein Werkzeug ist noch ein Zeichen, das etwas Anderes behandeln oder darauf hinweisen würde. Es ist die Offenbarung des Wortes als Symbol, als der Laut- und Bedeutungsaspekt der Wirklichkeit selbst. Wenn da jemand wäre, der das Wort zuerst gesprochen hätte, mit welchem anderen Wort könnte er mir die Bedeutung des ursprünglichen Wortes vermitteln? Ich muss annehmen, dass das Wort direkt zu mir spricht, denn die vedischen Texte offenbaren in einer klaren und eindeutigen Weise den Charakter der Wirklichkeit.

Kurz gesagt, die Tatsache, dass die vedischen Texte keinen Autor haben, und daher keine vorgeordnete Autorität, dass sie nur den Wert haben, der im existentiellen Akt besteht, sie wahrhaftig zu hören, verleiht ihnen eine Universalität, die sie besonders relevant für die heutige Zeit macht. Sie bringen uns dazu hinzuhören, und dann hören wir, was wir hören, im Vertrauen darauf, dass es auch das ist, was gehört werden musste.

Zweitens weisen wir hin auf ein Beispiel jenes universalen Paradoxes, dass, wenn wir einen Wert ablehnen, wir ihn tatsächlich verstärken können. Es ist schlicht eine fromme Übertreibung zu sagen, der Hinduismus und die indische Philosophie würden sich direkt aus dem Veda speisen und seien eine Fortführung des vedischen Geistes. In kaum einer anderen Kultur in der Welt wurde der Hauptquelle mehr Lippenbekenntnis gezollt, aber weniger wirkliche Aufmerksamkeit gegeben. Es ist wohlbekannt, seit langem erkannt und durch neuerliche Studien belegt, dass die philosophischen Systeme Indiens, nicht nur die *nāstikas*, das heißt die sogenannten heterodoxen, sondern auch die orthodoxesten unter ihnen, nur sehr wenige ihrer Reflexionen aus den Veden beziehen. Die meisten philosophischen Systeme wurden außerhalb der vedischen Spekulationswelt entwickelt.

Sogar die zwei *Mīmāṁsās* machen nur einen selektiven und begrenzten Gebrauch vedischen Materials. Die *Pūrva-mīmāṁsā* behandelt nur den *karma-kāṇḍa*, das heißt, die aktiven Vorschriften der Veden, und das aus einem sehr spezifischen Blickwinkel. Die *mantras* werden vernachlässigt oder zu

Indikativsätzen reduziert (was spätere Spekulation mit Hilfe hermeneutischer Regeln zu interpretieren versuchte), und die *Brāhmaṇas* werden reduziert zu umfangreichen Vorschriften, während die Upaniṣaden praktisch ignoriert werden. *Uttara-mīmāṁsā* bzw. *Vedānta* hingegen behandelt fast ausschließlich die Upaniṣaden, und dann auch nicht als ein Ganzes, sondern aus einer sehr speziellen Perspektive, indem sie sie als Verkörperung erlösenden Wissens ansieht, beschränkt auf die Verwirklichung des Brahman. Außerdem beziehen die Upaniṣaden, die die Tradition als Teil der *śruti* ansieht, nur einen sehr reduzierten Teil der vier Veden in ihre Struktur mit ein. Es stimmt, dass sie als eine Fortsetzung der Veden angesehen werden, und sie bilden in der Tat einen Teil des Veda, aber ihre Atmosphäre ist nichtsdestotrotz eine ganz andere.

Viele wichtige Upaniṣaden, z. B. die *Kena* und die *Māṇḍūkya-Upaniṣad* zitieren keinen einzigen vedischen *mantra*, auch wenn es natürlich implizite Bezüge gibt. Sogar die anderen, wenn sie gelegentlich die Veden zitieren, tun dies in derselben kryptischen und eigenartigen Weise, wie die spätere Tradition es ihrerseits mit den Upaniṣaden tut. Es ist eine Tatsache, dass die Veden nur teilweise in die späteren indischen Traditionen integriert wurden, aber genau dieser Umstand verleiht ihnen eine gewisse Universalität, die weit über die Grenzen der indischen Kultur hinausreicht. Sie sind arischen Ursprungs, aber schließen zweifellos nicht-arische Elemente mit ein: Eine umstrittene Tatsache, die dieses befremdende menschliche Dokument zu einem imposanten Monument interkultureller Interaktion und einem besonderen Beispiel menschlicher Kreativität macht.

Alles in allem kann man dennoch nicht die Einfärbung und den besonderen Charakter bestreiten, die nicht nur für seinen indoeuropäischen Ursprung, sondern für den indischen Subkontinent spezifisch sind. Um diesen Umstand zu unterstreichen, sind wir bezüglich der Bestandteile der *śruti* der gängigen Tradition gefolgt, obgleich wir aus Gründen, die sowohl externen als auch internen Überlegungen geschuldet sind, die *Bhagavad-gītā* und die *Gṛhya-sūtras* mit einbezogen haben, die bestimmt nicht zur traditionellen *śruti* gehören.

Die Kontinuität in der indischen Tradition ist ebenso wichtig wie die Diskontinuität, die wir eben erwähnt haben. Doch wie der Hinduismus mehr eine Existenz als eine Essenz ist, so ist diese Kontinuität nicht in der Lehre begründet, sondern existentiell. Es gibt eine gewisse physische Kontinuität, eine fast körperliche Zugehörigkeit, eine karmische Kontinuität, die viel wichtiger ist als eine Homogenität in der Lehre.

Ein wesentliches Merkmal jeder echten Anthologie ist, dass sie, wie ein Blumenstrauß, sowohl Einheit als auch Vielfalt präsentiert. Die Vielfalt von Themen und Stimmungen in der vedischen Epiphanie, in der praktisch die ganze Bandbreite menschlicher Erfahrung gespiegelt wird, ist unbestritten. Innere Einheit und Harmonie sind jedoch nicht weniger wichtig, wie es schon von altersher nachdrücklich bekräftigt wird. Der berühmte vierte Aphorismus der *Brahmasūtras* (I, 1,4) sagt beispielsweise: *tat tu samanvayāt*, „das (ist) in der Tat in Übereinstimmung mit der Harmonie" (der *śruti*). Das bringt zum Ausdruck, dass alle Passagen der vedischen Offenbarung ein einziges Ziel oder ein höchstes Anliegen haben, (die Verwirklichung von) *brahman*; jeder Text ist „in Harmonie" mit dem Ganzen. Dieser *samanvaya*, was Harmonie, Versöhnung, Gleichmut und Gelassenheit bedeutet, ist nicht bloß ein logisches oder mentales Konstrukt, als wäre die ganze *śruti* ein monolithischer Block von Lehren. Auch bezieht sie sich nicht einfach auf die Einheit der Intention oder des Ziels, denn keine Intention kann völlig getrennt werden von den Ideen, die sie verkörpert, und den Zielen, die sie anstrebt. Die Schriften lehren nicht alle dieselbe Doktrin oder haben dieselbe implizite Intention, und doch gibt es einen verbindenden Mythos, eine höhere Harmonie, eine existentielle Versöhnung. Der Strauß ist *einer*, eben weil, und nicht obwohl, er aus vielen Blumen zusammengestellt ist.

3. ... für den modernen Menschen

Wir könnten viel Zeit dem Studium der vedischen Überlieferung widmen, aber unser ganzes Unternehmen hätte wenig Sinn, wenn es nicht mit Menschen und ihrem Umfeld verbunden wäre. Unser Bezugspunkt ist der moderne Mensch. Dennoch, wie schon die Etymologie des Adjektivs nahelegt, vergessen wir nicht die flüchtige und transitorische Natur dessen, was wir den „modernen" Menschen nennen: der zeitgenössische Mensch in seinem gegenwärtigen, aber transitorischen Zustand, der Mensch, wie er jetzt, in diesem Augenblick ist: *modo*.[24] Der moderne Mensch wird bald nicht mehr modern sein, und dennoch haben wir keinen anderen Zugang zum Menschen als den zum modernen Menschen. Alle anderen „Menschen" sind nur Abstraktionen, denn sie sind bereits verschwunden oder noch nicht entstanden. Sogar wenn wir unsere Vergangenheit kennenlernen, so tun wir das in modernen Kategorien. Nur indem wir die Grenzen unserer Konkretheit akzeptieren, können wir in der Wahrheit verwurzelt sein, und nur indem wir unserer eigenen Identität treu sind, können wir universaler werden. Deshalb ist es nutzlos, nach einer Allgemeingültigkeit zu streben, die künstlich und bestenfalls auf die intellektuelle Ebene begrenzt wäre.

Der moderne Mensch mag vorübergehend und vergänglich sein, aber er ist unser einziger wahrer Bezugspunkt, weil wir noch in Raum und Zeit leben. Er ist der Zugang zur Tiefe des ewigen Menschen, aber sobald wir ihn konzeptualisieren, ist es eben dieses moderne Konzept, durch das wir

---

24 Was im Lateinischen eben „jetzt gerade" bedeutet (Anm. d. Hg.).

ihn verstehen. Gerade weil wir denken, dass der Mensch mehr ist als der moderne Mensch, versuchen wir ihm zu helfen, sich einiger seiner Wurzeln bewusst zu werden. Es ist unnötig zu sagen, dass nicht jeder Bewohner unseres Planeten heute als ein moderner Mensch bezeichnet werden kann; Kulturen sind diachronisch, und es gibt viele Modernitäten. Der moderne Mensch, den wir im Sinn haben, ist der Durchschnittsleser einer zeitgenössischen westlichen Sprache – eine ernsthafte, demütigende, aber unvermeidbare Begrenzung.

Zwei Konstellationen unter vielen anderen, die man ebenso gut hätte wählen können, sind hier bedacht, wenn wir vom modernen Menschen sprechen: der Säkularismus und die transkulturelle Situation.

Der moderne Mensch ist ein säkularer Mensch. Das heißt nicht, dass er nicht religiös wäre, oder dass er den Sinn für das Heilige verloren hätte. Die Feststellung besagt nur, dass seine Religiosität und sogar jeder Sinn für das Heilige, den er haben mag, mit einer säkularen Haltung gefärbt sind. Mit „säkularer Haltung" meinen wir ein bestimmtes Bewusstsein der Zeit, welches Zeit mit einem positiven und realen Charakter bekleidet: Die zeitliche Welt wird als wichtig angesehen, und das zeitliche Spiel des Lebens eines Menschen sowie die menschlichen Interaktionen werden ernst genommen. Das *saeculum*, der *āyus*, steht im Vordergrund. Der Mensch kann auf Erden nur überleben, sowohl als Spezies als auch als Person, wenn er allem Säkularen sorgfältige Aufmerksamkeit schenkt. Andernfalls wird er von der Maschinerie der modernen Gesellschaft oder vom Mechanismus kosmischer Prozesse verschluckt werden. Der säkulare Mensch gehört zu einer temporalen Welt.

Des Weiteren kann der moderne Mensch, was vielleicht den Veränderungen in der menschlichen Geographie und Geschichte geschuldet ist, nicht mehr einer homogenen oder isolierten Kultur angehören. Er wird mit Ideen, Bildern und Klängen aus allen vier Ecken der Welt bombardiert. Er mag vielleicht eine oberflächliche oder gar fehlerhafte Kenntnis von anderen Völkern haben, aber die Kulturen um ihn herum vermischen sich, Ideen vermengen sich, Religionen begegnen einander, und Sprachen interagieren und entlehnen einander Vokabular wie vielleicht nie zuvor in der Geschichte der Menschheit. Die Kultur des modernen Menschen mag nicht besonders stabil sein; er ist vielleicht sogar von einem generellen Kulturverlust bedroht, aber er ist zweifellos transkulturell beeinflusst, und dies gilt nicht nur für Minderheitengruppen, sondern für die passive und leidende Mehrheit in gleicher Weise.

Indem wir nicht kommentieren oder erklären, und noch weniger Vergleiche ziehen, können die vedischen Symbole vielleicht noch einmal lebendige Symbole werden, und auf diese Weise dem lebendigen Wachstum der Kulturen des modernen Menschen als Veredelung eingepfropft werden.

BAND IV – HINDUISMUS

BUCH 2: DER DHARMA INDIENS

Mit *dharma* des Hinduismus meinen wir seine Spiritualität. Dieser Band enthält ein ganzes Buch zu diesem Thema. Doch was meinen wir mit Hinduismus?

Um über den Hinduismus in einer verständlichen Weise zu schreiben, werde ich bei der grundlegenden Erfahrung ansetzen, durch die der Mensch ein Mensch ist, und nicht eine Katze, ein Baum oder ein Stein, wenngleich er auch tief mit ihnen verbunden ist. Ohne diese fundamentale menschliche Erfahrung (welche wir oft durch die Verkrustungen der Zivilisation und den Staub der Geschichte überdeckt haben) laufen wir Gefahr, andere Religionen nicht korrekt zu interpretieren. Der erste Schritt, diese Gefahr zu vermeiden, besteht darin, die goldene hermeneutische Regel, wie ich sie genannt habe, zu beachten, die besagt, dass das, was interpretiert wird, sich selbst in der Interpretation wiedererkennen muss. Wenn ich Juden oder Schintoisten in einer Weise beschreibe, in der sie sich selbst nicht wiedererkennen, so bedeutet das, dass meine Beschreibung nicht korrekt ist.

Im Falle des Hinduismus liegt der schwierigste Aspekt darin, eine so reiche Erfahrungswelt in eine Synthese zu bringen. Zwei Überlegungen dazu drängen sich auf. Die erste besteht darin, den Glauben zu kritisieren, man könne die Wirklichkeit adäquat beschreiben, als wäre sie transparent für den Verstand und ohne weiteres in Worte zu fassen, als wäre das Unaussprechbare nur eine menschliche Schwäche. Auch die zweite Überlegung entlarvt eine moderne Überzeugung als falsch, nämlich den Glauben, dass Zeit von den Dingen unabhängig sei, und dass Ereignisse deshalb in einer kürzeren oder schnelleren Zeitskala zusammengefasst oder katalogisiert werden können. Ein Beispiel soll uns dabei helfen, das metaphysische Problem der Beziehung zwischen Denken, Sprechen und Sein einerseits, und Zeit und Wirklichkeit andererseits zu vermeiden. Wenn ich über den Hinduismus spreche, so muss ich es als ein Hindu tun – ohne jedoch die anderen Traditionen zu vergessen.

Im ersten Jahrhundert vor unserer Zeitrechnung wurde Rabbi Hillel gefragt, wie man das ganze Gesetz und die Worte der Propheten zusammenfassen könne. Er gab die brillante Antwort: „Handle so, wie du möchtest, dass man an dir handelt!" Ähnliche Fragen wurden Jesus und Mohammed gestellt. Mit der heutigen Informationsflut werden Menschen gebeten, in einer Minute zum Ausdruck zu bringen, was sie vielleicht Jahre an Überlegung gekostet hat. Natürlich kann man das Christentum darauf reduzieren, andere wie sich selbst zu lieben, das Judentum auf seine erste Gottesaussage[25], den Islam auf das Bekenntnis, dass Allah der einzige Gott ist und Mohammed Sein Prophet, wie man auch die Relativitätstheorie auf die Formel $E = mc^2$ reduzieren kann. Doch die Wirklichkeit ist in Wahrheit viel komplexer.

Dieses Prozedere kann man gleichwohl nicht auf den Hinduismus anwenden; er hat kein Prinzip, auf das man ihn reduzieren könnte, man kann nicht sagen, was seine Essenz sei. Ja, der Hinduismus hat keine *Essenz* und kann nicht auf irgendein Prinzip reduziert werden. Es gibt kein hinduistisches Prinzip. Im Unterschied zu vielen anderen Religionen hat er keinen Gründer; er hat nicht einmal einen Namen. Wenn wir „Hinduismus" sagen, klassifizieren wir ihn von außen. „Hinduismus" ist ein persischer Begriff, der lange nach seiner Entstehung geprägt wurde, um ihn von anderen vorhandenen Religionen zu unterscheiden. Hindus haben sich selbst nicht Hindus genannt, und sogar heutzutage ist es mehr ein politischer als ein religiöser Begriff. Die Tatsache, dass er weder Namen noch Gründer hat, ist bezeichnend an sich.

Aber das ist nicht alles: Er hat keine Essenz. Ein Nicht-Gläubiger kann Hindu sein, ebenso wie ein Monotheist oder ein Polytheist ein guter Hindu sein kann, gleich ob er regelmäßig oder nicht in den Tempel geht. Man kann ein Hindu sein, ob man an Gott glaubt oder auch nicht an Gott glaubt. Weil der Hinduismus keinen Kern hat, werden wir seine Natur niemals begreifen, wenn wir uns auf die Welt der Ideen beziehen.

Andererseits hat der Hinduismus sehr wohl eine *Existenz*. Wem es nicht gelingt, ihn als nackte Existenz (ohne ihn mit Essenzattributen auszustatten) wahrzunehmen oder über das platonische Paradigma hinauszugehen (um in den deutlicher abendländischen Traditionen zu bleiben), wird nicht verstehen, was er ist.

Worin besteht nun diese spezifische Existenz des Hinduismus? Die Frage als solche ist nicht eindeutig, denn wenn ich nach der *spezifischen* Existenz von jemandem frage, ist dies eine essentialistische Frage. Ich könnte die Frage umschiffen und sagen, dass ein Hindu sich selbst nicht fragt, wie er sich von anderen unterscheidet, sondern lieber seine Identität als Identität lebt, und nicht als Unterscheidung – aber, um dies zu erklären, müsste man zu weit ausgreifen. Ich werde einfach eine elementare Antwort geben, ohne weiter ins Detail zu gehen.

---

25   Z. B. das Shema: „Höre, Israel! Der Herr, dein Gott, ist einzig." (Anm. d. Hg.).

Ein Hindu ist jemand, der sein oder ihr *karman* akzeptiert und sein oder ihr *dharma* anerkennt. *Karman* bedeutet „Tun, Handlung", und *dharma* kann mit „Pflicht" und „Religion" übersetzt werden. Das Konzept einer Religion ist dem Hinduismus fremd. Er sieht sich nicht als eine Religion im modernen abendländischen Sinn des Wortes, der sich wesentlich auf die abrahamitischen Traditionen gründet.

Hierzu könnte ich noch kurz anschließen, dass ein großer Anteil moderner Denker und Autoren, die zu dieser Gruppe oder Gruppen menschlicher Traditionen gehören, die wir unter dem Namen Hinduismus klassifizieren, ihn als *sanātana-dharma* beschreiben, das heißt als endloser *dharma*, als den ursprünglichen *dharma*, an dem die ganze Menschheit Anteil hat, wobei *dharma* verstanden wird als kollektive Teilhabe aller an der Aufgabe, den Zusammenhalt in der Welt aufrecht zu erhalten, der *lokasaṁgraha* der *Bhagavad-gītā* (III,20). Die Rolle des Weisen besteht dabei darin, bewusst und freiwillig an der Aufrechterhaltung der Einheit in der Welt teilzunehmen, ihr Auseinanderfallen zu verhindern (Bhg III,25). *Sanātana-dharma* wäre die Tradition, die entdeckt, dass ihre eigene Aufgabe darin besteht, an der Dynamik des Kosmos teilzunehmen, damit er sich nicht aufgrund seiner zentripetalen Kräfte in tausend Stücke desintegriert. So in etwa könnte das Selbstverständnis dessen sein, was man Hinduismus nennen mag. Darin ist der Hinduismus, obwohl es paradox erscheinen mag, vielen der afrikanischen Ur-„Religionen" sehr nahe, insofern für sie „Religion" die Fülle des Menschen bedeutet.

Einzelne hinduistische Traditionen

Im Folgenden sehen wir drei Beispiele von Einsichten, die unter dem Namen Hinduismus eingeordnet werden. Es sind drei Beispiele des Lebens und der Geisteshaltung der Traditionen, die unter diesem Namen laufen. Das erste Beispiel ist dem *Ṛg-veda* entnommen, das zweite den Upaniṣaden, und das dritte einem *Āgama* der śivaitischen Tradition.

1. „Ich weiß nicht, wer ich bin" (Veda)

Dies ist ein Text aus dem ersten Buch des *Ṛg-veda*, geschrieben wahrscheinlich um 1800 v. Chr., wobei andere ihn um das Jahr 2000 v. Chr. oder noch früher ansetzen. Der Text ist ein Vierzeiler aus dem Hymnus 164 des ersten Buches. Dort heißt es in Vers 37:

> Was ich bin, ich weiß es nicht.
> Ich ziehe umher allein, geplagt von meinem Verstand.
> Sobald der Erstgeborene der Wahrheit zu mir gekommen ist,
> habe ich Anteil an jenem Wort.

Ich kann nur die Ausführungen in meinem Buch *The Vedic Experience* zusammenfassen und auf einige darin behandelte Gedanken hinweisen.[26] Wie würde ein *paṇḍit* den Satz „Ich weiß nicht, wer ich bin" Kindern erklären? Selbstbewusstsein, sowohl meines als auch das der Menschheit, erwacht, indem wir wissen, dass wir nicht wissen, wer wir sind. Die große Weisheit, die vom Mensch erlangt werden kann, ist die Erkenntnis seiner eigenen Unwissenheit. Die Erkenntnis der Unwissenheit ist die tiefste Erkenntnis, die man von der Wirklichkeit haben kann, ohne diese zu verzerren; es ist das gewaltfreie Erkennen davon, wie die Dinge fließen. Der Mensch ist sich selbst ein Rätsel. Der Text fragt nicht „wer bin ich", nur um dann zu sagen, dass er es nicht weiß. Er sagt er uns vielmehr, wer wir sind! Wir sind diejenigen, die genau wissen, dass wir nicht wissen, wer wir sind.

Ich wandere, ich bin ein Pilger. Aber der *homo viator* weiß nicht, wohin er geht, er kennt das letztendliche Ziel nicht. Glaube ist ein Risiko. Der Glaube an Gott ist es, der ihn führt. Unser Reisender macht sich auch keine Sorgen über das Ziel. Was ihn belastet, ist der Weg an und für sich. Ich bin ein Pilger und gehe mit dem Bewusstsein meiner Grenzen; mein Wandern ist nicht ein uneingeschränktes Wandern, es gibt Grenzen. Es ist ein Wandern, nicht ein Fliegen. Die Grenzen jedoch sind nicht bloß materiell oder physisch. Ich wandere mit dem Bewusstsein der Last und der Verantwortung meines Verstandes. Verstand, Denken, Bewusstsein überhaupt, sie sind Last und Verantwortung.

Die mentale Last des *manas* ist real. Ich bin mir der zersetzenden Macht des Verstandes bewusst, der alles, was er berührt, verändert. Dass der Verstand das „Verstandene" verändert, dass das Denken das, was es bedenkt, und die Beobachtung das, was sie beobachtet, verändert, weiß der Mensch seit Jahrtausenden. Er brauchte nicht bis 1927 warten, als dies von Heisenberg in den Begriffen der modernen Physik festgestellt wurde. Dennoch, in diesem Fall sprechen wir von mehr: von der zerstörerischen Macht des Verstandes, von der „Ursünde" der Erkenntnis, dem Verlust der Unschuld, die mit der Selbstbewusstheit geboren wird. Wenn wir umfassend über Gott, ein Atom, über Liebe, Gerechtigkeit oder einen Stuhl nachdenken, werden wir am Ende nicht wissen, was Gott, oder ein Atom, oder Liebe, Gerechtigkeit, oder ein Stuhl wirklich sind.

---

26 Siehe dort im Teil I, unter B 11 (Anm. d. Hg.).

Und dennoch übersteigt die Bewusstheit der Grenzen auf eine gewisse Weise sowohl die Grenzen als auch die Bewusstheit. Dies führt zur Geburt von Verantwortung. Es ist eine *Verantwortung*, denn wenn ich mir einer Sache bewusst werde, verwandle ich sie unweigerlich, aber ich kann nicht anders. Ich rede immer noch wie ein *paṇḍit*: Selbst wenn jede Art des Wissens, das durch den Verstand erlangt wird, den Verstand selbst als Werkzeug hat, und jedes Werkzeug Vermittlung bedeutet, und jede Vermittlung indirekt ist, und ich infolgedessen alles, was ich berühre, verzerre, dann, so scheint es, kann, sollte, ja darf ich dennoch dieses Wissen nicht geringachten: Denn es würde bedeuten, meine Menschenwürde aufzugeben. Erkennen mag Wirklichkeit verändern, aber es ist das erste Mittel, das ich habe, um mit ihr ihn Kontakt zu treten. In diesem Moment zeigt sich mir die Verantwortung in Bezug auf den Gebrauch dessen, was mich zum Menschen macht: der Verstand. Ein großer Teil der indischen Spekulation, vor allem in späteren Zeiten, die sich aber beständig auf den Veda bezieht, wird von dieser Suche nach einer Erkenntnis geleitet, die mehr als bloß objektiv ist: eine Erfahrung, die uns erlöst, uns erfüllt und wahr macht.

Der zweite Doppelvers erscheint als eine Hoffnung, oder besser, er öffnet das Tor zu einem Glauben. Er spricht vom „Erstgeborenen", von *ṛta*, von der Ordnung, der Wahrheit, dem *dharma*, der Wirklichkeit. Das schließt eine ganze *Kosmologie* mit ein, die sich von der gängigen westlichen Kosmologie mit ihrem naturwissenschaftlichen Ursprung unterscheidet. Er verweist auf eine Wirklichkeit, die wir nicht sehen und nicht als eine Substanz erfahren, sondern als kosmische Ordnung, als universale Liebe, als Wahrheit, die sich gestaltet … die dynamisch ist, fruchtbar, die einen Erstgeborenen hat. Wenn wir ein homöomorphes Äquivalent finden wollen, sollten wir uns die christliche Trinität vornehmen (welche Schöpfung und Inkarnation miteinschließt), bevor wir uns neuplatonischen Emanationen zuwenden.

Wenn ich dem Erstgeborenen der Wirklichkeit, der Wahrheit, der ursprünglichen Ordnung begegne, habe ich am WORT selbst teil und freue mich an ihm. Der Mensch ist nicht so sehr *homo loquens* wie *homo locutus*, nicht so sehr der Mensch, der spricht, als vielmehr der Mensch, „zu dem gesprochen wird". Sprechen bedeutet nicht so sehr, dass ich reden kann, sondern dass ich in der Lage bin, Worte zu verstehen. Ein stummer Mensch ist ein vollgültiger Mensch, auch wenn er nicht sprechen kann. Die, welche nichts von dem, was man zu ihnen sagt, verstehen können, die man nicht ansprechen kann, sind in ihrem Menschsein geschädigt.

„Ich habe Anteil an jenem Wort". Was heißt das? Eine vedische Schrift (*Tāṇḍya-Mahā-Brāhmaṇa*, XX, 14,2) sagt: „Am Anfang war das Wort, und das Wort war göttlich". Dieses Wort ist genau deshalb göttlich, weil es spricht, und wir sind genau deshalb menschlich, weil wir das Wort verstehen. Am lebendigen Wort Anteil haben, auf eben diese Weise nimmt der

Mensch am gesamten kosmotheandrischen Abenteuer teil, um einen griechischen Ausdruck zu verwenden. Adam muss etwas davon gewusst haben, wenn er allen Dingen einen Namen gibt.[27] Aber ich will hier keine Vergleiche ziehen.

Diese Macht des ursprünglichen Wortes charakterisiert den Veda. Die Tradition hat dies in einem Wort zusammengefasst: *apauruṣeya*. *Puruṣa* bedeutet Mensch, *apuruṣa* bedeutet Nicht-Mensch. *Apauruṣeya* ist die Adjektivform von Nicht-Mensch. Der Tradition nach sind die Veden von Beginn an *apauruṣeya*, das heißt, sie haben keinen Autor. Ist es die *apauruṣeyatva*, die nicht-menschliche Urheberschaft der Veden, die ihnen ihren – heiligen, geoffenbarten – Charakter verleiht? Derartige Kategorien treffen es nicht wirklich. Was bedeutet es, dass die Veden keinen Autor haben? Ist es dem Umstand geschuldet, dass die Veden über Jahrhunderte keine schriftliche Form hatten? Doch hier sollten wir uns daran erinnern, dass bei der Transkription von Texten stets mehr Fehler gemacht worden sind als bei ihrer mündlichen Überlieferung. Heißt es, dass sie von niemandem verfasst wurden? Diese Annahme wurde in der indologischen Literatur vielfach belächelt, selbst in der gut informierten. Andererseits wissen wir sehr gut, dass sogar die ausgeklügeltste Informationstechnologie Viren hat!

Der Umstand, dass die Veden keinen Autor haben, heißt nicht, dass es nie einen Zeitpunkt gab, an dem jemand sie zum ersten Mal niedergeschrieben oder rezitiert hätte. Es bedeutet, dass das vedische Wort ein ursprüngliches Wort ist, das keinen Mittler hat, und dass ich es direkt verstehen kann, ohne Vermittlung durch jemanden, der es mir erklärt. Wenn ich nach der Bedeutung von etwas fragen muss, wird jemand mir A erklären, indem er B sagt. Wer wird mir dann B erklären? Und C? An einem gewissen Punkt werde ich aufhören müssen. Im Gegensatz dazu sind Worte, die keinen Mittler brauchen und ihre eigene Bedeutung offenbaren, ursprüngliche Worte, aber sie erfordern Meditation. Daher ist der Veda nicht die Bücher oder die Schriftrollen, sondern die Rezitation. Die Rezitation ist nicht der Klang eines Tonbands; es gibt keine Rezitation, wenn da nicht ein Sprecher ist, der an das glaubt, was er rezitiert. Und man ist kein Glaubender, wenn man fragt, *was* die Worte bedeuten, und *warum* man an ihren Sinn glauben muss. Man glaubt, wenn man glaubt. Wenn ein *Warum* hinter all dem schwebt, dann glaubt man mehr an dieses *Warum* als an die Inhalte. Glaube steht über jeder Art von *Warum*. Deshalb hat er in sich selbst eine rettende Macht.

Das Wort übersteigt die Grenzen des Verstandes. Um zu dieser Erfahrung zu gelangen, eröffnet uns der Hinduismus die dritte Dimension neben der sensorischen und intellektuellen Dimension, nämlich die mystische Dimension.

---

27 Bezugnahme auf Gen 2,20 (Anm. d. Hg.).

2. Die Fülle (Upaniṣad)

Das zweite Beispiel besteht aus zwei Teilen. Der erste nimmt Bezug auf eine der Upaniṣaden, eine der bekannteren, die auch als eine der wichtigsten erachtet wird, die *Iśa Upaniṣad*. Sie ist auch eine der kürzesten, da sie nur aus 18 Versen besteht. Diese *Upaniṣad* beginnt mit einer berühmten Anrufung, die am Beginn vieler liturgischer Akte im Hinduismus rezitiert wird. Hier die Übersetzung:

> Jenes ist Fülle, dieses ist Fülle,
> Fülle kommt von Fülle.
> Wenn Fülle von Fülle genommen wird,
> bleibt Fülle.

Es mag viele Interpretationen geben: *brahman* ist immanent und transzendiert die Ganzheit; Wirklichkeit hat weder ein Inneres noch ein Äußeres; quantitatives Denken kann nicht auf die Wirklichkeit angewandt werden; weder Kreationismus noch Emanationismus; das *plêrôma* ist nicht dialektisch, usw. All das führt uns hinein in den Tiefengrund der hinduistischen Kultur.

Im zweiten Teil dieses zweiten Beispiels möchte ich den ersten Vers dieser kurzen *Upaniṣad* kommentieren und zusammenfassen, was ich in einem Aufsatz mit dem Titel *Some Phenomenological Aspects of Hindu Spirituality Today*[28] geschrieben habe. Alle Hindus kennen ihn auswendig: *iśāvāsyam idam sarvam* ... Die Übersetzung lautet:

> Dieses ganze Universum, alles, was lebt
> Und sich auf Erden bewegt, ist vom Herrn umgeben.
> Deshalb finde Freude im Loslassen des Vergänglichen!
> Verlange nicht nach dem Besitz eines anderen Menschen.

Alles erscheint als durchdrungen, umgeben, durchtränkt, innen wie außen, vom göttlichen Mysterium. Das ist nicht Pantheismus (Monismus) noch Panentheismus (wo Gott nur die Matrix ist, aus der alles entspringt), sondern bringt das, was ich kosmotheandrische Intuition genannt habe, nahe: Die Welt, Gott und Mensch durchdringen einander, ohne miteinander identisch zu sein.

Die Frucht dieser Intuition ist Freude. Freude ist die Erfahrung von Fülle, der Fülle (*pūrṇa*), die in der obigen Anrufung genannt und beschrieben wird. Und dennoch, diese Freude entspringt der Entsagung (*tyāga*). Das ist

---

28 Veröffentlicht ursprünglich in Oriental Thought 3 (Oct. 1957), 157–191; aufgenommen in Raimon Panikkar, Opera Omnia Vol. 4, Part 2, The Dharma of India, Maryknoll/NY 2017, 200–217.

eine grundlegende Vorstellung in der hinduistischen Spiritualität. Der Text sagt in paradoxaler Weise, man solle Freude in der Entsagung finden, oder besser, *durch* die Entsagung (*tyaktena bhuñjātha*). Wenn wir den ersten Vers ignorieren, könnten wir einer Freud'schen Interpretation zum Opfer fallen, die entweder sadistisch oder masochistisch wäre. Nichts könnte dem Geist oder Buchstaben dieses Verses ferner sein.

Eben weil alles vom Göttlichen durchtränkt ist, besteht die unterscheidende Weisheit positiver Entsagung darin, den Schein des Erscheinenden zu ent-decken. Wenn wir in einem hinduistischen Kontext von Entsagung sprechen, meinen wir damit nicht, etwas (Gutes) aufzugeben, weil wir es nicht haben können. Wenn ich mir eine goldene Uhr, die ich auf dem Tisch finde, nicht aneigne, weil ich Angst vor der Polizei habe, oder vor der Hölle, oder vor Fremden, die mich beobachten könnten, oder weil ich nicht die hohe Meinung, die ich über mich selbst habe, schmälern will, oder aus irgendeinem anderen Grund, so entsage ich nicht wirklich, sondern halte mich schlicht zurück, weil das Risiko zu hoch ist. Um entsagen zu können, muss ich mir bewusst sein, dass die Uhr keinen Wert *für mich* hat, und ich folglich ohne sie auskomme, weil sie *für mich* (und nicht im Abstrakten) keine positive Bedeutung und somit keinen Wert hat. Entsagung im Hinduismus ist gleichbedeutend mit dem Aufgeben (von der Verbwurzel *tyaj*) dessen, was für mich keinen Wert hat. Deshalb wird es mir auch keinerlei Schmerz verursachen. Entsagung ist keine Entsagung um eines höheren Gutes willen, sie ist nicht das Resultat einer Berechnung „à la Pascal" oder irgendeiner Art von profitablem Wertpapieraustausch. Hier haben wir ein weiteres Beispiel einer *diatopischen Hermeneutik*, wie ich es nannte. Wenn Hindus verzichten, verzichten sie in Wirklichkeit nicht: Sie entsagen der Nichtigkeit, die das, worauf sie verzichten, für sie darstellt. Andernfalls, wie könnte ich Freude empfinden, wenn ich auf etwas Positives verzichtet habe? Das wäre Masochismus. Die Beziehung ist eine persönliche, und folglich bedeutet Entsagung, dass das, worauf ich verzichte, keinen positiven Wert für mich hat. All das erfordert offensichtlich einen persönlichen Prozess der Reinigung.

Die *Upaniṣad* sagt uns, dass alles vom Göttlichen durchtränkt und durchdrungen ist, und dass man Freude in der Freiheit von allen Hindernissen findet, in der Entsagung: nicht anzuhäufen, nicht begehren, nicht nach dem verlangen, was anderen gehört, weil es für uns nichts Gutes darstellt.

Mā gṛdhaḥ, sagt der Text: Erstrebe nicht, hab' kein Verlangen, eigne dir nicht an. *Aparigraha* (mit vermutlich derselben Etymologie) ist eines der Worte, die Mahātma Gandhi während seiner politischen Kampagne gebrauchte: Ergreift keinen Besitz, beutet nicht aus, häuft nicht an; verschwendet nicht und beansprucht nicht egoistisch für euch selbst, was das menschliche, soziale, wirtschaftliche oder kosmische Gleichgewicht beeinträchtigen würde. Das ist die Freiheit derer, die sich an nichts klammern. Dieser zweite Text nimmt uns hinein in die wahre Sphäre des Hinduismus und beschreibt das Leben und den Herzschlag einer Tradition von innen. *Mokṣa*, Befreiung, persönliche Freiheit, ist der höchste Wert, der letzte der berühmten *puruṣārthas* oder menschlichen Werte. Die anderen sind Liebe, Wohlstand und Pflicht (*kāma*, *artha* und *dharma*).

3. Alles ist mit allem verbunden (Śivaismus)

Wir werden den dritten Text nur kurz andeuten. Es handelt sich um ein *Śaivāgama*, ein *āgama* bzw. eine heilige Schrift, die nicht mehr vedisch ist. Es ist ein *āgama*, das nach der *Gītā* geschrieben wurde, wahrscheinlich im ersten Jahrhundert v. Chr. Es ist ein *śivaitischer* Text, der das Prinzip oder Leitmotiv für mehr als eine Denkschule ausdrückt. Es lautet: *sarvam sarvātmakam*, „alles ist verbunden mit allem". Das ist ein fundamentales Prinzip fast aller traditionellen Kosmovisionen: Die Wirklichkeit ist ein Ganzes, ein Organismus mit einer grundsätzlichen Harmonie, welche in sich die Möglichkeit mehr oder weniger starker Disharmonien enthält.

Das Wort *sarvam* (alles) ist verwandt mit unserem Wort „heil" bzw. „das Heil" (*salvus, salvatio*). Heil ist Fülle, das Ganze, die Verwirklichung. Wenn wir verstehen wollen, was *karman* ist, die Probleme der „Wiedergeburt", des Heils usw., wurzelt das grundlegende Prinzip darin, dass alles mit allem verbunden ist. Nichts existiert in Isolation, und daher auch der *kaivalya* einer *yogischen* Spiritualität, der uns dazu führt, immer mehr wir selbst zu sein und scheinbar getrennt von anderen[29], aber uns immer tiefer mit der Wirklichkeit vereint. Alles ist in Verbindung miteinander. Alles ist in allem – nicht nur wir, die wir hier und jetzt existieren. Alles: das Sichtbare und das Unsichtbare, das Göttliche, das Menschliche und das Sub-Menschliche. Gott ist nicht *au dessus de la mêlée*, außerhalb von allem, getrennt. Auch Gott ist inmitten dieser gegenseitigen Durchdringung von allem mit allem. Kein Ding kann isoliert werden, denn alles existiert nur aufgrund von allem anderem. Spezialisierung, oder besser gesagt, fragmentiertes Wissen ist ein Irrtum, außer man erkennt an, dass das Fragment nur wirklich ist, insofern es Teil des Ganzen ist. Jedes wirkliche Wesen ist ein Mikrokosmos und ein *mikrotheos*: ein Abbild der ganzen Wirklichkeit, in der die Menschen ein Spiegel sind, in dem man das Abbild Gottes sieht.

---

29 Kaivalya, das höchste Ziel des Menschen gemäß den Yoga-Sūtras des Patañjali, bedeutet „Vereinzelung". Vgl. dazu den Aufsatz Henri Le Saux', Abgeschiedenheit (Esseulement), in: Henri Le Saux (Swami Abhishiktānanda), Innere Erfahrung und Offenbarung. Theologische Aufsätze zur Begegnung von Hinduismus und Christentum (Salzburger Theologische Studien interkulturell 2), 181–190. auf den Panikkar sich hier implizit bezieht (Anm. d. Hg.).

Abschließende Reflexionen

Diese drei Texte nehmen uns aufgrund ihrer Autorität (vedisch, upaniṣadisch, śivaitisch) hinein in die wahre Atmosphäre jener Reihe von Traditionen, die wir als Hinduismus definieren. Dazu noch einige kurze Bemerkungen.

Es ist nicht möglich, den Hinduismus zu verstehen, indem man ihn mit dem modernen westlichen Konzept von Religion vergleicht. Er entspricht nicht den Attributen einer Religion, wie sie in der westlichen Welt verstanden werden. Wenn wir das Wort „Religion" gebrauchen, projizieren wir damit eine Reihe von Parametern, um bestimmte menschliche Erfahrungen zu verstehen, die unser eigenes Selbstverständnis übersteigen. Gleichwohl, um andere Formen des Lebens oder der Spiritualität zu verstehen, können wir es nicht vermeiden, unsere Kategorien anzuwenden. Es gibt zwei Lösungen: Entweder wir geben das Wort „Religion" auf, oder wir dehnen es aus, um andere Formen menschlicher Erfahrung mit einzuschließen. Dies ist eines der wichtigsten interkulturellen Probleme unserer Zeit. Die moderne Mentalität drängt uns dazu, zu extrapolieren und nach universellen Parametern zu suchen. Aber vielleicht lässt sich die Wirklichkeit nicht auf universelle Parameter reduzieren.

Andererseits, wenn wir den Hinduismus nicht als Religion definieren, wie sollen wir ihn sonst definieren? Wir können ihn nicht eine „Kultur" nennen im modernen Sinn des Wortes. Seine jetzige Bedeutung hat der Begriff Kultur im 18. Jahrhundert angenommen, als er sich vom Genitiv (*Kultur des/der ...*) löste. Und der Hinduismus umfasst zig Kulturen im modernen Sinn.

Wir stehen einem latenten politischen Problem und letztendlich einer Frage der Macht gegenüber: der Politik der Worte. Obwohl der angelsächsische Einfluss ziemlich deutlich ist, ist die Frage viel weitreichender. Ist es noch möglich, „Religion" (vom Lateinischen *re-ligare*) als eine Erfahrung zu definieren, die nicht *bindet*, aber *ent-bindet*, befreit? Anderen Religionen zu begegnen bedeutet, neue Welten zu entdecken. Wir sollten nicht den Fehler wiederholen, der vor 500 Jahren in Amerika gemacht worden ist!

Wir können auch nicht behaupten, dass es sich um eine neue Weltanschauung handelt. Wir entdecken keine „neue" Religion in der Art wie die Spanier glaubten, einen neuen Kontinent entdeckt zu haben. Wir haben es nicht mit einer neuen *Weltanschauung* zu tun, sondern mit einer anderen *Welt*. Was uns der Hinduismus wirklich zeigt, ist eine andere Welt, die sich von der unseren unterscheidet, so offen diese auch sein mag. Bevor wir fähig sind, andere Wirklichkeiten zu sehen und zu erfahren, werden unsere interkulturellen Visionen immer intra-kulturell sein, immer innerhalb unserer eigenen Weltauffassung. Wir haben auf das Bewusstsein der Begrenztheit verwiesen, von dem der *Ṛgveda* spricht. Der Verstand, durch den wir begrenzt sind, ist sowohl konkret als auch persönlich; es ist ein kulturell bedingter Verstand. Eine komplette 360°-Perspektive ist nicht möglich – es wäre keine Perspektive, kein Standpunkt.

Die Welt des Hinduismus eröffnet eine außerordentlich reiche menschliche Erfahrung, die nicht so sehr unsere Sicht der Welt erschüttert, sondern die Welt selbst, in der wir leben; sie relativiert in der Tat die Bedeutung von Wirklichkeit – und die Tatsache, dass wir *Relativität* mit *Relativismus* verwechselt haben, hat zu dem tragischen Unverständnis zwischen so vielen Religionen geführt. Dieser Mangel an Erfahrung führt dazu, dass, wenn zwei Religionen sich begegnen, sie sich gegenseitig verfolgen und verachten, und sich deshalb auch nicht wirklich begegnen können. Ich betone noch einmal, dass es nicht eine Frage zweier verschiedener Auffassungen *derselben* Wirklichkeit ist, sondern zweier *verschiedener* Wirklichkeiten. Wir müssen uns im Klaren sein, dass wir einer Wirklichkeit begegnen, die nicht der unseren entspricht. Sie ist eine legitime Sicht, aber das gibt ihr keinen Grund, das Modell für die ganze Wirklichkeit zu sein. An anderer Stelle habe ich vom angeborenen Kryptokantianismus der Moderne gesprochen, als wäre es eine Frage von nur einer Welt, von einem einzigen *Ding an sich*, das Christen, Atheisten, Hindus, usw. sozusagen auf verschiedene Arten sehen, hören und interpretieren. Ich wiederhole, dass es verschiedene Welten sind, und nicht nur Perspektiven, oder mehr oder weniger Kant'sche Kategorien, durch die wir dem *noumenon* näherkommen. Solch ein *noumenon* existiert nicht. Die Wirklichkeit erscheint als Erscheinung. Die Erscheinung ist wahrhaftig die Erscheinung *von* Realität, sie ist ihr Symbol. Das, was symbolisiert wird, kann im Symbol gefunden (ent-deckt) werden, es „ist" das Symbol, aber das Symbol zu verwechseln mit dem, was symbolisiert wird, ist Unwissenheit, *avidyā*.

Wer über den oben erwähnten ersten Text aus dem *Ṛgveda* meditiert hat, wird sich über den Wert der Unwissenheit, des Nichtwissens, bewusst geworden sein, und ist bereit, sich von jedem Absolutismus zu befreien ohne in Agnostizismus zu verfallen. Wenn wir verstehen, dass wir durch den Verstand begrenzt sind, können wir entdecken, dass es andere Welten gibt, an denen wir teilhaben können, weil, wie wir bereits gesagt haben, alles mit allem in Beziehung ist. Doch ist das Band nicht die Vernunft. In der christlichen Tradition ist das Band der Geist, in der hinduistischen Tradition ist es *brahman*.

Diese interkulturelle und interreligiöse Aufgabe ist eine unabdingbare Notwendigkeit für unser Jahrtausend, das sich mit heftigen Stürmen aus dem Westen ankündigt. Aber, wie der der Veda uns singt: Lasst uns vertrauen auf die Morgendämmerung!

BAND V – BUDDHISMUS

Dieses Buch ist keine Abhandlung über den historischen Buddhismus oder seine diversen Schulen, sondern richtet sein Augenmerk auf seine Hauptbotschaft.

Es ist ein fast unmögliches Unterfangen, 2600 Jahre einer reichen Geschichte, in der die Lehren des Buddha sich nahezu spontan fortentwickelten, zusammenfassend darzustellen, aber ich möchte versuchen, wenigstens ihren Geist zu skizzieren.

Als Einführung zum buddhistischen Apophatismus werde ich auf eine alte Legende zurückgreifen.[30]

1. Der Mythos

Wir verdanken diese schöne Legende einem berühmten chinesischen Mönch des 7. Jahrhunderts (Xuanzang, 602–664), der eine Pilgerreise nach Indien machte, um buddhistische Originaltexte zu suchen und den wahren Geist des Buddha wiederzuentdecken. Diese Legende spielt in Bodhgayā, dem Ort der Erleuchtung des Buddha.

Niemandem war es je gelungen, eine genaue Beschreibung des Erleuchteten zu geben. In der Tat wissen wir, dass die frühe buddhistische Ikonographie anstelle des Buddha eine Lotusblüte, einen Sieb, symbolische Tiere, oder sogar einen leeren Thron oder den Abdruck seiner Füße verwendete. Obwohl es für den frühen Buddhismus unvorstellbar war, dass der Erleuchtete für das gemeine Auge der Menschen sichtbar gemacht werden könnte, versuchte man, wenn auch nur teilweise und mit Ehrfurcht, den Buddha darzustellen.

Wir wissen, dass es der griechischen Kühnheit bedurfte, um mittels der Kunstform von Gandhāra die reine Transzendenz des Buddha zu brechen.

Kommen wir nun zur Legende selbst. Eines schönen Tages hatte ein Brahmane den kühnen Wunsch, eine Statue des Śākyamuni anzufertigen, und er stellte die Bedingung, dass man ihn im Tempel bis zu einem be-

---

30 Vgl. R. Panikkar, La prima immagine del Buddha. Per una introduzione all'apofatismo buddhista, in Humanitas 21 (1966), 608–622; der folgende Text ist eine verkürzte Fassung dieses Artikels.

stimmten Tag allein lassen solle, ohne dass ihn irgendjemand störe. Man ließ ihn gewähren, doch war das Ansuchen dieses Brahmanen so ungewöhnlich, dass die Menschen ihre Ungeduld nicht zügeln konnten. Also schlichen sich einige vor der festgesetzten Zeit in den Tempel. Zu ihrer Verwunderung fanden sie keine Spur des Brahmanen, doch sie fanden eine Statue. Diese war unvollendet, wurde aber sogleich als Bildnis des Buddha anerkannt, wie zahlreiche chinesische Inschriften und spätere Kopien bezeugten.

Eine solche Legende ist keineswegs einzigartig noch ohne Parallelen. Der Buddhismus selbst bietet ähnliche Behandlungen des Themas, doch stellt das Motiv der Unvollständigkeit auch ein unerschöpfliches Motiv in der Geschichte fast aller Religionen dar.

2. Interpretation

Wenn der Leser die ganze Entwicklung, die in dieser Legende enthalten ist, von selbst nachvollziehen könnte, wäre unsere Hermeneutik unnötig. Ich möchte dennoch versuchen, obgleich ich mir der Unzulänglichkeit eines solchen Anspruchs vollauf bewusst bin, eine analytische Interpretation des Mythos zu geben.

Ich verzichte auf jedweden wissenschaftlichen Apparat und möchte eine Erklärung versuchen, die mit dem religiösen Geist des Buddhismus in Einklang steht, andererseits dem Christentum aber nicht fremd, und daher, so hoffen wir, für den westlichen Leser verständlich ist.

Um dem Thema eine genaue Struktur zu geben, möchte ich meine Interpretation in die folgenden Kategorien unterteilen.

a) Räumlichkeit (Topologie) und Zeitlichkeit (Chronorhythmik). Religiöse Erfahrung ist nicht unabhängig vom Ort. Die mystische Erfahrung kann Zeit und Raum übersteigen; sie muss jedoch notwendigerweise ihren Ursprung an einem gegebenen Ort und in einer gegebenen Zeit haben. Es gibt heilige Orte. Pilgerschaft ist sinnvoll, und sogar das Absolute hat einen Ort „gewählt".

Der Mythos verortet sich genau dort, wo der Buddha seine Erleuchtung erlangt hatte, unter dem Feigenbaum, an einem bestimmten Ort, der auch mit vegetativem Leben verbunden ist. Aber der Brahmane begibt sich nicht nur dorthin; er betritt zudem einen heiligen Ort. Beide, der äußere und der innere Raum, sind notwendig. Sie sind Prinzipien religiöser Topologie.

Es gibt für alles eine Zeit. Es gibt einen universalen kosmischen Rhythmus, und dessen Beachtung konstituiert vielleicht das Hauptmerkmal menschlicher Weisheit. Dieser Rhythmus ist zweifach, er besteht einerseits in den Ereignissen, andererseits in den Taten. Der erste Aspekt besitzt eine kosmische Dimension, der zweite zentriert sich im Menschen; beide zeigen zwei Dimensionen eines einzigen und identischen Rhythmus auf. Es ist eine spezifisch menschliche Aufgabe, diese zwei Aspekte zu harmonisieren. Frieden, Eintracht, Gelassenheit und Ähnliches sind religiöse Werte, die nur erreicht werden können, wenn diese zwei Dimensionen harmonisiert werden.

Der Mythos erzählt ein Ereignis, das nicht unmittelbar nach dem *mahāparinirvāṇa* des Buddha stattgefunden hat, sondern einige Zeit später, nach einer Periode des Scheiterns, des Schweigens und der Machtlosigkeit. Es ist nicht möglich, dass alles gleichzeitig geschieht. Bis dahin war es nicht nur unerlaubt, sondern war nicht im Entferntesten als möglich erachtet worden, das Bildnis des Buddha zu reproduzieren. Handlung braucht auch Zeit. Der Bildhauer braucht eine gewisse Anstrengung, um sein Werk zu fertigen, und er legt im Voraus eine gewisse Zeit dafür fest. Auch hier begegnen wir wieder der äußeren und inneren Zeit. Das sind die Prinzipien einer religiösen Chronorhythmik.

b) Einsamkeit. Religion vereint uns mit Gott und der Menschheit, und sogar mit der ganzen Schöpfung, die wesentlich eine Gemeinschaft ist, aber eben aus diesem Grund mit einer besonderen Dimension von Einsamkeit und Isolation versehen ist. Eben weil diese Gemeinschaft so intim ist, braucht sie tiefe Wurzeln und muss daher in Einsamkeit gegründet sein, um wachsen zu können.

So geht unser Brahmane in den Tempel – allein und ungestört – und schließt die Tür hinter sich ab.

c) Respekt. Religion betrifft den ganzen Menschen. Es gibt an ihr nicht etwas bloß Vages, sie ist keine Nebensache, keine zweitrangige Beschäftigung. Ohne ein Bewusstsein von Distanz und Verschiedenheit kann man sich dem Absoluten nicht nähern.

Der Brahmane war auch ein Pilger, der Autoritäten anerkannte und durch seine Regel gebunden war; die Wächter des Tempels waren einverstanden. Das Ziel, nach dem er strebte, war gewiss neu, und sein Vorhaben verwegen, aber es war nicht revolutionär. Kein Prophet beginnt bei Punkt null, sondern baut auf die Tradition, damit sie fortbesteht.

d) Engagement. Ohne völlige Hingabe, ohne die vorurteilsfreie Bereitschaft, alles zu geben und auf alles zu verzichten, kann keine religiöse Erfahrung erlangt werden. Von einem rein morphologischen Standpunkt aus gesehen, gibt es einen Unterschied zwischen einer authentischen religiösen Erfahrung und allen anderen Arten der Erfahrung. Religiöse Erfahrung gefährdet das Leben selbst, und zwar zwangsläufig, da sie per Definition die Erfahrung ist, welche das äußerste Ziel, das Leben selbst, aufs Spiel setzt, unabhängig von persönlichen Gesichtspunkten. Kunst, Wissenschaft, Politik, Liebe, usw., befinden sich auf einer anderen Ebene als der religiösen, auch wenn eine authentische religiöse Erfahrung die Form einer dieser „innerweltlichen" Erfahrungen annehmen kann. Wir können daher in gewisser Weise sagen, dass kein Objekt exklusiv religiös ist, aber dass es eine Vielfalt religiöser Phänomene gibt.

Das Abenteuer des Brahmanen war kein Spiel oder eine rein künstlerische Angelegenheit, sondern ein Vorhaben, das mit Leben und Tod zu tun hatte. Sich weihen ist eine fundamentale religiöse Kategorie.

e) Kommunion. Mit dieser Kategorie nähern wir uns den drei in unserem Mythos beleuchteten Grundmerkmalen.

Religiöse Erfahrung ist immer eine Erfahrung von Kommunion. Gott mag in der einen oder anderen Weise gedacht, Er mag sogar geleugnet werden; die authentische religiöse Erfahrung jedoch bleibt immer eine Kommunion: Der Mensch tritt in Gott ein; der Mensch verliert sich im Höchsten; man erreicht den Zustand, in dem die Zahl „zwei" ihre Bedeutung verliert; die Einheit ist derart, dass für Trennung kein Raum bleibt; es gibt keinen Platz für „zwei". Wie die berühmte *Sūfī*-Legende es so treffend bezeugt: „Wer bist du?", fragte die Stimme, als der Liebhaber nach vielen Jahren asketischer Vorbereitung an die Tür des Geliebten klopfte. „Ich bin der so-und-so", war die Antwort, und die Tür blieb verschlossen – bis zum dritten Mal, als nach weiteren Jahren der Einsamkeit und Vorbereitung auf die Frage „Wer bist du?" die Antwort „Ich bin Du" erklang, die Tür öffnete sich..

Die Berührung mit dem Göttlichen bedeutet einen völligen Wechsel. Man gelangt zum ihm, oder tritt in es ein, oder steigt zu ihm auf, oder verliert sich in ihm, je nachdem, welche theoretischen Vorstellungen man hat.

Warum sollte unser Brahmane überhaupt den Buddha abbilden wollen, wenn nicht, um ihn „präsent" zu machen, gegenwärtig, und so fähig zu sein, ihn zu berühren oder wirklich eins mit ihm zu werden? Solch ein Begehren war unerhört, und dennoch war es die höchste religiöse Bitte, die man sich vorstellen kann. Vom buddhistischen Standpunkt aus gesehen ist es unmöglich, Fragen über das Wesen des *nirvāṇa* zu stellen; der Mensch kann nichts über Gott aussagen; der Geist muss völlig frei von konzeptuellen Inhalten gehalten werden. Das bedeutet jedoch nicht, dass die Kommunion mit dem Absoluten für uns unerreichbar ist, nur dass die Art, in der sie geschieht, nicht rein geschöpflich ist noch sein kann. Solch eine Kommunion kann nicht mit dem Intellekt, dem Willen oder dem Körper verwirklicht werden. Der Schöpfer und Seine Kreaturen als solche können nicht EINS sein, aber irgendwie muss sich die Kommunion ereignen. Auf diesen Punkt hin konvergieren alle Formeln: Gott wird Mensch, der Mensch wird Gott, Schöpfer und Geschöpf begegnen einander, und dieser Punkt der Einheit wird verschiedentlichl benannt: Nichts, Himmel, *brahman*, *nirvāṇa*, Buddha, Christus ...

Der Brahmane ist nicht mehr da; er ist transformiert. Kommunion bedeutet Transformation, sonst wäre sie nicht wirklich. Die Legende sagt uns nicht, dass der Brahmane mit dem Nichts verschmolzen wäre, sondern dass er eben verwandelt wurde! Nur das, was nicht wirklich *ist*, kann verschwinden. Die *Erscheinung* (*apparenza, appearance*) verschwindet, und stattdessen tritt das *Auftauchen* (*apparizione, apparition*) hervor. Was den Sinnen verborgen ist, wird dem Glauben enthüllt. Für den Außenseiter kann das wie Magie erscheinen: Ohne Glauben macht all das keinen Sinn, trotzdem kann man einem Blinden Farben erklären, indem man über die verschiedenen Wellenlängen redet, die von der Materie ausgestrahlt werden.

f) Unvollkommenheit und Vorläufigkeit. Die buddhistische Tradition hat immer jede unvollendete Statue des Buddha als die von *Maitreya*, des kommenden Buddha, angesehen. Unzählige verschiedene Motive verflechten sich hier: Bewegung, Zeitlichkeit, Unvollkommenheit, Erbsünde, Erlösung, Hoffnung, Mitleid, usw.

Die Statue bleibt unvollendet. Es ist der Buddha, aber der Buddha ist noch nicht ganz da; er ist immer noch im Kommen, oder vielmehr im Wiederkommen. Alles ist in Bewegung und fällt unter das Zeichen von Erwartung und Hoffnung. Die Reise ist nicht vollendet, das vorhandene Ziel noch nicht erreicht; alles ist im Werden – aber was „schon ist", ist mehr als ein bloßes Zeichen.

Der Brahmane ist nicht mehr; der Buddha ist noch nicht ganz; es gibt nur den, der kommt, der kommen soll. Aber auch diese Tatsache hat ihre Erklärung, nämlich die Ungeduld derer, die gewartet haben und in ihrer übermäßigen Eile das Tempeltor geöffnet haben. Eine Sünde ist begangen worden. Die Erfüllung hat sich nicht bewahrheitet, weil Menschen nicht warten wollten und den Rhythmus des Werdens missachteten. Die Konsequenzen hätten viel schlimmer sein können, immerhin ist eine noch zu vollendende Statue geblieben. „Er wird zurückkommen, denn wie kann das Bildnis vollendet werden" ohne ihn? Man kennt jetzt das Ziel, das es zu erfüllen gilt; man findet es sozusagen direkt vor unseren Augen, aber es gibt keinen, der die Aufgabe vollenden kann; der Brahmane ist nicht mehr.

Alle Religionen stimmen in diesem Punkt überein: Eine Aufgabe muss ausgeführt werden, eine Erlösung ist notwendig, weil die Menschheit eine Gelegenheit verpasst hat und eine Sünde begangen wurde. Jetzt muss die Dynamik der menschlichen Geschichte ihren Lauf nehmen, bis er – *Maitreya*, der Erlöser, Er, der kommen soll – zurückkehrt. Religion ist sowohl mächtig als auch machtlos: mächtig, weil sie allein eine Möglichkeit des Heils anbietet, doch gleichzeitig machtlos, weil sie das Heil weder besitzt, noch es bewirken kann (diese Vorstellung würde Religion auf die Stufe von Magie herabsetzen); sie muss sich damit begnügen, lediglich einen Treffpunkt zu bieten, sich selbst zur Verfügung zu stellen, denn Heil kann nur direkt vom Erlöser kommen. Alle Unterschiede zwischen den verschiedenen Religionen drehen sich um das *Wie*.

g) Apophatismus. Der Brahmane ist nicht mehr im Tempel, er ist verschwunden; doch auch der Buddha, der kommen soll, ist noch nicht da. Die Statue, die zurückgelassen wurde, ist weder der Brahmane noch der Buddha. Sie mag den Brahmanen in sich aufgenommen haben und auf den Buddha hinweisen; doch im Augenblick ist es unmöglich, weder von dem Brahmanen noch vom Buddha einen Blick oder eine Andeutung zu erhaschen. Die Unvollständigkeit des Bildnisses, das unvollkommene Symbol, hat die Immanenz aufgesogen und die Transzendenz verraten.

Hier hat sich eine grandiose historische Wende vollzogen. Am Anfang, in den ersten Jahrhunderten der buddhistischen Geschichte, wurde die Transzendenz des Buddha durch die Abwesenheit von figürlichen und konzeptuellen Symbolen bekräftigt und (man könnte paradoxerweise hinzufügen) repräsentiert. Es war nicht erlaubt, über Gott, *nirvāṇa*, und so auch über den Buddha zu „reflektieren", denn das Absolute ist kein *ob-jectum*, es ist nicht etwas, das uns vor die Füße geworfen wird. Und ist nicht vielleicht völlige Abwesenheit die beste, ja in der Tat die einzige Kategorie der Transzendenz? Hier geht es zweifellos nicht einfach darum, „Sein" oder „Gott" als Nicht-Sein oder Nicht-Gott anzusehen, sondern eben darum, jede Art von Anschauung – ja sogar Nicht-Anschauung – auszuschließen und aufzugeben.

Die Geschichte des Buddhismus und, was uns noch direkter interessiert, unser Mythos selbst, zeigen uns, dass man trotz allem eine Darstellung des Meisters haben wollte. Die Legende verrät auch, dass die Statue als Bildnis des Buddha anerkannt wurde. Und tatsächlich hatten, Jahrhunderte bevor die Kunst von Gandhāra Bildnisse von ihm schuf, die heiligen Bücher die physischen Merkmale des Buddha bis ins kleinste Detail beschrieben (32 „Hauptmerkmale des großen Menschen" – *mahāpuruṣalakṣaṇa* – sowie 80 sekundäre Attribute), sodass die künstlerische Darstellung nur dem etablierten Kanon folgen musste. Das bedeutet, dass es bereits ein inneres Portrait gab, bevor die äußere Darstellung das Licht erblickte. Auf dem leeren Thron erschien nun der unsichtbare Buddha, dessen exakte Beschreibung festgelegt wurde. Gleichwohl kann das innere Bild nicht gesehen werden und wahrt so in gewisser Weise seine Transzendenz. Solange das innere Auge in Kontemplation verschlossen ist, sind nicht nur die religiösen Gefühle befriedigt, sondern auch der Vorwurf einer Sünde gegen die Transzendenz lässt sich nicht aufrechterhalten – doch ist die kreative Imagination einmal angeworfen, ist der Fluss nicht mehr aufzuhalten. Unser Mythos jedoch bewahrt die Quintessenz des Buddhismus, und mit ihr einen authentischen religiösen Wert, vielleicht die Quintessenz aller Religionen: das *Ab-solute*,[31] oder anders gesagt, die Transzendenz.

---

31 Aus dem Lateinischen: frei sein (solutus) von (ab) allem. (Anm. d. Hg.in).

Vom Originalbildnis wurden Kopien gemacht, wie schriftliche Quellen bezeugen. Es handelte sich also nicht um den lebendigen Buddha! Und doch war es das wahre Bild Siddhārtas, der in den Gärten von Lumbinī geboren wurde. Transzendenz ist zu mächtig, um sich langfristig in unserem Herzen verstecken zu können; sie muss irgendwie ausbrechen und durchscheinen. Jeder Künstler weiß das, auch wenn es sich hier um eine höhere „Kunst" handelt, eine religiöse Offenbarung.

Der Buddha konnte sich nicht länger verbergen und musste sich zeigen; aber jede seiner Erscheinungen musste zwangsläufig seiner Erhabenheit und Transzendenz einen tödlichen Schlag versetzen. Ein Bild, wenn es auch bloß die Repräsentation von etwas ist, bezieht sich dennoch auf einen präzisen Gegenstand und bezeugt dabei, dass irgendwo dort draußen das Objekt, auf das es sich bezieht, existiert und gefunden werden kann. Ein Bild ist wie eine Waffe, die mit einer an Perfektion reichenden Präzision auf ein Ziel gerichtet ist. Es genügt, den Abzug zu drücken, um das Ziel zu erreichen. Aber damit endet die reine Transzendenz. Der Buddha ist durch sein Bild und in ihm irgendwie gegenwärtig und nicht mehr abwesend. Gleichwohl bewahrt unser Mythos den tiefsten Kern des Buddhismus, die kompromisslose Transzendenz und die Erhabenheit des Absoluten.

Aber der Brahmane ist verschwunden. Der Buddha kann nur real gegenwärtig sein, wenn der Mensch nicht mehr da ist. Die Gegenwart des Buddha wird ausgeglichen durch die Selbstvergessenheit auf Seiten des Brahmanen. Der Höchste *ist* nur für sich selbst, vorausgesetzt Er *ist*. Wenn ich da bin, kann Er nicht sein. Da ist nicht Platz für zwei. Die göttliche Epiphanie ist kein Schauspiel *für* uns, das sich nur auf unsere Vorstellungskraft gründen kann. Gott inszeniert keine Shows, denn es gibt keine Zuschauer – wir sind vielmehr wie Schauspieler. Das Wesen Gottes ist sozusagen vollkommen unsichtbar, weil es keine äußere Bühne hat, von der aus es betrachtet werden kann. Er *ek-sistiert*[32] nicht, weil nichts außerhalb von Ihm sein kann. Der Buddhismus verteidigt den authentischen und extremen Apophatismus des Seins. Sein kann nicht *ausgesprochen* werden (außer durch es selbst!). Wenn man das Sein betrachtet und über das Absolute reflektiert, stellt sich sofort die Frage: *Wer* führt diese Operation aus? Mein Ich ist das Subjekt, und so scheint es offensichtlich, dass ich das Absolute nicht *um-fassen* kann, nicht nur, weil mir die nötige kognitive Kraft dazu fehlt, sondern weil mein Ich keine ontische Basis außerhalb des Seins haben kann, von der aus das Sein objektiviert, gewollt oder dargestellt werden könnte. Anders gesagt, nur wenn ich abwesend bin, kann das Höchste Wesen anwesend sein. Die Anwesenheit des Buddha ist nur möglich durch die Abwesenheit des Brahmanen. Wir sind ein Hindernis für Gott und die göttliche Manifestation. „Er

---

32 Aus dem Griechischen: sich nach außen lehnen.

kam in sein Eigentum, und die Seinen nahmen ihn nicht auf" (Joh 1,11), weil sie Ihn nicht empfangen konnten, bevor Er sie zu Kindern Gottes, Wiedergeborene in Gott, gemacht hatte. Nur Gott kann Gott empfangen.

Zunächst, so erzählt die Legende, war der Mensch nicht fähig, das Bild des Buddha darzustellen (weil die Menschheit zu sehr sich ihrer selbst bewusst war, könnten wir als Erklärung hinzufügen). Dann nahm das Bild des Buddha zunehmend eine innerliche Form an, aber das konnte nur ein vorübergehendes Stadium sein. Schließlich hat sich das Bild im Außen manifestiert und verschlang den Menschen – der reife Buddhismus war geboren. Aber die Geschichte geht weiter, solch ein Schnappschussmoment konnte nicht lange anhalten. Der Mythos hat auch dafür eine Antwort: Ein Pilger ist es, der die Legende erzählt, und auch der Brahmane war ein Pilger.

Der Brahmane war verschwunden, aber die Leute waren immer noch da. Deshalb war das Bild des Buddha unvollendet. Für den Brahmanen, der völlig abwesend war, war der Buddha reine Präsenz; für die anderen war er teils anwesend, teils abwesend, in dem Maß, wie die Beobachter sich selbst gegenüber an- oder abwesend waren. Wenn man sich bewusst wird, dass man meditiert, ist es nicht mehr wahre Meditation, sagen praktisch alle Schulen der Spiritualität, nicht nur der Buddhismus.

Ferner repräsentiert diese Dialektik der Anwesenheit-Abwesenheit des Buddha die grundlegende Struktur von Hoffnung. Das Bild der Statue von Bodhgayā ist das von *Maitreya*, des zukünftigen Buddha, des Buddha der Hoffnung. Diese Statue ist nur eine Vorwegnahme, ein Zeichen dessen, der kommen wird. Wir *sind* also, insoweit wir hoffen. Aber wir können nur hoffen zu *sein,* beziehungsweise unsere Hoffnung ist wesentlich auf Sein ausgerichtet, und nur auf Sein. Wir hoffen zu sein, was auch immer wir „sein werden", oder vielmehr „sein" ohne „werden", denn das „sein werden" ist genau die Dimension der Hoffnung einer wandernden Existenz, die existiert, solange sie hofft. In der Hoffnung ist das Absolute sowohl anwesend als auch abwesend. Wenn es nicht anwesend wäre, gäbe es keine Hoffnung, sondern nichts; wenn es nicht zugleich abwesend wäre, gäbe es keine Hoffnung, sondern nur Sein.

Wir können noch einen Schritt in einem streng buddhistischen Sinn weitergehen und behaupten, dass wir nicht nur existieren, solange wir hoffen, sondern dass alles Sein nur Hoffnung ist, denn sobald die Hoffnung aufhört und das Sein erreicht ist, wird auch das Sein, das nicht mehr Sein für jemanden ist, aufhören „Sein" zu sein. Der Apophatismus des Seins ist nicht nur ein Ausdruck theoretischer Erkenntnis beziehungsweise eine rein dialektische Waffe, sondern auch die letztendliche Natur des Absoluten selbst. Aus diesem Grund weigerte sich der Buddha auch immer, dafür eine Erklärung zu geben; sein Schweigen war seine höchste Offenbarung.

Hier ist der Mythos wiederum voller Bedeutung: Die Statue schweigt, sie spricht nicht – sie spricht nur zu denen, die zu schweigen wissen. In einem anderen religiösen Kontext würde eine Statue, die einen Menschen in sich aufgenommen hat, gewiss sprechen und Teil jener menschlichen Natur werden, auf die der Westen so stolz ist! Nichts dergleichen findet sich im Buddhismus. *Maitreya* schweigt, er lächelt mit heiterer Ernsthaftigkeit und er bleibt still mit offenen Augen, die alles zu sehen scheinen, aber in Wirklichkeit auf die Unendlichkeit gerichtet sind. Dieser Umstand sollte nicht so interpretiert werden, als hätte die Sprachlosigkeit der Statue damit zu tun, dass sie aus Stein ist, so als ob der wirkliche Buddha sprechen würde und nur seine exakte Reproduktion aus Stein nicht. Wir haben bis jetzt bewusst nicht von „Kopie" gesprochen, sondern den Ausdruck „Bild" gewählt. Die Statue schweigt, genauso wie der Buddha; sie ist keine Kopie, sondern eine Ikone.

3. Reflexion

Wenn wir auf das Bild des Buddha mit einem entsakralisierten Blick schauen, werden wir bloß eine Statue sehen, bei der man versucht sein könnte, sie zu „retten", indem man sie in ein Museum sperrt. Diese moderne Art, Dinge zu sehen, ist nicht länger das Monopol des Westens; überall bläst ein trockenkalter Wind, der dem Mythos seine Wärme und Lebendigkeit entzogen und ihn – natürlich – getötet hat. In Notfallszeiten muss man mit dem Schwert der Philosophie und dem Messer der Theologie chirurgische Operation durchführen, um das Leben des Mythos ein bisschen zu verlängern, bis er in die Tiefe eindringt und eine menschliche Struktur erreicht, die bis jetzt vielleicht unzugänglich war, und so den Menschen in seiner Integrität ins Leben zurückholt.

Die mystische Erfahrung des Buddhismus scheint mir folgende zu sein: Die letzte Wirklichkeit ist unaussprechbar, nicht nur für uns, sondern in sich selbst, denn ein jeglicher Ausdruck ist notwendigerweise abgeleitet. Der Unaussprechlichkeit der mystischen Erfahrung entspricht ihre „Nicht-Wirklichkeit". (Das ist genau die radikale Konsequenz eines ins Extrem gesteigerten Realismus). Ich kann nichts über die letzte Wirklichkeit sagen, weil sie nichts ist. Der Buddhismus behauptet nicht, dass das Absolute ein Nichts ist, dass es so etwas überhaupt nicht gibt, sondern dass kein Seiendes diesem entspricht; es gibt kein *ist*. Es wäre also eine völlige Verdrehung des Buddhismus, zu sagen, er behaupte, wir müssten das Absolute als Nichts denken; das Absolute kann nicht gedacht werden, denn es wäre notwendigerweise als Sein oder Nicht-Sein zu denken, doch es „ist nicht" das eine noch das andere.

Ferner, buddhistische Entsagung betrifft nicht nur das Denken, die Darstellung oder das Wollen, sondern das Sein selbst, das Sein des Menschen oder das Sein, das im Menschen wohnt. Deshalb sagt man nicht, dass ich „weiß", dass es „etwas" gibt, sondern dass ich „es" weder denken oder wollen kann noch soll, da es all meine Fähigkeiten übersteigt. Es besagt noch mehr. Wenn das Sein nicht das Letzte ist, muss ich auch lernen, dem Sein zu entsagen. Wenn ich dem Sein verhaftet bliebe, oder vielmehr, wenn Sein sich selbst verhaftet bliebe, würde es nicht den endgültigen, letzten Zustand erreichen. Das geht jedoch über das hinaus, was man ausdrücken kann, denn der letzte Zustand jenseits des Seins ist in der Tat kein irgendwie geartetes Sein und kann deshalb nicht das Objekt irgendeiner Tätigkeit sein; nicht einmal das Vertrauen, dass eine derartige Sache „sich gibt", macht irgendeinen Sinn. Ein letzter Zustand „gibt sich" nicht. Die Unaussprechlichkeit ist authentisch.

BAND VI – KULTUREN UND RELIGIONEN IM DIALOG

BUCH 1: PLURALISMUS UND INTERKULTURALITÄT

Das Thema dieses Bandes ist für die heutige Gesellschaft, die sich so sehr von denjenigen vergangener Jahrhunderte unterscheidet, von großer Bedeutung und Relevanz. Während Raum und Zeit durch Wissenschaft und Technologie relativiert worden sind, wurde auch die Begegnung zwischen den Völkern und ihren Traditionen immer schärfer und schuf Kämpfe zwischen den Kulturen und Probleme des Zusammenlebens.

Die Wahrheit der einen Tradition steht in Konflikt mit der einer anderen – der Dialog stellt den einzigen Weg zum Überleben dar, ein Thema, das im zweiten Teilband mit dem Titel *Interkultureller und interreligiöser Dialog* entfaltet wird.

Der erste Teilband befasst sich mit Pluralismus und Interkulturalität, der Grundlage der Möglichkeit eines Verstehens zwischen den Völkern.

Wir haben so sehr unter politischem, religiösem und kulturellem Fanatismus gelitten, dass wir uns mit vollem Recht nach einer wie auch immer gearteten Form universalen Verstehens sehnen. Ein typisches Beispiel dieser Mentalität ist das Syndrom des „globalen Dorfes". So nobel die Intention sein mag, ist sie dennoch das Ergebnis einer kolonialen Mentalität. Kolonialismus glaubt an die Uniformität von Kultur: Am Ende gibt es nur *eine* Zivilisation, und die Welt wird auf ein globales Dorf reduziert. Man hofft jetzt auf eine universale Theologie, die eine kleine, komfortable Ecke für den Muslim schafft, eine andere für den Nicht-Gläubigen, usw., und jeder wird glücklich sein, weil wir tolerant sind, nichts aufgezwungen wird, alles akzeptiert wird und jeder seinen Platz hat. Eine auf Offenheit, Toleranz und Selbstkritik basierte universale Theologie könnte praktisch von jedem willkommen geheißen werden. So weit, so gut, aber glauben wir wirklich, dass es so leicht ist, mit dem Fanatiker offen und dem Intoleranten tolerant zu sein und Kritik von denen anzunehmen, die mit unserer „universalen" Theologie nicht einverstanden sind?

Und dennoch, wir dürsten nach echtem Verstehen. Wir können nicht in einer kompartimentierten Welt leben. Der Andere wird zu einem Problem, eben weil er in mein Leben einbricht und nicht auf meine Sicht der Dinge reduziert werden kann. Wenn das eine Extrem darin besteht zu denken, wir haben Recht und die anderen sind im Irrtum, so ist das andere Extrem zu glauben, wir würden alle in *ein- und dieselbe Form* eines globalen Dorfes passen. Ich erinnere daran, dass es keinem von uns gegeben ist, die ganze Bandbreite der menschlichen Erfahrung zu umfassen. In einem Dorf kennt jeder jeden, man nimmt teil an den Problemen eines jedes Mitglieds der Gemeinschaft. Träumen wir noch davon, dass ein universales Fernsehen wahre „Kommunikation" unter sechs Milliarden Menschen schaffen kann? In den meisten Bemühungen, mit diesem Problem umzugehen, tritt ziemlich deutlich eine *mentale Trägheit* zutage. Ich vermute eher, dass wir uns einer radikal neuen Sicht der Wirklichkeit stellen müssen.

Zwischen den beiden Extremen erscheint zunehmend das Wort *Pluralismus*, das auf einen dritten Zugang hinweist; darum geht es im zweiten Punkt meiner Einführung.

Einige Pluralismen werden heutzutage akzeptiert. Ein Philosoph kann ein guter Philosoph sein, ohne ein Anhänger von Kant oder irgendeines anderen zu sein. Ein Philosoph kann mit einem anderen nicht übereinstimmen, aber beide können dennoch für gute Philosophen gehalten werden. Man akzeptiert den Pluralismus in der Philosophie und erkennt praktisch auch einen theologischen Pluralismus an. Auch rühmen wir uns des kulturellen Pluralismus, wenngleich ich nicht denke, dass wir ihn erreicht haben. Was wir erreicht haben, ist eine gewisse Art kultureller Toleranz, die akzeptiert, dass Griechen, Pakistani und „Zigeuner" ihre eigene Folklore haben. Vielleicht sind wir theoretisch bereit, kulturellen Pluralismus zu akzeptieren, aber religiöser Pluralismus, der vom kulturellen nicht getrennt werden kann, ist vielleicht am schwierigsten zu bejahen, weil er unsere persönliche Identität berührt.

Wir sind uns der *Pluralität* bewusst. Das ist eine Tatsache. Aber Pluralität ist noch nicht Pluralismus. Pluralität bezeichnet die Anerkennung *verschiedener* Weisen, Atmosphären, Farben. Es ist quantitativer Begriff.

Ein weiterer Schritt ist *Pluriformität*. Es gibt nicht nur Unterschiede, sondern auch *Varietät*, Vielfalt. Dies ist ein qualitativer Begriff. Wir werden sensibel für Formen der Vielfalt, die nicht quantitativ gemessen werden können. Blau ist nicht grün, und man kann nicht sagen, dass grün schöner als blau ist. Man kann nicht messen, welche besser oder schöner ist; es kommt auf den Zusammenhang an. Aber das ist noch nicht Pluralismus.

Pluralismus geht einen Schritt über die Anerkennung von Unterschieden (Pluralität) und von Vielfalt (Pluriformität) hinaus. Pluralismus hat zu tun mit radikaler *Diversität*. Dieser weitere Schritt hat zwei Vorläufer.

Der erste Schritt ist *Perspektivismus*. Wer die indische Geschichte vom Elefanten in der Dunkelheit kennt, wird sich erinnern, wie jede Person ihn betastet, ohne ihn zu sehen, und ihn unterschiedlich beschreibt: als nackten Knochen, als schwere Säule, als großen Behälter, als raue Haut, und so weiter. Dies könnte ein gutes Beispiel für Perspektivismus sein. Menschen sehen Dinge aus verschiedenen Perspektiven, und diese müssen wir respektieren. Die Schwierigkeit, um bei unserem Beispiel zu bleiben, besteht darin, dass jemand da sein muss, der weiß, dass es in Wirklichkeit ein Elefant ist. Wenn ich weiß, dass es ein Elefant ist, kann ich sagen, dass jemand nur den Stoßzahn beschreibt, oder das Bein, oder einen anderen Teil. Aber wenn niemand weiß, wie ein Elefant aussieht, wie lässt sich damit Perspektivismus illustrieren? Doch wer kennt den Elefanten? Offensichtlich „wir" – *Vedāntins*, Christen, Wissenschaftler – „wir" wissen, wie der Elefant aussieht!

Der zweite Schritt ist *Relativität*, was nicht mit Relativismus verwechselt werden darf. Relativismus ist Agnostizismus, der sich selbst widerspricht: Man kann nicht einmal wissen, dass man nicht weiß. Wenn es keine Unterscheidungskriterien gibt, dann kann auch der Relativismus kein Kriterium sein. Relativität hingegen ist eine viel ernstere Angelegenheit. Relativität sagt uns, dass alle Dinge von einer Folge von Situationen abhängen, in denen ein Fall, eine Behauptung oder ein bestimmter Umstand ausgedrückt, oder widerlegt, bewiesen oder was auch immer wird. Sie schließt jegliche Form absolutistischer Antworten aus.

Ich würde jedoch zu sagen wagen, dass Pluralismus in seinem tiefsten Sinn noch einen Schritt weiter geht, und möchte es kurz beschreiben. Ich versuche das, was ich meine, in sechs Punkten zusammenzufassen.

1. Pluralismus bedeutet nicht Vielfalt oder eine Reduktion von Vielfalt auf Einheit. Es ist eine Tatsache, dass es eine Vielfalt von Religionen gibt. Es ist ebenso eine Tatsache, dass unterschiedlichen Religionen nicht auf irgendeine Art von Einheit reduziert werden können. Pluralismus bedeutet mehr als die bloße Anerkennung von Vielfalt und ein frommes Verlangen nach Einheit.

2. Pluralismus erachtet Einheit nicht als ein unverzichtbares Ideal, auch wenn innerhalb der Einheit Variationen anerkannt werden. Pluralismus akzeptiert die unversöhnlichen Aspekte von Religionen, ohne die gemeinsamen Aspekte zu ignorieren. Pluralismus ist nicht die eschatologische Erwartung, dass am Ende alles eins sein muss.

3. Pluralismus ist nicht vereinbar mit einem universalen System. Ein pluralistisches System ist ein Widerspruch in sich. Die Inkommensurabilität ultimativer Systeme ist unüberbrückbar. Diese Inkommensurabilität muss nicht als kleineres Übel verstanden werden, sie könnte sogar die Offenbarung des Wesens der Wirklichkeit selbst sein.

4. Pluralismus macht uns unsere Kontingenz und die Intransparenz der Wirklichkeit bewusst. Er ist unvereinbar mit der monotheistischen Annahme eines vollkommen intelligiblen Wesens, das heißt eines allwissenden Bewusstseins, das mit Sein identifiziert wird. Dennoch, Pluralismus ist

nicht jenseits von Intelligibilität. Die pluralistische Haltung versucht, Intelligibilität zu erreichen, aber sie hält nicht am Ideal einer vollständigen Verstehbarkeit des Wirklichen fest.

5. Pluralismus ist ein Symbol, das eine Haltung kosmischen Vertrauens zum Ausdruck bringt, welche eine polare und belastbare Koexistenz zwischen menschlichen Haltungen zu letzten Dingen, Kosmologien und Religionen erlaubt. Weder eliminiert er, noch verabsolutiert er das Böse oder den Irrtum.

6. Pluralismus leugnet nicht die Funktion des *logos* und dessen unveräußerlichen Rechte. Das Prinzip des Nicht-Widerspruchs zum Beispiel kann nicht geleugnet werden. Aber Pluralismus gehört auch in die Kategorie des *mythos*. Er integriert den *mythos*, freilich nicht als ein Objekt des Denkens, sondern als einen Horizont, der Denken ermöglicht.

***

Wahrheit hat nicht nur eine einzige Stimme, und so kann sie nicht auf *ein* Konzept reduziert werden. Sie zeigt sich als Wahrheitspluralismus.

Wahrheit geht über Einheit und Vielheit hinaus

Pluralismus besagt, dass Wahrheit weder eine noch viele ist. Wenn Wahrheit nur eine wäre, könnten wir die positive Toleranz einer pluralistischen Haltung nicht akzeptieren und müssten Pluralismus als die Billigung von Irrtum ansehen. Wir könnten uns bestenfalls eines Urteils über umstrittene oder unwichtige Sachverhalte enthalten. Aber wie können wir es unterlassen, etwas zu verurteilen, was wir als Übel oder Irrtum erachten? Wie können wir praktische Entscheidungen aufschieben, vor allem wenn das Aufschieben selbst bereits eine unkritische Entscheidung ist?

Wahrheit ist aber auch nicht vielfältig. Wenn Wahrheit plural wäre, würden wir in glatten Widerspruch fallen. Wir haben schon gesagt, dass Pluralismus nicht dasselbe ist wie Pluralität, die Pluralität von Wahrheit in diesem Fall. Pluralismus nimmt eine a-dualistische, *advaitische* Haltung ein, die den Pluralismus der Wahrheit verteidigt, weil die Wirklichkeit selbst pluralistisch, das heißt, weder mit Einheit noch Vielheit gleichzusetzen ist. Sein als solches, auch wenn es mit dem *logos* oder einer höchsten Intelligenz einhergeht oder koexistiert, muss nicht auf Bewusstsein reduziert werden. Die perfekte Selbstwiderspiegelung von Sein ist in der Tat Wahrheit, aber wenn auch das perfekte Bild des Seins identisch mit dem Sein wäre, muss sich das Sein nicht in seinem Bild erschöpfen – außer wir gehen von vornherein davon aus, dass Sein (nur) Bewusstsein ist.

Wahrheit hat keine Mitte

In theologischen Kreisen gibt es heute eine lebhafte Debatte, ob Christozentrismus oder Theozentrismus oder irgendeine andere Mitte der Bezugspunkt für christliche Theologie sein solle. In soziologischen und anthropologischen Kreisen wird über Fragen von Ethnozentrismus, Eurozentrismus und Technozentrismus debattiert. All diese Diskussionen erkennen implizit an, dass es eine Mitte für uns geben müsse, um Intelligibilität zu erreichen. Wenn es eine Mitte gibt, so ist sie beweglich. Ich würde zu Christozentrikern und Theozentrikern in gleicher Weise sagen: „*Ihr* habt recht!" Aber ich betone das *Ihr*, das heißt den Kontext, innerhalb dessen dieser bestimmte Theologe denkt. Es ist nicht notwendigerweise wahr, dass die Wahrheit immer dieselbe Mitte haben muss.

Lassen Sie mich die Geschichte eines weisen Rabbi zitieren, der vor langer Zeit eine Gemeinde leitete. Die Juden seiner Gemeinschaft waren im Streit und hatten sich in zwei Lager gespalten. Das eine Lager ging zum Rabbi, um ihm ihre Beschwerden zu äußern, der dann sagte: „Ihr habt recht! Ihr habt recht!" Als die vom anderen Lager das hörten, gingen sie auch zum Rabbi und legten ihre Position dar. Der Rabbi hörte aufmerksam zu und sagte: „Ihr habt recht! Ihr habt recht!" Und natürlich ging der Streit noch heftiger weiter. Die Intellektuellen und Schriftgelehrten der Gemeinde, die es besser wussten, bildeten eine kleine Kommission und gingen zum Rabbi, um ihm ihr Anliegen respektvoll vorzutragen: „Meister, heute sagtest du, dass diese recht haben, und gestern, dass die andere Partei recht hat. Offensichtlich können nicht beide recht haben!" Der Rabbi antwortete: „Ihr habt recht! Ihr habt recht!" Wer hat nun recht? Oder liegt der Rabbi falsch?

Die Beziehung zwischen den drei Stellungnahmen ist natürlich dialektisch. Aber die Beziehung zwischen den zwei zerstrittenen Gruppen ist nicht dialektisch. Der Rabbi sah die relative Vollständigkeit jeder Position, auch wenn sich die intellektuellen Aussagen gegenseitig widersprachen. Ebenso würdigte er das existentielle Engagement der dritten Partei.

Was ich sagen möchte, ist, dass Pluralismus ins Spiel kommt, wenn wir die gegenseitige Inkommensurabilität menschlicher Positionen entdecken. Pluralismus ist die Anerkennung der Unvereinbarkeit von letztgültigen Glaubenssätzen. Wir sollten die menschlichen Erfahrungen und Kämpfe der letzten 8000 Jahre unserer historischen Erinnerung ernst nehmen, in denen jede Partei glaubte, das Richtige zu tun. Wir sollten wieder auf die Weisheit Salomons hören.[33] Unsere zahlreichen Lösungen wollen das Kind zweiteilen, wenn wir es nicht für uns behalten können. Wie das Kind in der Geschichte, so gehört die Wahrheit *uns*. Um das Kind am Leben zu erhal-

---

33   1 Kön 3,16 ff.

ten, um die Menschheit am Leben zu erhalten, um die Polarität der menschlichen Wirklichkeiten am Leben zu erhalten, um den guten Glauben der Leute am Leben zu erhalten, um die Freiheit als die höchste Würde am Leben zu erhalten, können wir nicht *nur* mit Vernunft urteilen. Salomons endgültiges Urteil erwies sich als das richtige. Wenn Liebe ins Spiel kommt, dann, wenn das Kind *dir* gehört, ziehst du es vor, zu verlieren, du ziehst es vor, geschlagen zu werden, aber das Kind muss leben. Ich glaube, unsere aktuelle Situation erfordert von uns allen, dass wir sagen können: „Ich verstehe dich nicht allzu gut, obwohl ich denke, dass du falsch liegst. Doch die Tatsache, dass du dich irrst, sagt mir nicht viel darüber, ob ich recht habe oder vielleicht selbst falsch liege." Wir brauchen diese Art Umgang miteinander. Begegnungen von Menschen verschiedenen Glaubens sind nicht bloß eine dialektische Angelegenheit; sie erfordern auch Liebe, Dialog und eine menschliche Ebene. Wir leben miteinander, auch wenn unsere Ideen und Regeln unvereinbar sind. Radius und Umfang existieren miteinander, auch wenn sie gegenseitig inkommensurabel sind. Pluralismus gehört zur menschlichen Natur.

Wahrheit ist polar

Die Einsicht, dass die Wahrheit selbst pluralistisch ist, kann so beschrieben werden, dass man sagt, dass die Natur der Wahrheit polar ist. Wahrheit *qua* Wahrheit ist selbst eine Polarität. Gleich welcher philosophischen Wahrheitstheorie wir anhängen (Korrespondenz, Konsistenz, Pragmatik, und dergleichen), eines ist allen gemein: Wahrheit ist immer eine Beziehung, ob zwischen Subjekt und Objekt, oder Subjekt und Prädikat, oder Wissendem und Gewusstem, oder Benutzer und Benutztem, etc. Mehr noch. Ein Beziehungsglied, ob explizit oder implizit, sind wir, die Menschen. Selbst wenn wir von der metaphysischen Wahrheit des Seins oder der theologischen Wahrheit der Gottheit sprechen, so können wir als Menschen nicht völlig beiseitegelassen werden. Und das gilt insbesondere, wenn es um religiöse Wahrheit geht. Wir sind Teil der Unternehmung. Mit anderen Worten, Wahrheit hat immer ein Element von Subjektivität in dem Sinn, dass wir Menschen irgendwie Teilhaber an jener Behauptung, Größe, Prozess oder Sachlage sind, die wir Wahrheit nennen. Wahrheit ist immer eine Beziehung, die sich auf uns Menschen bezieht, für die Wahrheit Wahrheit (und nicht nur objektiv wahr) ist.

Wenn nun in einer bestimmten Kultur in Raum und Zeit der Schiedsrichter nur ich bin, oder nur wir, dann kann dieses „Ich" oder dieses „Wir" nicht die ganze Beziehung ausschöpfen. Dafür gibt es zwei Gründe: Erstens, dieses „Ich" (oder „Wir") ist begrenzt und kann nie sicher sein, dass es die andere beteiligte Partei vollkommen erkannt hat. Zweitens, das Subjekt (Ich, Wir) kann als solches nicht objektiviert werden, und es gibt keine Garantie, dass es sich nicht verändern wird. Wir sind einer der Pole der Beziehung und wir können uns nicht „sicher" sein, dass wir uns nicht verändern. Wir können die Kontrolle über uns selbst nicht einfach von einem objektiven Pol aus haben, welcher selbst mit dem subjektiven Pol in Verbindung steht. Die sogenannte Evolution des Dogmas soll als Beispiel dienen, um dies zu beleuchten. Wenn die Subjekte ihre Wahrnehmungen und Annahmen verändern, müssen sich dementsprechend die „objektiven Wahrheiten" des Dogmas verändern, um die Beziehung aufrechtzuerhalten.

Auch wenn der Richter nicht „Wir", sondern ein unendlicher Intellekt ist, so besteht auch keinerlei Notwendigkeit – unabhängig davon, dass wir nur eine begrenzte menschliche Interpretation dieser absoluten Intelligenz haben können –, dass dieser Intellekt das ganze Sein kennt. Es gibt nichts, was einer unendlichen Intelligenz verborgen wäre; sie ist allwissend, und so ist das, was sie erkennt, die Wahrheit. Man könnte sogar einräumen, dass sie die Quelle selbst der Wahrheit ist, so dass Wahrheit genau das ist, was dieser göttliche Intellekt weiß. Wahrheit würde dann auf der Seite des Subjekts seinen Ursprung haben, und nicht durch irgendein Objekt konditioniert sein. Dies würde umso mehr für einen Pluralismus der Wahrheit sprechen, denn Wahrheit würde dann gänzlich vom Göttlichen Wohlgefallen abhängen, und dort wäre die objektive Grundlage für die Fortdauer der „selben" Wahrheit, oder vielmehr, die Identität wäre losgelöst von jedem Bezugspunkt, um sich selbst als solche zu bestätigen. Wir könnten nicht sagen, ob Wahrheit eine ist oder viele.

Die traditionelle Position würde behaupten, dass die Wahrheit *eine* ist, weil dieser unendliche Intellekt sich nicht verändern könne. Dieses Argument impliziert die Identifikation von Sein mit Bewusstsein. Doch diese Annahme ist grundlos, nicht gewährleistet durch die Anerkennung eines unendlichen Bewusstseins. Dieses göttliche Bewusstsein sollte in der Tat alles wissen, das heißt, alles, was gewusst werden kann, aber nicht das, was nicht All-Sein ist, außer wir haben zuvor Sein mit Bewusstsein identifiziert. Eine unendliche Intelligenz hat keine Beschränkungen in ihrem eigenen Feld: Nichts ist ihr unintelligibel, aber ihr Feld muss nicht notwendigerweise gänzlich mit der Wirklichkeit identisch sein. Kurz, es kann gut sein, dass die Wirklichkeit eine dunkle Seite hat, welche Intelligibilität nicht durchdringen kann.

In christlicher Begrifflichkeit heißt das: Das Göttliche kann nicht auf einen unendlichen Logos reduziert werden. Es gibt auch eine apophatische Quelle. Es gibt auch den Geist, weder dem Logos untergeordnet noch getrennt von ihm, aber auch nicht auf ihn reduzierbar. Um es paradox auszudrücken: Die Wahrheit Gottes, der *logos*, ist nicht das Ganze Gottes, weil

Gott Wahrheit, Logos und unendliche Wahrheit *ist*, aber Er ist *nicht nur* das. Gott „ist" Trinität.

Wir könnten den Pluralismus der Wahrheit in einer eher *yogischen* und buddhistischen Weise formulieren. In diesem Fall würden wir den *cittavṛttinirodha* kommentieren, die Beendigung aller mentalen Aktivität, wie sie am Beginn der *Yogasūtras* zur Sprache kommt, oder mit *ākiṃcanya āyatana*, dem Ort der Nicht-Existenz im frühen Buddhismus. In beiden Fällen wird das Mentale überwunden, und die letztgültige Einsicht geht über das dialektische Tetralemma (A, Nicht-A, A und Nicht-A, weder A noch Nicht-A) hinaus. Wahrheit ist nicht abgeschafft, aber ihr Ort (*āyatana*) ist nicht länger Sprache. Wie der *Suttanipāta* lapidar nahelegt: „Bist du so dumm, wirklich zu glauben, nur deine Meinung wäre richtig, und all die anderen wären falsch?"

Diese letzten Überlegungen sind nur Ausdrucksformen innerhalb bestimmter Schulen. Und dennoch sehen sich fast alle Theologien gezwungen, antinomische Sprache und Paradoxien zu verwenden, wenn sie auf das Göttliche verweisen, wie es Ibn 'Arabi so klar mit seiner Theorie der *jam 'al-diddayn* (*coincidentia oppositorum*) ausdrückte: Der Wahrheit der einen Aussage muss durch eine andere Aussage, die ebenso wahr ist, widersprochen werden. Die Wahrheit kann nicht einen einzigen und eindeutigen Ausdruck erfahren, sagt Ibn 'Arabi, der von der Tradition als *al-chaykh al-akbar* („der größte Meister") erachtet wurde. Das wäre ein Beispiel für unseren Standpunkt, das direkt mit dem Problem der religiösen Wahrheit in der interreligiösen Begegnung zu tun hat. Lassen Sie mich auf einige Folgerungen hinweisen, ohne jetzt auf die intrinsische Polarität der Wahrheit einzugehen und den Umstand, dass wir, zumindest teilweise, in einen der Pole involviert sind.

Der Pluralismus der Wahrheit zieht, unter anderen, folgende Konsequenzen nach sich:

1. Die religiöse Wahrheit einer bestimmten Tradition kann nur richtig innerhalb derjenigen Tradition verstanden werden, die sie herausgearbeitet hat. Jede Tradition hat ihre eigene Sprache und daher ihre eigene Intelligibilität.

2. Es ist legitim, von einem religiösen intellektuellen System aus ein anderes System zu kritisieren, vorausgesetzt, man erreicht einen gewissen gemeinsamen Grund, auf dem der Dialog und die Kritik für beide Seiten sinnvoll ist. Wir müssen, zumindest bis zu einem gewissen Grad, eine gemeinsame Sprache sprechen.

3. Zu jedem Zeitpunkt in der Geschichte der Menschheit gibt es vorherrschende *mythoi*, die eine interkulturelle und transreligiöse Kritik an vertretenen Meinungen zulassen. Wir können behaupten, dass heutzutage ein

allgemeiner Konsensus über die negative Bewertung von Menschenopfern und Sklaverei besteht. Aber es gibt heute auch brennende Themen, welche kein rein intellektueller Zugang kleinreden sollte. Ohne uns in Wortspielereien zu verlieren, sollte Gewalt um jeden Preis ausgeschlossen werden? Ist Gott eine notwendige Hypothese für eine gerechte Welt? Ist der gegenwärtige Kapitalismus eine entmenschlichende Macht? Wir haben vielleicht eine klare Meinung zu diesen Fragen, aber wir sollten sie nicht als unverhandelbare „Wahrheit" präsentieren.

Der Pluralismus der Wahrheit öffnet unsere Augen vor allem für die Kontingenz. Ich besitze nicht den völligen Rundumblick, und auch niemand anderes hat ihn. Zweitens, und das ist die am meisten Furcht einflößende Vorstellung: Wahrheit ist pluralistisch, weil die Wirklichkeit als eine nicht-objektivierbare Größe selbst pluralistisch ist. Wir als Subjekte sind auch Teil davon. Wir sind nicht nur die Zuschauer der Wirklichkeit, sondern auch ihre Mit-Handelnden und sogar Mit-Urheber. *Genau darin besteht unsere menschliche Würde.*

***

Die große Zunahme an Friedensstudien und an sich für Frieden einsetzende Vereinigungen gibt Anlass zu Hoffnung für unser Zeitalter. Auch der Dialog zwischen Kulturen, Zivilisationen und Religionen ist ein positives Zeichen unserer Zeit.

Unsere Studie reiht sich in diesen Kontext ein, und soweit es mich betrifft, betone ich mit Nachdruck die Notwendigkeit, die Dichotomien zu überwinden, die die abendländische Begabung für Klassifizierung für erforderlich hält, um jegliche Art von Problemen zu erhellen. „Überwinden" bedeutet nicht, Unterschiede auszublenden, sondern vielmehr, analytisches Denken zu transzendieren, nicht durch eine Synthese der Ergebnisse, die durch Analyse gewonnen worden sind, sondern durch holistisches Denken, das ich katholisch oder sogar kontemplativ nennen könnte. Ich hoffe in der Tat, dass Worte wie „katholisch" und „kontemplativ" wieder ihre ursprüngliche Bedeutung zurückerhalten.

Es gibt gewiss nicht die *eine* globale Perspektive. Jede Perspektive ist begrenzt, aber es gibt immer die Möglichkeit, Perspektiven auszutauschen oder sie gar zu erweitern – genau das ist das Ziel des interkulturellen Dialogs.

Der Perspektive eines anderen den gebührenden Wert einzuräumen und zu versuchen, sich ihrer bewusst zu sein, auch wenn man sie nicht versteht, ist bereits ein Schritt auf dem Weg, die Dichotomie zwischen Erkenntnis und Liebe zu überwinden.

Das Problem des Friedens ist so komplex, wie es schwierig ist. Guter Wille genügt nicht. Mit gutem Willen wurden grausame Kriege geführt, nicht zuletzt die sogenannten „gerechten Kriege". Die praktischen Hindernisse sind offensichtlich, aber es gibt auch zahlreiche theoretische Schwierigkeiten. Es ist nicht möglich, die Sichtweise des anderen in rechter Weise einzuschätzen, ohne seine Kultur zu kennen – eine Kenntnis, die man nicht ohne Liebe, oder zumindest Sympathie, erlangen kann; daher die Wichtigkeit von Interkulturalität. Manche wollen Frieden *aufzwingen*, und viele behaupten, sie seien bereit, ihn zu suchen, aber sie suchen eine Entschuldigung darin, dass die „anderen" nicht willens sind, dasselbe zu tun, ob in Praxis oder Theorie. Niemand scheint bereit zu sein nachzugeben (die Waffen niederzulegen, um Verzeihung zu bitten …), wenn die andere Seite es nicht zuerst tut. Dieser Teufelskreis kann nur mit dem „Lebenskreis" überwunden werden: Leben bedeutet Risiko und Mut; es richtet sich nicht nach Logik. Diese Behauptung ist gefährlich, und es wäre falsch, sie in einem dialektischen Sinne zu interpretieren, denn das würde darauf hinauslaufen zu sagen, dass das Leben unlogisch und daher irrational sei. Der *logos* stellt die große Würde des Menschen dar, aber es gibt auch den *Geist* – der dem ersteren nicht untergeordnet ist. Aus diesem Grund pochen alle Kulturen, ob buddhistisch, christlich oder hinduistisch, auf die Reinheit des Herzens, die den Menschen zum rechten Handeln führt.

Den anderen zu verstehen ist ohne Zweifel nicht leicht. Wir gehen gewöhnlich von unserer Spezialisierung (Soziologie, Theologie, usw.) oder von unserer Kultur (christlich, buddhistisch, wissenschaftlich, usw.) aus, was das Verständnis des anderen erschwert.

Man muss sogleich hinzufügen, dass die Ergebnisse bis jetzt nicht sehr ermutigend sind. Handlungen gegen den Frieden werden nicht weniger, und nicht immer aus bösem Willen. Frieden erfordert mehr als guten Willen, er verlangt auch, den anderen zu verstehen. Dies ist jedoch nicht möglich, ohne über den eigenen Standpunkt hinauszugehen, da heißt ohne Interkulturalität.

Der Mensch ist nicht nur ein Individuum: Er ist eine Person, ein Zentrum von Beziehungen, die sich so weit ausdehnen, wie die Grenzen der Seele reichen. In der indischen Tradition ist ein Heiliger ein *mahātma*, eine große Seele. In den abrahamitischen Traditionen ist ein Heiliger derjenige, der es geschafft hat, seine Seele zu erweitern, das heißt, die eigene Seele so weit zu machen, dass er seinen Nachbarn als *sich selbst* (nicht als einen „anderen") lieben kann. Die chinesische Weisheit lehrt uns, dass der Weise derjenige ist, dessen Herz alle Menschen sind. Die hermetische Philosophie behauptet, dass der Mensch ein *mikrotheos* (ein Miniaturgott) ist. Der Buddhismus (*pratītyasamutpāda*), der Hinduismus (*karman*) und das Christentum (mystischer Leib) und viele andere Traditionen, einschließlich der griechischen, verkünden, dass alles mit allem verbunden ist. Aristoteles sagt, dass „die Seele in gewisser Weise alle Dinge ist". Frieden ist diese harmonische Interrelation, in der die Seele des Menschen eine Hauptrolle spielt.

Obwohl es wahr ist, dass alles mit allem in Beziehung ist, ist es ebenso wahr, dass jeder Teil des Ganzen verschieden ist so wie alle Menschen verschieden sind. Jeder ist eine Person, ein einzigartiger Knoten im Netz der Beziehungen, die die Wirklichkeit ausmachen. Wenn ein Knoten die Fäden, die ihn mit anderen Knoten verbindet, durchtrennt, wenn die Spannung so hoch wird, dass sie nicht länger die wesentliche Freiheit des wechselseitigen Zusammenhangs (*inter-in-dependence*) zwischen den Knoten, und letztendlich mit der Wirklichkeit, zulässt, dann entsteht Individualismus. Er zerstört die Harmonie und führt zum Tod der Person durch den Verlust ihrer Identität, die gänzlich auf Beziehung angelegt ist.

Menschliche Unterschiede jedoch sind nicht nur idiosynkratisch, sondern auch kulturell und in Geschichte, Geografie und unzähligen anderen Manifestationen sichtbar, die allgemein als kulturell definiert werden, wenn sie sich in verschiedene Lebensstile kristallisieren, die auch verschiedene Denkweisen und Wirklichkeitswahrnehmungen beinhalten. Kultur ist der allumfassende Mythos jeder Kosmovision in einem gegebenen Raum zu einer bestimmten Zeit.

Kurz, kulturelle Unterschiede sind nicht zufällig, sie sind kein oberflächlicher Aspekt des menschlichen Wesens. Dieses Element ist wichtig und darf in der Diskussion über Globalisierung nicht vernachlässigt werden. Der Mensch ist nicht nur, wie es eine bestimmte Medizin es gerne will, mit einer physiologischen Natur ausgestattet; er ist auch ein kulturelles Tier, und die Kultur prägt ihrerseits die menschliche Natur. Kulturelle Unterschiede sind daher *menschliche* Unterschiede, deshalb können wir sie nicht vermeiden oder ignorieren, wenn wir mit menschlichen Problemen zu tun haben. So wie die Persönlichkeit jedes einzelnen respektiert werden muss, damit das Netz menschlicher Beziehungen nicht zerreißt, so muss das Gewebe so flexibel wie möglich gehalten werden, damit der Körper der Menschheit nicht auseinanderbricht. Der Wille, eine „einzige Denkweise" oder eine einzige Zivilisation zu etablieren, ist eine Sünde gegen die Menschheit, die darauf zurückgeht, dass man Denken mit Abstraktion verwechselt hat. Der *Begriff* des „Menschen" erschöpft nicht, was der Mensch ist. Interkulturalität ist unerlässlich, um nicht in eine monolithische Sicht der Dinge zu fallen, die in Fanatismus münden kann.

Kulturelle Unterschiede, um es noch einmal zu wiederholen, sind anthropologische Unterschiede. Die Anthropologie ist nicht nur Archäologie oder Physiologie. Respekt für Menschen erfordert Respekt für jede menschliche Kultur. Ein Beispiel, das ein halbes Jahrtausend zurückliegt, kann uns helfen, die gegenwärtige Situation besser zu verstehen. Auf der Höhe der Begeisterung über die „Entdeckung der Neuen Welt", als die Europäer Kulturen begegneten, die sie als irregeleitet beurteilten (möglicherweise um mehr oder weniger bewusst oder unbewusst die Ausbeutung der indigenen Bevölkerung zu rechtfertigen), gingen sie so weit, die Hypothese ernst zu nehmen, dass jene Ureinwohner menschliche Wesen ohne Seele seien. Aus analogen Gründen, obgleich in gutem Glauben, formulieren auf dem Höhepunkt der westlichen Begeisterung über die „Entdeckung der Neuen Techno-Wissenschaft" die heutigen begeisterten „Gläubigen" die Idee, dass, wenn sie mit anderen Kulturen zusammentreffen, die sie als primitiv oder unterentwickelt erachten, solche Kulturen keine Seele (kein Leben, keine Zukunft) hätten, weshalb wir sie zu „unserer" Weltsicht „bekehren" können und müssen, die trotz ihrer Unzulänglichkeiten „uns" als das einzige praktikable Modell erscheint.

Interkulturalität bedeutet nicht kultureller Relativismus (eine Kultur ist so gut wie jede andere), noch die Fragmentierung der menschlichen Natur. Jede Kultur ist eine *menschliche* Kultur – auch wenn sie degenerieren kann. Um es mehr philosophisch auszudrücken, es gibt *menschliche Invarianten*, aber es gibt keine *kulturellen Universalien*. Ihre Beziehung ist transzendental: Die menschliche Invarianz wird nur innerhalb eines bestimmten kulturellen Universals wahrgenommen. Alle Menschen essen und schlafen, aber die Bedeutung von Essen und Schlafen ist nicht dieselbe in unterschiedlichen Kulturen.

Und damit kommen wir zum Thema dieser Studie zurück. Der Respekt für die menschliche Würde erfordert kulturellen Respekt, welcher untrennbar ist von gegenseitigem Wissen – ohne dass wir in die Versuchung fallen, unsere Kultur als Modell für menschliches Zusammenleben aufzwingen zu wollen. Einer dominanten Kultur, die sich durch eine außergewöhnliche Expansionsdynamik hervortut, fehlt es nicht so sehr an gutem Willen, als an Wissen, und dieses Problem kann nicht mit den guten Absichten von Kulturtouristen oder von internationalen „Kaufleuten" gelöst werden – auch wenn sie sich Politiker nennen. Dies ist der Ruf der Interkulturalität, den verstanden zu haben wir noch weit entfernt sind.

Es sei denn, wir reduzieren Religion auf ein institutionalisiertes Glaubenssystem, sind Religion und Kultur untrennbar, auch wenn sie parallel verlaufen, und so ist es folglich mit dem interkulturellen und religiösen Dialog.

Ohne einen solchen Dialog kann es keine Harmonie und keinen Frieden zwischen den Völkern der Erde geben. Ich begann diese Einführung mit der Erinnerung an die transkulturelle Intuition der *magnanimitas* des *teleios anthrôpos*, des vollkommenen Menschen, der Weisheit und Heiligkeit als wesentliche Voraussetzungen für Frieden, und ende mit der Behauptung, dass diese anthropologische Schau auch für die menschlichen Kulturen gilt, die man nicht von den Menschen trennen kann, die in ihnen leben – und sie erleiden. Wenn wir unser Leben von unserem Intellekt trennen, und unseren Intellekt von seinem eigenen Streben nach einer Wahrheit, die uns transformiert, dann müssen wir, wie in jeder wahren Liturgie, mit einem Akt radikaler Umkehr (*metanoia*), einem Akt der Reue, beginnen.

Die Probleme der Interkulturalität, die keineswegs unbedeutend sind, müssen auf diese Ebene gebracht werden. Der Friede der Menschheit hängt vom Frieden zwischen den Kulturen ab. Ich möchte darüber hinaus hinzufügen, dass Interkulturalität Ideen und Überzeugungen, die oft tief im Herzen von Kulturen verwurzelt sind, destabilisiert und sie bizarr oder oberflächlich erscheinen lässt. Dies ist ein Hinweis an den Leser, aber auch an den Schreibenden, nicht den fragilen Charakter einer Neuheit zu vergessen und sie, *cum grano salis*, als erneute Einladung zum Dialog zu nehmen.

Der Autor ist sich des zutiefst synkretischen (nicht synkretistischen, noch eklektischen) Charakters dieser Seiten bewusst, die unter anderem auch den Anspruch erheben, eine Bitte zu sein, die in die Praxis umgesetzt werden soll. Sowohl das Problem des Friedens als auch das der Interkulturalität sind nicht bloß moralische Probleme, als wären es nur die Bösen, die Krieg wollen, und nur die Eigennützigen, die sich nicht darum scheren, andere Kulturen kennenzulernen. Das Problem ist viel tiefer, und es könnte als anthropologisch, metaphysisch oder religiös definiert werden; dennoch, diese Adjektive sind immer noch in einem gewissen Sinn zu zweideutig.

Die folgenden Seiten sind Reflexionen über Interkulturalität, eine notwendige, wenngleich nicht hinreichende Bedingung für Frieden zwischen den Völkern ist, deren Verwirklichung in unserer Hand liegt: Es ist eben diese Freiheit, die die Grundlage unserer Würde und Verantwortung bildet.

BAND VI – KULTUREN UND RELIGIONEN IM DIALOG

BUCH 2: INTERKULTURELLER UND INTERRELIGIÖSER DIALOG

Das zweite Buch des Bandes *Kulturen und Religionen im Dialog* konzentriert sich im Wesentlichen auf den interkulturellen und interreligiösen Dialog als einen Weg zum Überleben, wie wir in der Einführung zum ersten Buch sagten. Darin haben wir die verschiedenen Aspekte des Pluralismus entwickelt, welcher die Grundlage eines echten Dialogs ist. Kultur verleiht der Religion ihren sprachlichen Ausdruck, Religion eröffnet den Horizont für den Dialog.

Ein aufkommender Mythos

Einer der aufkommenden Mythen unserer Zeit ist der der Einheit der Menschheitsfamilie, die vom globalen Blickpunkt einer Kultur *des Menschen* aus betrachtet wird, die alle Zivilisationen und Religionen umfasst, welche als vielfältige, einander bereichernde und stimulierende Facetten gesehen werden. Das ist vielleicht, was Teilhard de Chardin in seiner unnachahmlichen Sprache ausdrücken wollte, als er von der Notwendigkeit eines „Sympathiefeldes von planetarer Größenordnung" sprach.

Die Wahrheit ist, dass wir noch weit davon entfernt sind, diesen Mythos allgemein angenommen zu haben. Aber da die Menschen nicht auf Mythen verzichten können, herrscht bei den meisten unserer Zeitgenossen ein Unbehagen: Sie fühlen klar die Unzulänglichkeit ihrer eigenen Kulturen und Religionen. Und sogar, wenn sie nach und nach entdecken, dass niemand ein Monopol auf Tugend und Wahrheit hat, können sie sich noch nicht ausmalen, was aus dem Zusammenbruch ihrer Lebensweisen hervorgehen wird. Es fehlt uns ein universaler Horizont, ein Bezugspunkt, der akzeptiert wird, weil er akzeptabel ist, ein vereinender Mythos für unser Zeitalter. Aber er ist im Prozess des Entstehens; wir können ihn bereits am Horizont heraufziehen sehen.

Es ist ziemlich merkwürdig und bezeichnend, dass dieser heraufziehende Mythos sich sozusagen als die Umkehrung des alten Mythos des Monogenismus präsentiert, welcher die Einheit der menschlichen Gattung durch ihren einen Ursprung betonte. Die Einheit der Menschheit stellt sich uns heute weniger in deren Anfang als in deren Ende dar. Wir neigen anscheinend eher dazu zu denken, dass wir auf einen Punkt Omega zusteuern und dass ein Geist der Konvergenz uns anzieht, als dass eine physische (oder metaphysische) Kraft uns vorantreibt. Was auch immer der Ursprung oder die Gründe der ethnischen, kulturellen und religiösen Differenzierung sein mögen, es ist, als würden wir dazu gedrängt zu glauben, dass wir Menschen dazu berufen sind, verschiedenartige menschliche Erfahrungen zu teilen und in ein harmonisches – doch nicht monochromes oder monotones – Ganzes zu integrieren.

Einige beklagen vielleicht lieber die zerbrochenen Mythen unserer Zeit und trauern über das Zusammenbrechen alter Glaubensüberzeugungen. Es hat keinen Zweck, diese Seite der Medaille zu verleugnen, während man die andere, glänzendere, verheißungsvollere, oder zumindest interessantere betont.

Meine Absicht besteht darin, diesen entstehenden Mythos freizulegen.

Wir könnten die Geschichte der Begegnung zwischen den religiösen Traditionen der Menschheit auf der Grundlage der folgenden Typologie studieren. Es ist überflüssig zu sagen, dass die Realität viel komplexer und mannigfaltiger ist, und dass die einfache Typologie, die wir vorschlagen und die zu unserem Verständnis beitragen mag, sich im Allgemeinen nicht in dieser reinen Form findet.

1. Isolation und Nichtwissen. Jede Kultur hat ihr eigenes Leben und kümmert sich nicht um die anderen. Die Kulturen sind so provinziell und in sich verschlossen, dass sie, abgesehen von unvermeidbaren Kontakten mit Nachbarn, kaum ein Interesse füreinander zeigen. Der *Andere* ist kein Problem. Man kann, theoretisch gesprochen, nicht sagen, dass jede Kultur glaubt, sich selbst genug zu sein, weil diese Frage sich gar nicht stellt. Im Grunde genommen existiert der Andere gar nicht. Jede Kultur erachtet sich selbst *de facto* als fähig, die eigenen Schwierigkeiten zu meistern. Bestenfalls akzeptiert sie vielleicht eine Vertiefung, aber keine Erweiterung.

2. Gleichgültigkeit und Verachtung. Wenn die Berührungen zwischen Kulturen beständig und unvermeidbar werden, entwickeln einige wenige neugierige Geister eine Bewunderung für das Fremde. Sobald der Schock der Neuheit überwunden ist mit allem, was das beinhaltet, Neugierde, Interesse, Erstaunen, und auch Angst, Argwohn, Selbstverteidigung usw., folgt oft eine Reaktion, die von der Überzeugung getragen wird, dass die eigene Kultur, die eigene Religion besser zu uns passt als irgendeine andere; man könnte höchstens einige Aspekte vervollkommnen, um besser mit dem Fremden konkurrieren zu können. Der *Andere* ist bestenfalls nicht mehr als ein Problem der Rivalität.

3. Verurteilung und Eroberung. Sobald Kontakte zwischen den Zivilisationen eine dauerhaftere Gestalt annehmen, ist es nicht mehr eine Frage der Rivalität, sondern die Konkurrenzsituation neigt dahin, die anderen aktiv herauszufordern und sich berechtigt zu fühlen, sie zu den eigenen Sichtweisen mit allen als ehrlich angesehenen Mitteln zu bekehren. Der Andere wird jetzt quasi eine Bedrohung, die es zu beseitigen gilt, eine Herausforderung, der man sich stellen muss. Die Manöver, die bei diesem Ansatz zur Anwendung kommen, unterscheiden sich entsprechend der sozialen und religiösen Merkmale der jeweiligen Zivilisation.

4. Koexistenz und Kommunikation. Es erübrigt sich heutzutage auf der Tatsache zu beharren, dass, von wenigen Ausnahmen abgesehen, Eroberung und Beherrschung den Test der Zeit nicht bestehen. Früher oder später erkennen die Völker, dass gegenseitige Toleranz, friedliche und ehrliche Kommunikation für beide Seiten dauerhaft Vorteile bringen. Der *Andere* beginnt, uns zu interessieren. Wir entdecken, dass er auf seine eigene Weise fähig ist, das zu erreichen, was wir bisher nur mit Mitteln, die wir allein zu besitzen glaubten, für möglich gehalten haben. Das betrifft alle Bereiche der Kultur, das Religiöse, das Politische, das Ökonomische, usw. Das Gleichgewicht zwischen einer fortschreitenden Invasion durch den *Anderen* und Loyalität zur eigenen Kultur ist schwer aufrecht zu erhalten und ständig bedroht. Von anderen zu lernen und das von ihnen Gelernte zu integrieren, ohne dadurch entfremdet zu werden, hängt von einer persönlichen Gleichung ab, deren historische und kulturelle Koeffizienten sehr zeitbedingt sind.

5. Konvergenz und Dialog. Langfristig gesehen scheinen Gedankensysteme auf allen Ebenen zu konvergieren. Gegenseitige Befruchtung scheint nicht nur möglich, sondern auch erstrebenswert. Die Grenzen und Schranken persönlicher Identität werden weniger undurchdringlich, die Unvereinbarkeiten verschwinden. Einige Missverständnisse und Vorurteile müssen noch überwunden werden; Techniken der Annäherung und der Hermeneutik müssen noch geschaffen werden. Echter Dialog erfordert nicht nur eine Haltung der Gastfreundschaft und des Zuhörens, sondern auch die Fähigkeit, wie auch Möglichkeit zu verstehen. Der *Andere* beginnt, ein anderer Pol unserer selbst zu werden. Der Vergleich führt zu Komplementarität. Es entstehen neue Lebensweisen, oft nicht ohne auf beiden Seiten Opfer zu hinterlassen: nämlich auf der Seite der Identität wie auf der der Andersheit.

Ich möchte ein Beispiel für diese verbreitete Dynamik geben, die sich überall findet. Es ist eine unbestreitbare Tatsache, dass ein gewisser Teil der heutigen jungen Leute aus dem Westen von östlichen Spiritualitäten unwiderstehlich angezogen werden. Es fehlt nicht an Soziologen, die das Problem untersucht und die Gründe für diese Anziehung zu entdecken versucht haben. Aber das ist nur ein Teilaspekt des Phänomens. In der Tat ist die Jugend im Osten ebenso, wenn nicht noch mehr, vom Lebensstil des Westens fasziniert wie die westliche Jugend von der geistigen Botschaft des Ostens. Gewiss gibt es in Asien mehr eifrige Studenten westlicher Technologie als es „Praktizierende" östlicher Meditationstechniken im Westen gibt. Auch wenn man einräumt, dass eine große Zahl von Menschen im Osten sich westlicher Technologie zuerst aus Lebensnotwendigkeit zuwendet, um die elementaren Lebensbedürfnisse zu befriedigen, so ist für sie das Interesse an westlicher Technik auch ein Weg zur Befreiung – gerade so wie die spirituellen Wege ihrer Länder westlichen Jugendlichen als eine Quelle der Befreiung anmuten.

Überdies scheint ein anderes gemeinsames Merkmal aus diesen Bewegungen in beide Richtungen auszugehen: eine exogene Dynamik, man könnte fast sagen, ein Gesetz der Exogamie. Man sucht danach, außerhalb der eigenen Traditionen zu heiraten. Eifrige Prediger mögen mahnen, dass „wir" (Abendländer, Christen, Hindus, Japaner, Russen, usw.) auch in unserer Tradition haben, was wir woanders suchen, aber sie predigen in der Wüste – denn wenn Völker nach einer Lösung suchen, einer Komplementarität, nach einem Weg, einem Retter, nach Heil, suchen sie es außerhalb, woanders. Es weht ein mächtiger Wind, der Samen, Befruchtung, Keimung mit sich trägt.

Man muss die fünf Momente mehr in einem *kairologischen*, als in einem chronologischen Sinn verstehen als sich gegenseitig durchdringende und verbindende Momente, die auf diese Weise Dynamiken und Spannungen im Leben von Menschen und Völkern hervorbringen.

Es scheint, dass man in unseren Tagen diese fünf Momente durchaus erkannt, aber noch nicht überschritten hat. Um ein Beispiel zu nennen: Wie viele Durchschnittseuropäer kennen den Buddhismus und erachten ihn auf einer existentiellen Ebene als eine Frage des persönlichen Interesses, so weit, dass sie glauben, die Botschaft des Buddha könnte möglicherweise zu wirklichen Lösungen ihrer persönlichen und kollektiven Probleme beitragen?

Wir könnten weitere fünf Worte vorschlagen, um die gegenwärtige Begegnung zwischen den kulturellen und religiösen Traditionen zu skizzieren. Erlauben Sie mir, diese kurz aufzuzählen. Die Begegnung der Religionen heute ist:

1. *Unausweichlich*. Die Völker und Religionen der Welt können nicht mehr in Isolation und gegenseitiger Gleichgültigkeit leben. Der Ausdruck „unsere pluralistische Gesellschaft" ist fast ein Klischee geworden. Trotz der technologischen Überlegenheit des Westens ist das Spiel der Einflüsse spürbar, und nichts kann dem allgegenwärtigen Wirken der verschiedenen Weltanschauungen entkommen.

2. *Wichtig*. Es ist eine Tatsache, dass die religiöse Begegnung immer im innersten Herzen der Kulturen und ihrer Empfänglichkeit geschah. Die Re-

ligionen, in ihrem tiefsten, weitesten und zweifellos genauesten Sinn, sind die Seele einer jeden Kultur, und eben deshalb spielen sie eine wesentliche und immer wichtigere Rolle in dieser Welt, die mehr und mehr uniform wird. Mit „Religion" meinen wir nicht nur traditionelle Religionen, sondern alle Wege, die vom Ideal eines vollen und freien Lebens inspiriert werden.

3. *Dringend.* Es gibt Dinge, die wichtig sind, die aber warten können. Nicht so in diesem Fall. Die Welt von heute ist, wohl oder übel, in einem erhitzten Zustand, wenn nicht sogar am Siedepunkt. Die sich der Stimme enthalten, werden zu entscheidenden Faktoren in der laufenden Veränderung. Wenn die wahren Traditionen der Menschheit nicht dazu beitragen, eine neue Mentalität zu schmieden, wird sie sich ohne ihren direkten Beitrag gestalten. Dies kann uns positiv oder negativ erscheinen, wir können die Dringlichkeit der Situation jedenfalls nicht ignorieren.

4. *Erschütternd.* Die Begegnung der Religionen scheint zweifellos verstörend zu sein, insoweit sie den Seelenfrieden stört, tief verwurzelte Glaubenssätze ganzer Völker erschüttert und Verwirrung stiftet, was zu inneren und äußeren Spaltungen führen kann. Diese Begegnung stellt in Frage, was bisher unbestritten, ja unbestreitbar war. Oft gewinnt negative Kritik die Oberhand über positive Kritik, weil es fast unmöglich ist, etwas zu bauen, bevor man den Platz geräumt hat.

5. *Reinigend.* Es ist demütigend, Selbstsicherheit und Selbstvertrauen zu verlieren, aber es ist eine große Lektion, zu entdecken, dass niemand von uns sich selbst genügt. Niemand kann nach Universalität streben, wenn die Weise, sie zum Ausdruck zu bringen, selbst nur partikular ist. Sich dessen bewusst zu sein hat einen reinigenden Effekt. Menschliche Traditionen entdecken, dass andere Systeme und Glaubensüberzeugungen, andere Gebräuche und Lebensweisen nicht nur den unseren gleichwertig sein können, sondern auch das, was bis dahin als endgültige und daher unantastbare Errungenschaften der Menschheit erachtet wurde, reinigen, ergänzen, korrigieren, verstärken und sogar verändern können.

*

All diese Faktoren – und man könnte noch mehr anführen – tragen dazu bei, die Frage der Begegnung zwischen Kulturen und Religionen zu definieren, eine Begegnung, die einen Scheideweg unserer Zeit ausmacht.

Eines der Übel unserer Epoche ist die übereilte und kurzschlüssige Synthese. Bevor man zu irgendeinem Gesamtbild kommt, müssen wir Lehren studieren, Fakten kennen und den Geist einer anderen Tradition entdecken. Eben zu dieser vorangehenden Etappe des Studiums, der Konzentration und Reflexion wird der Leser/die Leserin hier eingeladen.

Die wahren Probleme beginnen, wenn wir jener schizophrenen Anschauung verfallen, in der sich alle Traditionen unterschiedslos gleichen und alle

Farben des Spektrums dahin neigen, sich im „weißen Licht" zu verlieren. Diese Art von agnostischer Gleichgültigkeit ist nicht befriedigender als das sektiererische und monolithische Monopol unserer eigenen partikulären menschlichen Erfahrung, die andere ausschließt. Ist es möglich, konkret zu sein, ohne die eigene Identität zu verlieren, und universal zu sein, ohne den Sinn für das Menschliche zu verlieren? Es ist unnötig zu sagen, dass wir oft der Versuchung erliegen, das Konkrete mit übermäßiger Besonderheit zu verwechseln und Universalität mit abstrakter Verallgemeinerung. Die Frage hier ist folgende: Wie gelangen wir zu einem echten Wachstum des Bewusstseins, zu einer persönlichen Synthese, die spontan unser ganzes Leben formt und sich in einen neuen Lebensstil übersetzt, der diese Synthese zum Ausdruck bringt?

Es stellen sich jetzt natürlich Fragen zur Methode: Wie kann man aus einer gegebenen Perspektive dazu kommen, einen anderen Blickpunkt zu verstehen? Konflikte, die die Loyalität und die Verpflichtung gegenüber den eigenen Glaubensüberzeugungen betreffen, müssen gelöst werden, wenn wirkliche Assimilation, ohne Verzerrung oder Hinzufügung, stattfinden soll. Das ist eine gewaltige Aufgabe. Wie dem auch sei, die erste zu bewältigende Etappe besteht darin, unsere eigene Tradition so gut wie möglich kennenzulernen, Empathie und Verständnis zu entwickeln, sich bewusst zu sein, dass die Entdeckung einer anderen Religion zugleich bedeutet, unsere eigene zu vertiefen und zu reinigen, und dass das Hineingehen in eine andere Tradition uns nur bereichern kann. In diesem Geist möchte der Inhalt dieser Studie gelesen werden.

BAND VII – HINDUISMUS UND CHRISTENTUM

Dieser Band schließt an den Band über *Kulturen und Religionen im Dialog* an, aber er konzentriert sich insbesondere auf den Dialog zwischen den beiden Religionen, zu denen der Autor durch seine Geburt gehört und denen er sein ganzes Leben lang treu war: Er hat sich stets zutiefst als Christ und zugleich authentisch als Hindu gefühlt.

Das Thema der Begegnung zwischen diesen beiden religiösen Traditionen wurde im Artikel *In Christ There Is Neither Hindu nor Christian / In Cristo non c'è cristiano né gentile*[34] entwickelt, der sich gut eignet, diesen Band zu eröffnen.

Das Thema ist Teil der viel breiteren Frage der Begegnung zwischen Kulturen und Religionen. Es behandelt die Problematik der gegenwärtigen Menschheit. Wir sehen uns heute gezwungen, in einem modernen Babel, mit seinem Gemisch an Rassen, Kulturen und Religionen zu leben, das manchmal so chaotisch ist, dass unsere Identität sich nicht nur innerhalb unseres eigenen ethnischen, politischen oder religiösen Kontexts gestalten muss, sondern auch vor dem Hintergrund anderer lebendiger Traditionen der Menschheit. Das Thema kurz zusammenzufassen, ist schwierig. Es muss gelebt werden, und die Früchte der Begegnung werden zu ihrer eigenen Zeit reifen. Der Glaube, dass wir Herren über Raum und Zeit sind, und dass deshalb der menschliche Rhythmus nach Belieben beschleunigt werden kann wie ein Stück Materie, ist eine der schädlichsten Ideen, die Frucht einer bestimmten wissenschaftlichen Weltanschauung. Wie dem auch sei, wir beanspruchen nicht, die vielen Dimensionen des hinduistisch-christlichen Dialogs erschöpfend zu behandeln. Es ist ein Dialog, der immer noch Form annimmt und der keinem anderen Gesetz gehorcht als dem des Geistes.

Christen sind heute mit der unvermeidlichen Frage konfrontiert: „Kann ich ein authentischer Christ sein?" Das heißt, kann ich die Tiefe und Fülle der christlichen Botschaft leben und zur gleichen Zeit in mir anderen Religionen Raum geben, ohne ihnen eine zweitrangige Rolle zuzuteilen? Ist es

---

34 Der Artikel erschien in englischer Sprache unter dem Titel *In Christ There Is Neither Hindu nor Christian: Perspectives on Hindu-Christian Dialogue*. In: C. Wei-hsun Fu/G.E. Spiegler (ed.), Religious Issues and Interreligious Dialogues, New York 1989, 475–490.

möglich, ein „wahrer" Christ zu sein, ohne exklusivistisch oder fanatisch zu sein? Oder ist die einzige Alternative, ein lauwarmer Christ zu sein und ein verwässertes Christentum zu bekennen? Ist wahres Christentum notwendigerweise intolerant? Bedeutet das wiederum, dass Wahrheit, oder der Glaube an Wahrheit, zu Intoleranz führt? Könnte Wahrheit selbst nicht pluralistisch sein?

Ein volles christliches Leben ist heutzutage nicht möglich, solange eine Gleichgültigkeit oder auch nur eine negative Toleranz anderen Religionen gegenüber besteht. Das Gebot, unseren Nächsten zu lieben, bedeutet, dass wir unseren Nächsten kennen müssen, und wir können ihn nicht kennen, ohne seine Religiosität zu teilen. Diese Teilnahme an den religiösen Glaubensüberzeugungen unseres Nächsten wird für uns eine Gelegenheit, unsere eigenen Glazubensüberzeugungen zu hinterfragen. Der Glaube unseres Nächsten ist Teil unserer eigenen religiösen Entwicklung. Wenn wir nicht in irgendeiner Weise imstande sind, die religiösen Erfahrungen unserer Geschwister zu leben, können wir nicht vorgeben, ihren Glauben zu verstehen, und noch weniger uns vermessen, über diesen ein Urteil zu fällen.

Das neue Problem

Vom Beginn der Neuzeit bis zur Mitte des 20. Jahrhunderts, während der Europäischen Periode der Weltgeschichte (das Zeitalter des Kolonialismus), waren die meisten Christen überzeugt, dass sie im alleinigen Besitz der Wahrheit sind. Das Christentum, so nahm man an, enthalte die Wahrheit, sei die einzig wahre Religion und deshalb der einzige Weg zum Heil. Andere Religionen wurden entweder als Werk des Teufels oder als bloß verschleiertes, trübes Streben der menschlichen Natur angesehen, das auf sich allein gestellt unfähig ist, das übernatürliche Ziel des Menschen zu erreichen. Sie wurden höchstens als Ausdrucksformen der ewigen menschlichen Suche nach Gott verstanden und nicht als rettendes Herabkommen Gottes selbst zu den Menschen. Sehr wohl waren sich Christen bewusst, einer so hohen Bestimmung nicht „würdig" zu sein, die sie als „Gnade" oder „Berufung" bezeichneten, aber die christliche Botschaft wurde als die einzige angesehen, die rettende Macht besitzt. Um Ausschließlichkeit und Ungerechtigkeit zu vermeiden, bemühten sich Theologen, gewisse notwendige und klärende Unterscheidungen einzuführen wie diejenigen zwischen der Kirche und dem Reich Gottes, zwischen starrsinniger Ignoranz und einem *bona fide* Irrtum, zwischen den sichtbaren und anonymen Mitgliedern der Kirche, zwischen Offenbarung und Religion. Aber das Prinzip blieb, mehr oder weniger ausdrücklich, das gleiche: *extra ecclesiam nulla salus* („außerhalb der Kirche gibt es kein Heil"). Aber was war die Kirche? Offensichtlich war die Kirche „wir", obwohl man verschiedene Grade der Zugehörigkeit zur Kirche anerkannte. *„Quicumque vult salvus esse ..."* – *„Wer das Heil will, muss zuallererst den katholischen Glauben bekennen"*, beginnt der berühmte, dem Hl. Athanasius zugeschriebene Hymnus, der im römischen Brevier bis zum II. Vatikanischen Konzil beibehalten wurde.

Nach dem 2. Weltkrieg, als Europa und die Vereinigten Staaten zu realisieren begannen, dass sie nicht länger die Herren der Welt sein konnten, und als um sie herum neue unabhängige Staaten entstanden, veränderte sich langsam dieses Gefühl der Selbstgenügsamkeit auf Seiten der Christen. Hier haben wir ein interessantes Beispiel für die Verbindung von Theorie und Praxis. Die neue historische Weltlage brachte eine neue theologische Reflexion hervor. Christen suchen heute nach einer Identität, die ihre Tradition nicht verrät und doch der neuen Wahrnehmung der Fakten Rechnung trägt.

Das Zweite Vatikanische Konzil kann als ein Meilenstein dieser Veränderung angesehen werden. Das Zeitalter des Kolonialismus war vorbei, zumindest theoretisch und politisch, wenn auch nicht ökonomisch und technologisch. Im Herzen der kolonialistischen Haltung ist ein radikaler Monismus, er erlaubt nur *eine* kulturelle Form, *eine* Zivilisation (die anderen sind entweder barbarisch oder schlicht rückständig), *eine* Welt (natürlich gemäß *unserem* Begriff von „Welt" und „Einheit" verstanden), und *eine* Religion. Ein Gott, eine Kirche, ein Reich ist das Ideal, wenn man auch in der Praxis von der Notwendigkeit sprach, aufgeschlossen zu sein und Raum für „akzidentielle Unterschiede" zu lassen. In christlicher Sichtweise bestand das Ideal in einer völligen Christianisierung der Welt: ein Hirte, eine Herde.[35] Das Aufgeben dieser Überzeugung zog eine entsprechende Veränderung im christlichen Glauben und Selbstverständnis nach sich. Heute befinden wir uns inmitten einer schmerzhaften *metanoia*, einer Bewusstseinsmutation. Es ist nicht verwunderlich, dass viele von dieser Zeit als einer Krisenzeit sprechen. Bloß palliative Mittel sind hier nutzlos. Es ist nicht zu leugnen, dass sowohl die Theologie als auch der *consensus fidelium* der letzten christlichen Jahrhunderte auf der unbestrittenen Überlegenheit des Christentums gegründet waren – eine Perspektive, die verständlich ist, wenn man gewisse Prämissen des historischen Monotheismus betrachtet. Wenn es nur einen Gott gibt und eine Geschichte, und dieser Gott sich in der Geschichte geoffenbart hat, ja sogar Mensch geworden ist, ist der christliche Absolutheitsanspruch eine unvermeidbare Konsequenz.

---

35 Vgl. Joh 10,16.

Eine oft übersehene methodologische Beobachtung

Es ist ungerecht, die Beziehung zwischen Hinduismus und Christentum einseitig darzustellen. Wenn der christliche Blickpunkt für die Begegnung wichtig und entscheidend ist, so ist es auch der des Hindu. Letzterer muss in derselben Weise ernstgenommen werden wie der erstere. Wenn das Christentum sich verändert hat, so auch der Hinduismus. Wenn das Christentum über die Bedeutung und den Wert anderer Religionen nachgedacht hat, hat der Hinduismus ebenso mit dieser Frage gerungen. Der Hinduismus hat sich, im Gegensatz zum Christentum, tatsächlich nie als die einzig wahre Religion betrachtet und seine Bestimmung darin gesehen, die Religion der Welt zu sein. Generell hatte der Hinduismus nie eine direkte missionarische Ausrichtung gehabt.

Das Wort „Hinduismus" selbst kann irreführend sein. Der Begriff wurde ursprünglich nur eingeführt, um den größeren Teil der indischen Traditionen von Islam und Christentum zu unterscheiden; er entstand als Reaktion und durch Vergleich. Andererseits hat ihm diese Bezeichnung eine gewisse Einheit verliehen. Der Hinduismus stellt in Wirklichkeit ein Konglomerat der vielen autochthonen Traditionen Indiens dar. Wenn wir eine Definition des Hinduismus geben müssten, könnten wir sagen, dass er mehr eine Existenz als eine Essenz ist, mehr eine Wirklichkeit „hier unten" als eine Idealwelt oder ein Korpus von Lehren. Ein Atheist, ein Theist, ein Monotheist, ein Dualist, ein Animist und ein A-dualist können sich in der Tat in gleicher Weise als „perfekte" Hindus sehen. Der Hinduismus hat kein wirkliches Hauptdogma, obwohl wir einige gemeinsame Merkmale entdecken können, einige zentrale spirituelle Elemente, wie die Idee von *karman*, die Vielgestaltigkeit und Vielheit des Göttlichen, die hierarchische Struktur der Wirklichkeit nicht nur in der objektiven Sphäre, sondern auch in der subjektiven, und so fort. Für den Hinduismus gibt es mehrere Wahrheiten – Stufen der Wahrheit – aber Wirklichkeit gibt es nur eine: *ekam evādvitīyam*.[36] Im Gegensatz dazu glaubt die westliche Christenheit, dass die Wahrheit eine ist und nur eine sein kann, lässt aber andererseits Raum für verschiedene Stufen der Wirklichkeit. Sie gleichen sich gegenseitig aus.

Wie dem auch sei, im Vergleich mit positiven, genau definierten Religionen wie das Christentum beschreibt sich der Hinduismus gewöhnlich selbst als *sanātana dharma*, die ewige Ordnung der Dinge. Er sieht sich als Ausdruck der fundamentalen Erfahrung des Menschen, das heißt als ursprüngliche Religiosität, die eine besondere Form in Indien angenommen hat, aber in anderen Völkern und Kulturen andere Formen annehmen kann.

36 „Eines ohne ein Zweites", vedāntische Formel für die nicht-duale Wirklichkeit (Anm. d. Hg.).

Dieser immerwährende *dharma* ist seinem Wesen nach transkulturell und transtemporal und kann in so viele kulturelle und religiöse Formen fließen, wie ihn aufnehmen wollen. Das Selbstverständnis des Hinduismus entspringt aus völlig anderen Voraussetzungen als das Christentum; man kann sie nicht in vereinfachender Weise vergleichen. Die Art, wie sich der Hinduismus im Verhältnis zu anderen Religionen selbst versteht, findet kein direktes Äquivalent in den christlichen Anschauungen.

Der Hinduismus sieht sich gegenüber anderen Religionen nicht als Gegensatz oder Konkurrent. Streng genommen besitzt er kaum ein historisches Bewusstsein. Man kann daher nicht von einer „historischen Mission" im christlichen Sinn sprechen. Zum Beispiel würde ein traditioneller Hindu, der im Westen lebt, auch gerne als guter Christ angesehen werden, allein wegen der Tatsache, dass er ein wahrer Hindu ist. Er würde danach streben, so christlich zu sein, wie es ein westlicher Mensch nur sein könnte, ohne jemals aufgehört zu haben, ein wahrer Hindu zu sein. „Hindu" zu sein heißt einfach, religiös zu sein, und hat seinen Ursprung und sein Prinzip in der konkreten, existentiellen Situation, in der wir Menschen leben. Die Unkenntnis dieses Aspekts des Hinduismus hat für viele Missverständnisse und erhebliche Spannungen gesorgt, die andernfalls hätten vermieden werden können. Zum Beispiel würden typische Christen sich spontan weigern, an den religiösen Zeremonien eines Hindutempels teilzunehmen. Es würde sich als ein Verrat an ihrer Religion anfühlen. Im Gegensatz dazu würden typische Hindus instinktiv an der christlichen Liturgie teilnehmen wollen, wenn sie dazu die Gelegenheit hätten. Nicht so zu handeln, würde ihnen nicht nur als beleidigend ihren Gastgebern gegenüber erscheinen, sondern auch als ein Verrat an ihrer eigenen Religiosität. Was heilig ist, ist heilig, egal wo und in welcher Form, und Hindus wollen daran teilnehmen eben aufgrund ihres Hinduismus. Es ist nur in letzter Zeit, dass ein gewisser Geist des Exklusivismus auch in Indien aufgekommen ist, vor allem als eine Reaktion auf muslimische und christliche Haltungen.

Traditionelle Hindus fanden sich mit einer völlig anderen Religionsauffassung konfrontiert, die aus dem Christentum und Islam kam. Sie wurden *kafir* genannt, oder Heiden, Ungläubige, und sie sollten sich bekehren. Das „hinduistische" Bewusstsein entstand aus dieser Konfrontation heraus. So begann der Hinduismus, seine Identität auf Unterscheidung zu gründen und sein Selbstverständnis zu formen als eine Art der Selbstverteidigung. Auf die Behauptung der beiden abrahamitischen Religionen, sie seinen schlicht die *eine* universale Religion, antwortet der Hinduismus seinerseits, dass er die weiteste und tiefgründigste Religion der Welt sei: Die tiefgründigste, weil keine andere Tradition sich einer solch tiefen mystischen Erfahrung rühmen kann; die weiteste, weil im Hinduismus per Definition alle Weltreligionen integriert und enthalten seien. Wenn das Christentum beansprucht, die Wahrheit der Religion zu sein, so beansprucht der Hinduismus, die Religion der Wahrheit zu sein. Wenn man die Beziehung zwischen Hinduismus und Christentum diskutiert, heißt das, dass man mit anderen Annahmen beginnt, als wenn man die Beziehung zwischen Christentum und Hinduismus diskutiert. Wenn man nicht diesen doppelten Bezug berücksichtigt, entstehen viele Missverständnisse, wie die Geschichte gezeigt hat. Eine authentische Theologie, auch wenn sie nie aufhört, theoretische Reflexion zu sein, muss immer praktisch sein.

Christentum und Hinduismus

Für eine klare Sicht der Beziehung zwischen Christentum und anderen Religionen müssen mindestens drei Bedingungen erfüllt sein:
  a) Wir müssen der christlichen Tradition gegenüber loyal bleiben. Das ist die theologische Frage.
  b) Wir dürfen anderen Traditionen keine Gewalt antun; sie müssen ihrem eigenen Selbstverständnis gemäß interpretiert werden. Das ist die hermeneutische Frage.
  c) Wir dürfen uns nicht einer kritischen Prüfung der gegenwärtigen Kultur entziehen. Das ist die philosophische Problematik.

a) Die theologische Frage

Zuerst müssen wir vorausschicken, dass Traditionen nicht einfach eine mechanische Wiederholung dessen sind, was gewesen ist, sondern die lebendige Übermittlung (*tradere:* übergeben, übermitteln) der kristallisierten Erfahrung des Geschehenen. Tradition bedeutet nicht Stagnation, sondern Fortführung und Wachstum. Bei Tradition muss man nicht notwendigerweise an die Besessenheit eines Antiquitätenhändlers für alte Kunstgegenstände denken. Wir sprechen nur von Tradition oder Übermittlung, wenn auch tatsächlich etwas gegeben, übermittelt, kommuniziert, und nicht bloß aufbewahrt wird. Mit dem Wechsel der Generationen verändert sich die Mentalität der Empfänger der Tradition, wie auch ihre Fähigkeit zu empfangen. Um Kontinuität aufrechtzuerhalten, muss daher auch das, was übermittelt wird, sich verändern. Wenn der Mensch und seine Vorstellung von sich und seiner Wirklichkeit ständig wachsen und sich verändern, muss auch das, was die Tradition vermittelt, wachsen und sich erweitern, um der Tradition selbst treu zu bleiben.

In diesem Licht muss auch der christliche Anspruch auf Überlegenheit „neu übermittelt" werden; den vielfachen Veränderungen, die zum gewandelten aktuellen Bewusstsein geführt haben, muss gebührend Rechnung getragen werden, wie auch den Gründen, welche die vorhergehende Mentalität des Exklusivismus geformt hatten.

Der Anspruch des Christentums, dass Christus der *Pantokratôr* sei, durch den und für den alle Dinge gemacht wurden, der Alpha und Omega ist, Beginn und Ende des Universums, der Erstgeborene der Schöpfung, der universale Erlöser und einzige Retter, ist immer noch wahr. Aber der rechte Kontext dieser Behauptungen muss überprüft werden.

Christen müssen nicht die Wahrheitsbehauptung ihres Glaubens aufgeben. Diese Behauptung spricht von Christus als dem Symbol *par excellence* des neuen Lebens, dem Schöpfer und Erlöser aller Wirklichkeit. Durch Christus sind alle Dinge verwandelt und göttlich gemacht worden. Aber das bedeutet nicht, dass Christen das Monopol auf Christus haben, oder dass ihr Wissen über ihn seine ganze Wirklichkeit erschöpft. Wer ist dieser Christus? Wie und wo handelt er? Dies ist weiterhin ein Geheimnis, sogar für Christen, auch wenn sie beanspruchen mögen, einige seiner Eigenschaften inniger zu kennen – seine Geschichtlichkeit, zum Beispiel. Aber es besteht kein Widerspruch in der Behauptung, dass andere Kulturen und Religionen sich anderer Dimensionen und Aspekte dieses Mysteriums bewusst sind, das die Christen Christus nennen.

In christlicher Sprache, welche nicht die des Hindu ist (und es besteht kein Anlass, warum dies so sein soll), ist Christus im Hinduismus wirksam und gegenwärtig, wenn auch verborgen und unbekannt. Was dem Hinduismus seine rettende Macht verleiht, ist eben das, was die Christen Christus nennen, auch wenn es im Hinduismus andere Namen haben kann und in anderen Formen ausgedrückt wird. An diesem Punkt sollten wir jedoch zwei Bemerkungen machen.

Erstens, das gilt in gleicher Weise für das Christentum: Christus ist tatsächlich wirksam und gegenwärtig, aber auch verborgen und unbekannt im Christentum selbst. Wie und wo er auf Menschen – und auf Christen – einwirkt, gehört ins Reich des Mysteriums. In welcher Gestalt und wann er gefunden wird, ist auch außerhalb unserer Kenntnis. Das Mysterium ist ein allgemeines. „Herr, wann haben wir dich hungrig gesehen und haben dich gespeist, oder durstig und dir zu essen gegeben, als einen Fremden und dich aufgenommen, oder nackt und haben dich bekleidet?"[37]

Zweitens, die Tatsache, dass dem, was wir hier Mysterium genannt haben, verschiedene Namen gegeben werden, bedeutet nicht, dass da ein „Ding an sich" existiert, das Mysterium, und dass diesem „Objekt" dann verschiedene Namen gegeben werden. Der Name ist ein lebendiges Wort, ein Symbol der Sache selbst. Das Wort als Symbol offenbart (*re-veals*) und verhüllt (*veils*) zugleich das, wovon es spricht.

---

37 Vgl. Mt 25,37–38.44.

Obwohl Christen Christus nicht mit anderen Namen rufen können, so bleiben ihnen doch andere Aspekte oder Dimensionen unbekannt, die nicht durch den Namen Christi gedeckt sind, auch wenn sie mit ihm verbunden sind. Ein Pluralismus an Namen würde genau auf die multidimensionale Natur der „Sache" hinweisen und die Unmöglichkeit, sie von der Person, die sie kontempliert, loszulösen oder zu abstrahieren. Nur im Geist können wir wahrhaft den rettenden Namen aussprechen.[38]

Aus dieser Perspektive heraus gibt es mindestens drei mögliche Wege, das christliche Faktum zu interpretieren.

1. Das Christentum ist die absolute Religion. Die anderen sind entweder gar keine Religionen oder nur auf dem Weg, eine zu werden. Man könnte auch sagen, das Christentum ist keine Religion, sondern reiner Glaube, oder eine Meta-Religion. Das Christentum stellt für den menschlichen Verstand den Skandal der souveränen Freiheit Gottes dar. Jeder Versuch der Rationalisierung ist Blasphemie. Dies wäre die konservative und ahistorische Erklärung der aktuellen Situation.

2. Das Christentum ist eine Religion unter vielen. Es ist eine wahre und authentische Religion, aber kann keinerlei Recht auf Exklusivität beanspruchen. Es ist durch Kultur und Zeit konditioniert. Das Christentum ist weiterhin für seine Gläubigen reine Wahrheit, aber es ist Teil des breiteren Rahmens der Universalgeschichte. Vor Christus gab es keine Christenheit, und wir dürfen es nicht aus der Sphäre derer, die sich explizit Christen nennen, herausnehmen. Das ist die kulturkritische Erklärung der aktuellen Situation.

3. Das Christentum ist gewiss eine wahre Religion. Es verweist auf ein Mysterium, das Christen nur mit dem identifizieren können, den sie als Christus kennen, aber Christus ist gegenwärtig in allen authentischen Religionen in einer Weise, die ihnen eigentümlich ist. In diesem Sinn sind alle wahren Religionen durch eine Art *perichôrêsis* miteinander verbunden. Das Christentum ist eine Manifestation dieses Mysteriums. Aus dieser Perspektive können und sollen wir bekennen, dass das Christentum eine Offenbarung des Mysteriums ist, aber wir können nicht genau wissen, ob es nicht auch andere Manifestationen gibt. Dies ist die mystische oder metahistorische Erklärung der jetzigen Situation, und auch ein großer Bestandteil der gegenwärtigen theologischen Reflexion.

Die erste Bedingung ist also, dass jedwede Reflexion, die sich christlich nennt, das christliche Selbstverständnis berücksichtigen und mögliche Veränderungen im christlichen Selbstverständnis kritisch anerkennen muss. Diese erste Voraussetzung wirft einige theologische Probleme auf.

---

38 Vgl. 1. Kor 12,3.

b) Die hermeneutische Frage

Die zweite Bedingung betrifft die hermeneutische Frage, das heißt, die ausgewogene wissenschaftlich-religiöse Interpretation der verschiedenen menschlichen Traditionen und, in unserem Fall, des Hinduismus.

Darüber hinaus kann eine authentische Beziehung zwischen Christentum und Hinduismus nicht auf einer Karikatur oder einer unzureichenden Interpretation gründen. Guter Wille ist notwendig, aber nicht hinreichend. Es braucht eine intime Kenntnis der Natur des Hinduismus, eine Kenntnis, die die Frucht einer persönlichen Sympathie und der eigenen Erfahrung ist. Auch hier ist Sympathie notwendig, aber nicht hinreichend. Viele religiöse Bewegungen heute zeigen eine große Sympathie und Zuneigung anderen Traditionen gegenüber. Das ist wichtig und positiv, aber es stiftet auch Verwirrung, wenn diese Sympathie ohne einen kritischen Geist empfunden wird und nicht mit Wissen und Erfahrung einhergeht.

Die eigene Erfahrung ist unerlässlich. Religionen sind nicht rein objektivierbar. Sie sind keine wissenschaftlichen „Fakten". Eine Religion kann man nicht kennen, wie man ein physikalisches Gesetz kennt. Menschen verhalten sich nicht wie Elemente in einer chemischen Reaktion.

Die heutige Religionswissenschaft bemüht sich darum, Kategorien auszuarbeiten, die für dieses Wissen Raum lassen. Wenn wir uns anderen menschlichen Traditionen mit Kategorien nähern, die ihnen fremd sind, werden wir sie nie verstehen können. Das heißt nicht, dass wir nicht von außen an sie herangehen und sie über Dinge befragen können, die uns als relevant erscheinen mögen. Das muss in der Tat auch getan werden. Aber, damit die Frage zuerst einmal verständlich und dann beantwortbar wird, muss sie der intellektuellen und spirituellen Welt der Person, an die die Frage gerichtet ist, angepasst werden. Die Frage, ob die *Brandenburger Konzerte* gelb oder grün sind, ergibt keinen Sinn. Zu fragen, ob der Hinduismus einen Mittler hat, ohne zuerst zu überprüfen, ob er überhaupt einen benötigt, ist gleichbedeutend mit der Frage, ob das Christentum den allen Dingen innewohnenden *dharma* anerkennt, ohne nach der homöomorphen Entsprechung in der christlichen Sprache zu suchen.

Wenn wir beispielsweise fragen, ob es im Hinduismus einen „Gott" im Sinne des jüdischen YHWH gibt, wird der Hinduismus keine zufriedenstellende Antwort geben können. Das ist nicht seine „Frage", das Problem wird anders gesehen. In gleicher Weise werden wir nicht imstande sein, die Frage zu beantworten, ob die Idee des *karman* im Christentum vorkommt. Konzepte können nicht von ihrer eigenen Vorstellungswelt abstrahiert werden. Jedes Konzept ist nur in dem Kontext gültig, in dem es ersonnen worden ist. Wenn wir extrapolieren wollen, muss dieses Vorgehen gerechtfertigt sein. Die Idee Gottes, wie des *karman*, ist engstens mit einer bestimmten Gesamtvorstellung der Wirklichkeit verwoben. Um es anders auszudrücken: Bei vielen Menschen existiert immer noch ein gewisser linguistischer Imperialismus. Der besteht in dem Glauben, dass Monolinguismus ein hinreichender Ausgangspunkt sei, um das menschliche Phänomen zu verstehen. Das ist so, weil sie zutiefst davon überzeugt sind, dass alles übersetzt werden kann, und sie, durch ihr monolinguales Fenster, das ganze Panorama der menschlichen Erfahrung betrachten könnten. Es stimmt, man kann mit Englischkenntnissen alle teuren Hotels in der Welt aufsuchen und sich zuhause fühlen, aber man wird nie das Leben der einfachen Menschen teilen. In gleicher Weise kann man nicht in der Welt der Religionen reisen, wenn man nur die Kenntnis christlicher Vorstellungen mit sich führt. Es gibt immer noch viel theologischen und philosophischen Tourismus. Ein Beispiel dafür wäre ein Mensch, der redet, als wüsste er oder sie alles über den Hinduismus, nachdem er einige Bücher von mehr oder weniger verwestlichten Autoren darüber gelesen hat. Jede menschliche Tradition muss erlernt werden, so wie ein Kind zuerst die Sprache seiner Umgebung lernt: Nicht, indem es die Worte einer Sprache mit einer anderen vergleicht, die es schon kennt, sondern indem es jedes neue Wort in seinem eigenen Kontext lernt, dessen besondere Bedeutung schmeckt und dessen Kraft in der lebendigen Erfahrungswirklichkeit fühlt.

Das führt uns zu wahrer Kommunikation (die immer eine *communicatio in sacris* ist) und befreit uns von der Illusion, dass wir lehren können, ohne vorher gelernt zu haben. Lernen heißt, ein Schüler zu werden und nicht ein Meister; darüber hinaus bedeutet es, zu der Welt dessen, was man erlernt hat, bekehrt zu werden.

Auf diese Weise erhalten wir eine wahrhafte und eigentliche Religionsphänomenologie, wenn es uns gelingt, das Husserlsche *noema* in ein *pisteuma* (wie ich mir die Freiheit nehme, es zu nennen) zu verwandeln. In anderen Worten, der Glaube des Gläubigen ist selbst ein integraler Bestandteil des religiösen Phänomens. Wenn ich nicht dazu gelange, das *pisteuma*, den Glauben des Gläubigen, zu teilen, so bleibt mir nur ein rein objektives *noema*, und ich werde nicht wirklich das Phänomen beschrieben haben. Ich kann den anderen nicht verstehen, wenn ich nicht glaube, dass er oder sie in einem gewissen Sinn auch im Besitz der Wahrheit ist. Allein die Wahrheit ist intelligibel.

Nur wenn wir tief in das Studium und die Praxis der Religionen eintauchen, können wir einander verstehen, und nur dann ist wechselseitige Befruchtung möglich.

Um es kurz zu machen, werde ich mich auf die Formulierung folgender zwei Thesen beschränken:

1. Es gibt keine christliche Lehre, die man nicht mehr oder weniger auch im Hinduismus finden kann. Die Trinität, die Inkarnation, Nächsten-

liebe, die Auferstehung – all das lässt sich in indischer Weisheit finden. Wir sprechen von Lehren, denn Tatsachen als solche sind einzigartig, im Hinduismus wie im Christentum. Wir sprechen auch von homöomorphen Äquivalenten, nicht von Analogien ersten Grades. Religionen sind keine Eins-zu-eins-Kopien von einander. Nur wenn sie von außen gesehen werden, scheinen sie sich alle zu gleichen, wie die Gesichter von Japanern für Europäer. Von innen gesehen sind sie alle einzigartig (und deshalb einzigartig in der Einheit), gerade so wie für eine Mutter ihre beiden Kinder, selbst wenn es Zwillinge sind, einzigartig sind. Religionen sind wie Sprachen, sie klingen alle wie unvernünftiges Kauderwelsch, wenn wir sie nicht kennen. Wenn wir jedoch beginnen, mehr als eine Sprache zu lernen, sehen wir ihre Eigenheiten und verstehen, wie jede ihren eigenen individuellen Saft oder ihre Essenz besitzt, während die Wahrnehmung ihrer Ähnlichkeiten und Analogien zunimmt.

2. Es gibt keine allgemeine hinduistische Lehre, die man nicht in einer christlichen Weise interpretieren kann. Alle Lehren, von der Lehre des *karman* bis zu der des sogenannten Polytheismus, können innerhalb des christlichen Kontextes verstanden werden. Darüber hinaus wird die Entdeckung legitimer christlicher Interpretationen hinduistischer Lehren dazu dienen, das christliche Denken zu vertiefen und zu klären. Die Aufgabe dieser kreativen Hermeneutik wird nicht immer leicht sein, sondern sie wird von der gegenseitigen Empathie abhängig sein, und vom Grad, bis zu dem der Interpret in die Tradition, die er interpretieren will, eingetreten und von ihr bekehrt worden ist. Nur daraus wird die mögliche Befruchtung zwischen den beiden Traditionen entstehen, eine Befruchtung, die sie von der Gefahr des Erstickens befreit. Hoffen wir, dass die Zeiten vorbei sind, als einerseits die tiefgründige Botschaft der Bergpredigt mit dem brutalen Kastensystem und der sozialen Ungerechtigkeit Indiens kontrastiert wurde, der auf der anderen Seite die tiefgründigen Lehren der Upaniṣaden dem Horror christlicher Kriege und der Inquisition gegenübergestellt wurden. In allen Religionen finden wir Licht wie Schatten.

In dieser Hinsicht ist es ein Gebot der Stunde für das religiöse Leben der Menschheit, dass Religionen sich begegnen, sich kennenlernen und, wenn möglich, zu einer wechselseitigen Befruchtung gelangen. Die Begegnung der Religionen ist nicht bloß eine Sache von Akademikern oder einiger „Enthusiasten", sondern ist eine Notwendigkeit für das religiöse Leben des reifen Menschen von heute geworden.

Hier könnte ich meine alte These wiederholen, die durch historische Erfahrung belegt ist, dass heute keine Religion sich selbst genügt, und dass jede eines externen Impulses bedarf, um ihr zu helfen, in ihren eigenen Kern einzutauchen und sich den gegenwärtigen Notwendigkeiten anzupassen. Der Dialog der Religionen ist nicht ein peripheres Problem. Er rührt zunehmend am Kern der theologischen Reflexion und des religiösen Lebens. Um nur von der christlichen Theologie zu sprechen: Sie wird ihre Wiedergeburt nur finden, wenn sie sich der Welt anderer Religionen öffnet, wie sie es bereits langsam tut. Mein Vorschlag für das Christentum ist, dass es ein zweites Konzil von Jerusalem in die Wege leitet, nicht bloß ein Vatikanum III (oder ein Chicago I). Das zentrale Problem besteht nicht in den internen Fragen westlicher Christen, sondern in der christlichen Identität angesichts einer globalen und multireligiösen Welt. Will das Christentum eine exklusive Angelegenheit der abrahamitischen Weltanschauung sein, oder will es sich zu einer wirklichen „Katholizität" öffnen? Wenn ja, um welchen Preis?

Wir könnten die hermeneutische Frage mit der folgenden Behauptung zusammenfassen: Die korrekte Interpretation einer anderen Religion erfordert es, dass die Interpreten von der Wahrheit dieser Religion (von der der Gläubige das Wasser des Lebens schöpft) überzeugt sind und daher eine gewisse Bekehrung durchmachen.

c) Die philosophische Frage

Die Beziehung zwischen Christentum und anderen Religionen ist ein Problem der religiösen Anthropologie, das heißt, wie Menschen sich selbst innerhalb eines spezifischen religiösen Kontexts (Christentum) in Bezug auf andere Menschen aus verschiedenen religiösen Universen sehen. Um diese gewaltige Frage zu vereinfachen, wollen wir uns auf einen der dornigsten Streitpunkte beschränken, der oben zur Sprache kam, nämlich die traditionelle christliche Überzeugung, die einzige Religion zu sein, die der Menschheit Heil bringen kann. Die Behauptung, dass das Christentum die „eine wahre Religion" sei, muss nicht nur theologisch, sondern auch philosophisch einer Prüfung unterzogen werden, ungeachtet der Feinheit der Unterscheidung.

Die Wahrheit einer Religion impliziert nicht die Falschheit der anderen. Jede Behauptung ist durch ihren Kontext qualifiziert, der den Raum oder das Umfeld bietet, in dem die Behauptung sinnvoll ist. Der Raum, in dem die „wahre Religion" als solche erscheint ist (1) historisch, (2) kulturell und (3) sprachlich begrenzt. Außerhalb dieses Raums macht die Behauptung keinen Sinn. Aber diese dreifache Unterscheidung ist künstlich, da alle drei Faktoren zugleich historisch, kulturell und sprachlich sind. Deshalb halten wir in dieser kurzen Darlegung nur aus heuristischen Gründen an ihr fest.

1. Jedes geschichtliche Ereignis ist ein solches, weil es in der Geschichte verortet ist. Des Weiteren kann jedes menschliche Ereignis geschichtlich verortet werden, aber dies stellt bereits eine gewisse Reduktion dar. Es gibt keinen Grund, warum jede menschliche Tatsache geschichtlich sein muss, außer man identifiziert menschlich gänzlich mit geschichtlich. Das christ-

liche Faktum wurde ohne jeden Zweifel von Anfang an als eine historische Tatsache verstanden, und die 2000 Jahre christlicher Religion sind geprägt und gründen auf der Geschichte, die ihnen Sinn gibt.

Hier sind zwei Bemerkungen bedeutend und sehr wichtig.

Die erste besteht in dem Umstand, dass Geschichte der Ur-Mythos *par excellence* des Christentums und jeder vornehmlich westlichen Kultur ist. Geschichte ist der Horizont, in dem die Wirklichkeit sich entfaltet: Eine historische Tatsache ist eine wirkliche Tatsache. Jesus ist historisch, weil er wirklich ist. Das heißt, er hat wirklich, historisch existiert. Aber die historische Welt ist nicht die einzige menschliche Welt. Es gibt Lebensweisen, ja sogar ganze Kulturen, die nicht in dem Maße den Mythos der Geschichte leben wie die westliche, christliche Welt. Die Konsequenz davon ist offensichtlich: Die Behauptung, dass das Christentum die wahre Religion ist, die einzige „historische" Religion, weil sie wirklichen (d.h. historischen) Tatsachen entspricht, die von Gott ebenso sehr wie von Menschen ausgeführt wurden – und Christen sind diejenigen, die diese (historische) Wirklichkeit bezeugen –, diese Behauptung verliert ihre Bedeutung, wenn sie aus dem historischen Rahmen genommen wird, dem sie entstammt. Wenn wir beispielsweise von der Beziehung zwischen Hinduismus und Christentum sprechen, ohne diesen unterschiedlichen Kontext zu berücksichtigen und ohne zu versuchen, eine gemeinsame Basis zu finden, so ist dieses Vorhaben zum Scheitern verurteilt, weil es methodologisch unzureichend ist.

Die zweite Bemerkung hat mit der Evolution des historischen Bewusstseins des Christentums zu tun – abgesehen von der Tatsache, dass das Christentum sich nicht ausschließlich mit einer einfachen historischen Tatsache identifizieren kann. Es gab eine Evolution in der konkreten Interpretation der „Wahrheit" des Christentums. Es will eine Wahrheit sein, die weder fanatisch noch exklusivistisch ist; es will die humanen und rettenden Faktoren außerhalb der christlichen Religion anerkennen; es will nicht nur andere Religionen achten und bewundern, sondern bemüht sich auch darum, deren Legitimität und wesentliche Rolle anzuerkennen, usw. Was gewöhnlich eintritt, ist, dass Christen nicht die geeigneten intellektuellen Werkzeuge haben, um eine solche Thematik in Angriff zu nehmen. Das ist zwangsweise so, denn nur ein gegenseitiger dialogischer Dialog mit anderen Religionen und deren Kenntnis sowie Bekehrung zu ihnen können geeignete Werkzeuge liefern, um mit dem Problem umzugehen.

2. Es gibt viele verschiedene Familien menschlicher Kulturen und Subkulturen, und wir können trotz all ihrer Ähnlichkeiten nicht *a priori* davon ausgehen, dass sie alle von demselben Code gesteuert werden. Das hat mich dazu geführt, eine neue Hermeneutik vorzuschlagen, welche ich als *diatopische Hermeneutik* bezeichnet habe (um sie von der morphologischen und der diachronischen zu unterscheiden), welche zum Ziel hat, Kulturen

und Traditionen, die keine gemeinsame kulturelle Quelle haben, thematisch zu studieren. Wir müssen uns vor Augen halten, dass menschliche Räume (*topoi*), und nicht nur menschliche Zeit (*chronos*) oder Formen (*morphai*) verschieden sind.

Nehmen wir als Beispiel, wobei wir innerhalb der Analyse des Christentums als der „einen wahren Religion" bleiben wollen, die Behauptung, dass, von einem typisch semitischen Denken her, die Wahrheit einer Aussage nur verstanden werden kann durch die Gegenüberstellung mit ihrer Negation. Nun, diese *forma mentis*, welche Intelligibilität mit dem Prinzip des Nichtwiderspruchs verbindet, ist sehr verschieden von der vornehmlich östlichen, welche auf dem Prinzip der Identität gründet. Dass zum Beispiel Gott Israel oder die Kirche erwählt habe, bedeutet eben, dass Gott Israel oder die Kirche (Prinzip der Identität) erwählt *hat*, aber nicht, dass er andere Völker oder eine andere Religion *nicht* erwählt hat (Prinzip des Nichtwiderspruchs). In diesem Sinn schließt die Behauptung, dass das Christentum die wahre Religion sei, nicht aus, dass andere Religionen auch wahr sein können.

Man muss gleichwohl zugeben, dass die Wahrheit sich selbst nicht widersprechen kann. Aber aus diesem Prinzip kann nicht abgeleitet werden, dass, wenn gesagt wird, dass Christus der einzige Heiland ist, *Kṛṣṇa* nicht ebenfalls ein solcher sein kann, denn es ist nicht klar, welche meta-historische Beziehung genau zwischen Christus und *Kṛṣṇa* bestehen mag. Man könnte der christlichen Behauptung widersprechen und ins Feld führen, dass Christus nicht der Heiland ist, und das Christentum uns nichts über *Kṛṣṇa* erzählt. Oder wir könnten vielleicht annehmen, dass es eine gewisse Verbindung zwischen den beiden geben könnte. Aber wir wollen diesen Gedankengang hier nicht weiter verfolgen.

3. Wenn wir uns in einer spezifischen Sprache ausdrücken, übernehmen wir automatisch die gesamte kulturelle und religiöse Welt dieser Sprache. Zum Beispiel, um bei unserem Thema zu bleiben, wie würde die Behauptung, dass das Christentum „die wahre Religion" ist, verstanden werden, wenn sie in klassischem Sanskrit ausgedrückt würde? Es ist auch in der christlichen Welt eine wohlbekannte Tatsache, dass das Wort „Religion" eine relativ neue Erfindung ist. Für den Hl. Thomas von Aquin war *religio* noch eine rein menschliche Tugend, obwohl bereits Augustinus jenes „heidnische" Wort gebrauchte, um das, was wir heute unter „Religion" verstehen, zu bezeichnen. In Indien wird „Religion" gewöhnlicherweise mit *dharma* übersetzt. Eine Behauptung über den „wahren" *dharma*, was auf Sanskrit wörtlich „real" („existent", „was *ist*": *satya*) bedeutet, bekommt dann jedoch eine völlig andere Bedeutung als sein Gegenstück im Deutschen (oder jeder anderen europäischen Sprache), und der Umstand, dass das Christentum einen Monopolanspruch darauf erheben wollte, würde

absurd klingen. Schlimmer noch, es wäre etwas, das das Christentum gar nicht sagen möchte. Gewiss, zwischen verschiedenen Diskurswelten können Brücken bestehen, aber es besteht keine Notwendigkeit, dass die Beziehungen nur biunivokal sind.

All das führt uns dazu, eine solche christliche Behauptung zu überdenken, ihre Grenzen zu sehen und zu versuchen, sie zu überwinden. Zugleich müssen wir ihren inakzeptablen Bestandteil (die Ausschließlichkeit) eingestehen, genauso wie den Teil anerkennen, der gültig bleibt (das Vertrauen, in der Wahrheit zu stehen).

Zusammenfassend sei gesagt, die Beziehung zwischen Hinduismus und Christentum kann nur im Kontext des religiösen Pluralismus verstanden werden. Jede Religion muss innerhalb ihrer eigenen Sphäre verstanden und beurteilt werden. Es gibt Diskussionen über Lehren zwischen verschiedenen Religionen in derselben Weise, wie es Diskussionen innerhalb der Traditionen selbst gibt. Zwei Lehraussagen, die einander auf derselben Ebene widersprechen, können nicht beide wahr sein. Thomas und Bonaventura können so inkompatibel sein wie Śankara und Rāmānuja. Die Inkompatibilität von Lehraussagen schließt die Wahrheit der jeweiligen Religion nicht aus.

Es gibt keinen Anlass für Christen, ihre Überzeugung, dass sie die wahre Religion haben, aufzugeben, wenn sie verstehen, dass sie all ihre Wahrheit in einem Christentum finden müssen, das offen und dynamisch ist. Das wird zu einem authentischen religiösen Dialog führen.

Es gibt keinen Anlass für Hindus, im Christentum eine Bedrohung zu sehen; ebenso sollten sich Christen vom Hinduismus nicht bedroht fühlen. Vielmehr sollte jeder im anderen einen Stimulus sehen, die eigenen Überzeugungen zu vertiefen.

Wenn ein Klima der Sympathie und eine Sehnsucht nach gegenseitigem Verständnis herrschen, kann ein fruchtbarer Dialog beginnen, der der wechselseitigen Bereicherung dient. Die Begegnung zwischen Religionen geschieht heute nicht mehr auf dem Pfad der Feindschaft oder des Wettbewerbs, sondern auf dem Pfad wechselseitiger Befruchtung. Vor ungefähr 30 Jahren habe ich den Ausdruck *ökumenische Ökumene* verwendet, um den Dialog der Religionen zu beschreiben. Das bedeutet, dass die Beziehung zwischen Religionen nicht mit der zweier Handelsunternehmen verglichen werden kann, die ihre Waren den gleichen Kunden verkaufen wollen. Auch kann sie nicht mit den diplomatischen Beziehungen zwischen zwei Weltmächten verglichen werden, welche gezwungenermaßen versuchen müssen, einander zu verstehen, um nicht die Welt zu zerstören. Religionen sind nicht in Konkurrenz zueinander, noch sind sie Feinde. Sie sind wie zwei Sprachen, die alles, was sie sagen wollen, in ihrer je eigenen Art sagen, oder wie zwei Lebensstile, die Teil des größeren Reichtums des menschlichen Lebens sind. Jeder Dialekt ist eine Sicht auf die Welt, eine Seins- und Existenzweise in der Welt, trotzdem ist jede nicht nur imstande, die anderen zu ergänzen, sondern auch zu kritisieren. Auf diese Weise sind alle fähig, sich zu verändern und zu verbessern.

Die Beziehung zwischen Christentum und Hinduismus könnte mit derjenigen zweier Liebender verglichen werden, die zwei verschiedene Sprachen sprechen. Sie lieben einander und haben durch ihre Liebe entdeckt, dass sie das gleiche Ziel haben und dasselbe ersehnen. Aber wenn einer versucht, mit dem anderen darüber zu sprechen, wird er oder sie nicht verstanden. Jeder muss zuerst die Sprache des anderen lernen. Es kann vorkommen, dass sie nicht dasselbe sagen, und gewiss werden sie nicht die gleiche „Sache" in der gleichen Weise sagen. Sie haben beide eine Einsicht in etwas, das beide zutiefst berührt, ohne es artikulieren zu können. Aber sie können einander lieben, einander helfen, sich einander im täglichen Leben finden, geduldig sein und beginnen, voneinander zu lernen.

Diese letzte Metapher verweist auf einen Aspekt, der in bestimmten Kreisen etwas vernachlässigt wird. Die Begegnung der Religionen hat eine unabdingbare mystische und auf Erfahrung beruhende Dimension. Ohne eine gewisse Erfahrung, die über das rein Verstandesmäßige hinausgeht, ohne ein gewisses mystisches Element im eigenen Leben kann man nicht hoffen, den Partikularismus der eigenen Religiosität zu überwinden, geschweige denn, ihn zu weiten und zu vertiefen, wenn man einer unterschiedlichen menschlichen Erfahrung begegnet.

Die Beziehung könnte man auch so formulieren: Statt zu fragen, was man dem anderen lehren und ihm bringen kann, lohnt es sich zu fragen, in welchem Maße das Christentum vom Hinduismus lernen kann, und umgekehrt.

Im Lichte unserer hier behandelten These sollten folgende Punkte beachtet werden:

a) Der Hinduismus kann vom Christentum lernen:

– die Strukturen der Welt ernster zu nehmen, damit generell das praktische, alltägliche Leben, und in besonderer Weise die Politik, auch ihre Bedeutung innerhalb des religiösen Lebens erlangen können. Im klassischen Hinduismus wurde diese Idee nicht derart entfaltet, weil die Situation eine andere war. Wir dürfen nicht der Versuchung erliegen, unsere gegenwärtigen Klischees von „Ganzheit" und „Integration" einer früheren Epoche aufzustülpen, die ihre eigenen Anforderungen und ihren eigenen *Sitz im Leben* hatte. Aber auch heute ist für viele Menschen in Indien das höchste Ideal im Leben der *saṃnyāsa*, die Entsagung, und folglich bleibt eine gewisse Dichotomie zwischen dem religiösen Leben und dem modernen säkularen Leben. Im Grunde genommen ist dies ein Beispiel für den negativen Einfluss der westlichen

113

Moderne auf das moderne Indien: Sie hat das spirituelle Gleichgewicht
in ganz ähnlicher Weise zerstört, wie Antibiotika das demographische;
- dass die menschliche soziale Ordnung auch von einer immanenten
und direkten Gerechtigkeit geleitet werden muss, und nicht nur nach
transzendentalen Kriterien, die auf der „langfristigen" Gerechtigkeit
zukünftiger Wiedergeburten gründet. Das bedeutet nicht, in einen wilden Individualismus zu fallen (welcher nichts lösen würde), sondern
es könnte bedeuten, dass jedes menschliche Leben in sich eine gewisse Möglichkeit von Erfüllung bergen kann oder muss, und dass diese
Möglichkeit auch von sozialen (technologischen, politischen, wirtschaftlichen, usw.) Strukturen abhängig ist;
- dass Geschichtlichkeit auch ein Element im menschlichen Streben
nach Heil ist. Das heißt nicht, dass die Erkenntnis hinter dem Gesetz
des *karman* nicht hinreichende Antworten auf diese Frage liefern
könnte. Es braucht aber eine kreative Interpretation.

b) Das Christentum kann vom Hinduismus lernen:
- dass der Sinn des Lebens einen Faktor beinhaltet, der unabhängig vom
politischen und sozialen Abenteuer ist. Menschliches Heil ist nicht allein von historischen Dimensionen abhängig. Es ist möglich, inmitten
einer ungerechten sozialen Ordnung glücklich zu sein und sogar mit
einem gewissen Maß an menschlicher Erfüllung zu leben;
- dass die Struktur des Universums hierarchisch ist. Diese Hierarchie
ist auch epistemologisch. Es gibt deshalb Wahrnehmungsebenen und
Erkenntnisstufen, die die allgemeine Erkenntnis des rationalen Verstandes übersteigen. Aus diesem Blickwinkel heraus ist Konzentration,
Meditation, oder wie auch immer man diesen Akt der Durchdringung
der unterschiedlichen Sphären der Wirklichkeit nennen mag, wichtiger
als beispielsweise die Fähigkeit zu lesen und zu schreiben. Das Leben
zu leben bedeutet, Freude darin zu finden, die Wirklichkeit zu entdecken und mit ihr in Harmonie zu gelangen, statt danach zu streben, sie
zu kontrollieren und zu erobern;
- dass Menschheit mehr bedeutet als Geschichte: Es impliziert auch eine
kosmische Transformation. Der Mensch ist mehr, und nicht weniger,
als ein Individuum. Er ist Teil des kosmischen Abenteuers, ein Glied
am Körper der kosmotheandrischen Ganzheit. Ein völlig isolierter
Mensch ist eine bloße Abstraktion.

All das heißt nicht, dass die obigen und ähnliche Gesichtspunkte sich nicht
in anderen Religionen finden ließen. Es heißt nur, dass aus verschiedenen
Gründen diese Gesichtspunkte in einigen Traditionen nicht genügend entwickelt worden sind und deshalb äußere Stimuli brauchen, um solche schlum-

mernden, aber wesentlichen Elemente zu erwecken. Deshalb sind wir uns der Angemessenheit, oder besser, der Notwendigkeit der wechselweisen Befruchtung zwischen den verschiedenen Weisheitslehren der Menschheit bewusst, nicht, damit sie sich und ihre jeweilige Identität verlieren, sondern damit sie ihre „Persönlichkeiten" vertiefen.

Wir können mit einem hilfreichen Gleichnis schließen. Die moderne Welt hat, aus unterschiedlichen Gründen, nicht nur in Wissenschaft und Technologie, sondern auch im Bereich der Kultur, ein Maximum an Spezialisierung erlangt. Die modernen Menschen möchten aus dieser Situation ausbrechen, aber sie wissen nicht wie, weil es nicht einfach darum geht, das erworbene Wissen zu verringern oder zu einem amorphen Zustand ohne Unterschiede zurückzukehren. Es scheint, dass auch die Religionen zu so vielen Spezialisierungen des Heiligen geworden sind und als solche auch Spezialisten benötigen. Der Mensch unserer Zeit sehnt sich nach größerer Einfachheit und möchte weder ein Amateur noch ein Spezialist sein. Die Menschen heute wollen die religiöse und ursprüngliche menschliche Erfahrung wiederentdecken; sie sind sich bewusst, dass sie konkret sein muss und nicht partikularisiert sein darf. Der Christ möchte, dass diese authentisch christlich, aber nicht fanatisch ist, damit sie nicht vom Rest der Menschheitsfamilie absondert. Der Hindu möchte in gleicher Weise, dass diese Erfahrung sowohl persönlich als auch universal ist. Beide wollen die religiöse Spezialisierung überwinden, ohne in einen künstlichen Eklektizismus zu verfallen. Heute ist die Beziehung zwischen Religionen zu einer persönlichen religiösen Frage geworden, wie man als Mensch sein Leben authentischer vor dem Mysterium der Unendlichkeit führen kann, welches uns von innen und außen umgibt.

Heute sind Christentum und Hinduismus wie Brüder, die sich nach Jahrhunderten der Trennung wieder begegnen und versuchen, ihre jeweiligen Erfahrungen zu teilen. Christen sehen das Ziel vielleicht in der Zukunft, Hindus in der Gegenwart, aber beide sehen es im Hinblick auf die vollkommen verwirklichte menschliche Person.

Band VIII – Die trinitarische und kosmotheandrische Vision: Gott-Mensch-Kosmos

Das Anliegen dieser Studie ist es, wenn auch nur in Umrissen eine Weltsicht oder Kosmovision zu präsentieren, welche sich von der geltenden Kosmologie der vorherrschenden Kultur unterscheidet.

Die trinitarische Schau der Wirklichkeit ist nicht auf das Konzept beschränkt, das man gewöhnlicherweise als christlich bezeichnet, es ist viel breiter und universaler. Mit mehr oder weniger großer Klarheit war die Menschheit sich immer eines höheren Mysteriums bewusst, das für den Menschen transzendent oder ihm immanent ist.

Die folgenden Seiten wagen es, von dieser Wirklichkeit zu sprechen, welche wir „Mysterium" nennen.

Wenn wir hinhören, wie die Menschheit das Verständnis ihrer selbst und des Kosmos ausgedrückt hat, können wir drei vornehmliche Anschauungen ausmachen: die *monistische*, die pluralistische (welche letztendlich *dualistisch* ist) und die *a-dualistische* Anschauung. Von einem metaphysischen Standpunkt entsprechen die drei Definitionen den drei großen Kosmovisionen der menschlichen Geschichte.

a) Der menschliche Geist sehnt sich danach, das Mysterium, das ihn umgibt, zu entziffern und bedient sich zu diesem Zweck seiner Intelligenz. Die menschliche Intelligenz hat sich vor allem auf eine ihrer Funktionen konzentriert, nämlich die Vernunft. Diese ist praktischer ausgerichtet als der reine Intellekt, insofern es ihm gelingt, Gegenstände zu verstehen, indem er ihre (logische) Verkettung entdeckt, und dadurch in die Lage kommt, sie zu manipulieren. Reiner Intellekt dagegen konzentriert sich auf das innere Licht (Intelligibilität), das allen Dingen eigen ist.

Um die Daten, die ihr geliefert werden, zu verstehen, muss die Vernunft sie auf Uniformität reduzieren. Deshalb muss sie Daten auf einen Begriff reduzieren. Konfrontiert mit der komplexen Diversität der Wirklichkeit geht die Vernunft auf immer allgemeinere und abstraktere Begriffe zurück. So bringt uns die Vernunft zum Begriff der Einheit des Seins, oder etwas Vergleichbarem. Das Sein ist eines, oder das Eine, oder einfach die Wirklichkeit, oder „das, was *ist*" – wir lassen hier die mannigfaltigen wichtigen philosophischen Unterscheidungen unbeachtet. Um zu verstehen, bedarf der Verstand einer *reductio ad unum*, wie die Scholastiker zu sagen pflegten. So viel man auch mit Analogie oder Dialektik herumtüfteln mag, es wird immer ein *primum analogatum*, einen primären Begriff, geben, der es uns ermöglicht, dieselbe Analogie auf verschiedene Begriffe anzuwenden, oder eine „Synthese", die uns erlaubt, die Dialektik von Gegensätzen zu umfassen. Wenn wir die Wirklichkeit rational verstehen wollen, müssen wir, nachdem wir vielerlei Modalitäten eingeführt haben, um die verschiedenen Wesenheiten zu unterscheiden, immer zum Monismus gelangen. Es sind jedoch nur Modalitäten. Kurz, wenn wir die Rationalität nicht aufgeben wollen, werden wir behaupten müssen, dass letztendlich alles Gott, oder Sein, oder Geist, oder Materie, oder Energie, oder Nichts ... ist.

b) Einige Philosophen haben schließlich aufgehört, sich um eine letzte Synthese zu bemühen, sei es aus gesundem Menschenverstand oder Intuition oder menschlichem Instinkt, und sind innerhalb eines philosophischen Pluralismus geblieben, der am Ende auf einen Dualismus der zwei großen Sphären der Wirklichkeit reduziert werden kann, das Materielle und das Spirituelle – das ist metaphysischer Dualismus. Da der sogenannte ontologische Pluralismus (nicht zu verwechseln mit dem religiösen Pluralismus, den wir hier diskutieren) eine Vielheit von Wesenheiten annimmt, wie beispielsweise auch der „Atomismus", braucht er auch ein mentales Pendant, welches sich der Vielfalt bewusst ist, so dass es eben letztlich auf einen Dualismus hinausläuft.

Das sind die beiden großen Optionen, die vom menschlichen Denken ersonnen wurden. Beide sind jedoch nicht ohne ernsthafte Schwierigkeiten, wie die Geschichte zeigt. Die reine Rationalität des Monismus scheint den Menschen zu ersticken, denn er ist mehr als nur Vernunft. Reiner Dualismus muss, wenn er sich vom Rationalismus lossagen möchte, die vorläufige Natur der Divergenzen eingestehen und uns in eine Zukunft oder eine Eschatologie entlassen, wo ein undifferenzierter „Gott" alles in allem sein wird, wo das „Gute" über das Böse triumphiert, wo „Klassenkampf" uns zum Paradies führt, wo „Wissenschaft" die verbleibenden ungelösten Rätsel löst, wo der „Geist" die „Materie" überwindet, wo die Gesamtheit der Atome eine „überatomare" Welt formt, wo es dem „Kapitalismus" gelingt, menschliche Ungleichheiten zu beseitigen, wo Politik endlich ein menschliches Gesicht haben wird, wo Religion alles erklären wird, usw. Der zeitliche Rahmen ist immer derselbe: die Zukunft hält den Schlüssel – und den Trost, wenn jemand daran glaubt.

Wenn der Monismus dem Statischen, Unveränderlichen und Absoluten den Vorrang gewährt, so bringt der Dualismus das Dynamische, die Veränderung und das Zeitliche zur Geltung. In beiden Fällen will man dem Irrationalismus als dem Hauptfeind entgehen. Der Mensch kann nicht ablassen, nach einem Lebenssinn und seinem Platz im Kosmos zu suchen. Weder Agnostizismus noch Skeptizismus können darauf verzichten, ihre jeweiligen Einstellungen rational zu untermauern. Da das Rätsel des Universums nicht enthüllt werden kann, sei es vernünftiger, letztgültige Erklärungen zu vermeiden, behaupten diese Gedankensysteme. Das Dilemma von Monismus/Dualismus scheint keinen Mittelweg zulassen zu können, falls man die Rationalität retten will.

c) Wenn wir unsere Meditation über das Wesen des Menschen nicht auf das beschränken, was eine einzige Kultur uns zu sagen hat, werden wir entdecken, dass die anderen Weltanschauungen den Anspruch erheben, einen Weg aus dem von uns angedeuteten Dilemma gefunden zu haben, der zwischen Monismus und Dualismus steht. Es ist die Erfahrung des A-Dualismus oder *advaita*, welche der Schlüssel zu den Seiten dieser Studie ist.

Der große Ruf der a-dualistischen Schau an den Verstand, der die moderne Kultur geprägt hat (welche man nicht länger nur westlich nennen kann), besteht eben in der Einladung, über den Rationalismus hinauszugehen, ohne auf der einen Seite in den Irrationalismus oder auf der anderen Seite in den Supernaturalismus zu fallen.

Die Herausforderung eines a-dualistischen Zugangs zur Wirklichkeit erfordert eine Mutation in den Grundfesten der vorherrschenden Kultur, welche die zeitgenössische Zivilisation schuf, die auf der Trennung von Wissen und Liebe gründet. *Advaita* kann nicht vom Intellekt allein angenommen werden, er erfordert auch Liebe. Der Mensch strebt nicht nur danach, *Wahrheit* zu erlangen, die er verstehen will – und Heidegger kann hierfür das zeitgenössische Symbol sein –, der Mensch strebt auch nach dem *Guten* und sehnt sich danach, es zu verkörpern und zu verwirklichen – dafür kann Levinas das aktuelle Symbol sein. Wir brauchen einen *hieros gamos* – eine heilige Hochzeit – zwischen Wissen und Liebe.

In christlicher Begrifflichkeit wird der a-dualistische Ansatz in der *trinitarischen Vision* ausgedrückt, der eigentliche Eckstein des Christentums.

Nach dieser Einsicht kann alles, was existiert, oder alles, was ist, oder, um einen weiteren Ausdruck zu verwenden, jede Wirklichkeit, das Ganze ohne ein anderes, unter der folgenden Formel zusammengefasst werden: Vater, Sohn und Heiliger Geist. Im Sohn und im Heiligen Geist ist das ganze Mysterium des räumlich-zeitlichen Universums vereint. Es gibt nur einen Gott, den Ursprung von allem, und das ist der Vater. Der Sohn und der Heilige Geist sind nicht „Gott", sondern der Sohn Gottes und der Geist Gottes, beide in ihrer Natur identisch mit Gott – aber Natur ist ein Konzept; es gibt keine neutrale, unpersönliche göttliche Natur. Der Sohn ist Gott von Gott, und der Geist ist Gott von Gott. Aber nur der Vater ist einfach „Gott", ungeschaffen und ohne Ursprung. Dies, kurz gesagt, wäre die erste Reduktion.

Die zweite Reduktion betrifft das Sein. Wir haben kein anderes Ausdrucksmittel als Worte, denn wir sind *vom* und *im* Logos. Das ist auch der Grund, warum wir nur in ungenügender Weise das Sein transzendieren können. Unsere Ausdrucksweisen müssen in geeigneter Weise verstanden und transzendiert werden. Gott, der Vater, *ist* nicht. Er *ist* nicht Sein, aber Er *hat* Sein, und das ist eben sein Sohn. Was der Vater ist, ist sein Logos. „A ist A". Das zweite A, identisch mit dem ersten A, ist eben der Logos, das Wort, das Ebenbild, der Sohn des Vaters. Das erste A *ist* nicht. Das „A, welches A *ist*", ist in der Tat das zweite A. Der Vater *ist* nicht; Sein „Ist" (*was* Er ist) ist eben der Sohn. Er *hat* ein Sein, denn Er hat einen Sohn; *Sein* Sein ist nicht länger Er, sondern der Sohn. Er, der bezeugt, was der Vater *ist*, seine Wahrheit, das ist eben der Sohn.[39] Niemand kann zum Vater kommen außer durch den Sohn,[40] obwohl selbst der Sohn den Apophatismus des Seins des Vaters nicht aufheben kann. Er fällt mit dem Vater zusammen, er ist unendlich identisch mit Ihm, aber zugleich unendlich verschieden von Ihm; Er ist der Sohn und fällt *als* Sohn, nicht als Vater, mit dem Vater zusammen. Wenn der Sohn *als* Vater mit dem Vater zusammenfallen würde, würde Er nicht mehr Sohn sein.

In einem Wort, das Sein verbleibt an der Schwelle des Vaters. Das Sein des Vaters ist der Sohn (und nicht der Vater); wenn es nicht so wäre, gäbe es keinen Raum für den Sohn als gleichgestellt und wesensgleich mit dem Vater. Wir müssen dies zu sagen wagen: Der Vater ist *nicht* identisch mit Sich selbst. Seine Identität, *was* er wahrhaftig *ist*, das ist der Sohn. Sein Sein ist der Sohn. Die Identität des Vaters mit Sich selbst ist sozusagen der Sohn.

Es gibt noch eine dritte Reduktion, die des Heiligen Geistes. Wenn der Sohn sozusagen das Sein des Vaters erschöpfen würde, wäre der Heilige Geist entweder ein untergeordnetes Wesen oder er würde sich außerhalb des Bereichs des Seins befinden. Die erste Annahme ist nicht möglich, wenn der Heilige Geist mit dem Vater und dem Sohn gleich sein muss. Aber auch die zweite nicht, denn in diesem Fall könnte er sich nicht vom Vater unterscheiden und würde so zu einem bloßen Nichts reduziert.

Der Vater ist die Quelle des Seins (*origo et fons totius divinitatis*, wie das Konzil von Toledo es beschrieb), nicht die Ursache (*causa sui* ist ein Widerspruch in sich!). Der Sohn ist das Sein, der Heilige Geist ist so etwas wie die Seele des Seins, der Geist des Vaters, der das Sein zurück zu sich selbst, zum Vater, einsammelt. Er ist die Zuflucht, das Ziel des Seins, aber all diese Ausdrucksweisen, die alle als solche unzulänglich sind, müssen natürlich richtig verstanden werden. Das Leben der Trinität ist wie eine Explosion des Seins, das vom Vater ausgeht und wieder zu ihm zurückkehrt. Die Bewegung, die vom Vater ausgeht, gibt dem Sohn seinen Ursprung, aber diese Bewegung bringt auch den Sohn zurück zum Vater, und dies ist das Werk des Heiligen Geistes.

39 Vgl. Joh 1,18; 14,9, etc.
40 Vgl. Mt 11,27.

Solche Einteilungen sind offensichtlich künstlich (*quoad nos*). Die eine Bewegung kann nicht ohne die andere existieren, und umgekehrt. Der Sohn ist nur der Sohn, insofern der Heilige Geist ihn inspiriert, und umgekehrt. Vom Grund der Gottheit entspringt das Sein Gottes, und das ist der Sohn. Dieses Sein bleibt jedoch nicht unbeweglich, starr. Es ist, was der Vater ist; aber es kann nur dies sein, denn es ist nicht nur vom Vater gezeugt (als Sein Bildnis), sondern kehrt, insofern es vollkommen den Vater widerspiegelt, zu Ihm zurück. Das Sein atmet ein und aus (*inspires and respires*) innerhalb der Dynamik der Trinität, als Geschenk und Gabe, als Empfangen und Geben.

Ein anderer a-dualistischer Zugang zur Wirklichkeit ist die *kosmotheandrische Vision*, die wir im letzten Teil unserer Studie beschreiben wollen. Diese Vision besagt, dass die Wirklichkeit weder aus einem einzigen, unterschiedslosen Block – sei er göttlich, spirituell oder materiell – geformt ist, noch aus dreien oder einer dreistufigen Welt: die Welt der Götter (oder der Transzendenz), die Welt der Menschen (oder des Bewusstseins) und die physische Welt (oder die Welt der Materie), als wäre sie ein dreistöckiges Gebäude. Die Wirklichkeit besteht aus drei untereinander verbundenen Dimensionen (die trinitarische *perichôrêsis*), so dass nicht nur die eine nicht ohne die andere existiert, sondern alle innerhalb einer Beziehung von wechselseitiger Abhängigkeit (*inter-in-dependence*) miteinander verwoben sind. Gott wie die Welt als auch der Mensch sind reine Abstraktionen unseres Verstandes, wenn sie getrennt oder nur *in sich selbst* gesehen werden, ohne Bezug zu den anderen Dimensionen der Wirklichkeit. Diese kosmotheandrische Intuition, so glaube ich, löst eine ganze Reihe von Antinomien, die der zeitgenössische Verstand scheinbar nicht loswerden kann. Sie könnte die Grundlage für eine neue Sicht der Wirklichkeit bilden.

BAND IX – MYSTERIUM UND HERMENEUTIK

BUCH 1: MYTHOS, SYMBOL UND KULT

In einer Welt, in der erst gestern geschriebene Werke als überholt angesehen werden, braucht es auf Seiten des Autors ein gewisses Maß an Unbedarftheit und Mut – und auf Seiten seines Herausgebers eine seltene Weisheit –, damit ein Buch wie der vorliegende Band erscheinen kann, der die Frucht jahrelanger Reflexion ist, die vor langer Zeit ihren Anfang nahm und Fragen behandelt, die den *Mythos* des Fortschritts bezweifeln und die aufzutauchen beginnen, wenn man innehält, um nachzudenken, wenn man dann entdeckt, wie das eigene Denken auf einem Glauben basiert, den die Vernunft nicht geben kann, und den man nicht annehmen kann ohne eine Hermeneutik der eigenen Verortung in der Wirklichkeit.

Einfacher ausgedrückt ist die dreifache Fragestellung dieses Buches die folgende: Das menschliche Leben öffnet sich unserem Bewusstsein, welches sich auf einen Mythos gründet; der Mythos lässt uns glauben, dass unser Bewusstsein die Wirklichkeit offenbart. Daran *glauben* wir – doch glauben wir an die Wirklichkeit, oder an unser Bewusstsein der Wirklichkeit? Deswegen müssen wir auf *Hermeneutik* zurückgreifen, auf eine Interpretation dieses unseres Lebens.

Mit anderen Worten, unter dem Einfluss östlicher Spiritualitäten wurde der englische Begriff *realization* (Verwirklichung, Realisierung, Erkenntnis) uminterpretiert als ein Synonym für Heil oder Befreiung. Man erlangt die Fülle (Himmel, Gott, das letztendliche Ziel der Menschheit, Glückseligkeit, usw.), insofern man sich selbst *verwirklicht*, das heißt, man wird wirklich und erlangt Wirklichkeit. Folglich ist das letztendliche Ziel des Menschen Selbstverwirklichung, vollkommen wirklich zu werden – selbst wenn diese Wirklichkeit als Leere oder Nichts angesehen wird.

Der Weg zu dieser Verwirklichung ist Glaube, oder genauer gesagt, der Akt des Glaubens; das mehr oder weniger freie Verwirklichen dessen, was der Mensch *glaubt*, dass es sein Ziel ist. Dies scheint in der einen oder anderen Form eine universale Überzeugung des Menschen zu sein, wie verschieden Glauben auch immer interpretiert wird, welche Mittel zur Verfügung stehen, oder wie diese Interpretationen in verschiedenen kulturellen Kontexten sich entwickelt haben.

Die sogenannte „Modernität", welche jetzt fast alle Kulturen der Welt beeinflusst, bringt den Menschen in ein Dilemma, wenn sie mit plausiblen „Beweisen" verkündet, Glaube sei ein Mythos, der durch Vernunft ersetzt werden sollte. Die Aufklärung, und vollends der Geist des Rationalismus, der aus ihr ersteht, werde das dunkle Zeitalter der sogenannten „religiösen" Periode der Menschheit erleuchten. Aber die Menschheit findet sich erneut in einem Dilemma wieder, wenn sie entdeckt, dass auch die „Vernunft" ein Mythos ist, zu dem der Glaube geführt hat, der behauptete, ein rettender zu sein.

Was öffnet uns für die Wirklichkeit? Und was ist „diese" Wirklichkeit? Ist auch sie ein Mythos? Wie werden wir diesen Glauben oder diesen Mythos *interpretieren*?

Geleitet durch die Inspiration eines mystischen Genies, der seinerseits inspiriert war vom Hl. Thomas von Aquin, nämlich Meister Eckhart, sagen wir, dass die Wirklichkeit selbst ein Mythos ist, der verhüllt ist, und dass wahre Offenbarung nicht darin besteht, diesen Schleier zu heben, sondern den Schleier als solchen anzuerkennen. Eckhart zufolge gibt es drei Schleier: den Schleier des *Guten*, den Schleier der *Wahrheit* und den Schleier des *Seins*.

Dieser dreifache Schleier der Wirklichkeit ist das verborgene Thema dieser Schriften, in denen wir auf Beispiele aus der Vergangenheit zurückgegriffen haben, die auch heute nichts von ihrer Prägnanz verloren haben. Die Schleier sind nicht einfach ein Hindernis, wir würden ohne sie geblendet werden; wir können nur sehen, indem wir anerkennen, dass sie da sind.

Überall, nicht nur in einem wissenschaftlichen Umfeld, hört man Sätze wie: „Die Wissenschaft hat heute bewiesen …", „Wir wissen jetzt, dass …". Das ruft eine spontane Reaktion hervor, dass man denkt: „Warten wir doch auf morgen!", was wiederumeinen unaufhaltsamen Drang lostritt auf … übermorgen.

Es ist eine Sache, dass es kein ewiges „Jetzt" geben kann – denn die Zeit bleibt für niemanden stehen –, und es ist eine andere Sache, dass „jetzt" nur das ist, was anwesend ist (für wen?). Auch hier gibt es einen Mittelweg, sowohl was die Form betrifft, als auch für den Inhalt der Ideen.[41]

---

41   Der italienische Text weist an dieser Stelle einen weiteren Absatz auf, der in der uns vorliegenden englischen Version gestrichen wurde: „Als ich meinen Text wiederlas, wurde mir bewusst, dass er gelegentlich ein wenig zu dicht ist und dass er nicht immer die Konsequenzen der vorgestellten Ideen entwickelt. Der Grund dafür ist, dass im Verlauf der Jahre einige Ideen sich vereinfacht haben, andere erscheinen weniger wichtig und wieder andere, die zu der Zeit vielleicht als zu kühn eingeschätzt wurden, erscheinen weniger unwahrscheinlich am Anfang dieses Millenniums, aber ich halte dennoch daran fest, dass der Text weiter seinen Wert hat." (Anm. d. Hg.).

Ich möchte nicht eine statische *philosophia perennis* verteidigen, wohl aber erachte ich das „Ewige" in der Philosophie als ein Streben nach einer stets neuen und stets alten Weisheit.[42]

Der Mensch weigert sich, ein Spielzeug in der Hand irgendeines Marktes zu werden, sei es das der Götter, der Menschen oder – noch schlimmer – der Dinge.

Jahrhundertelang sah sich ein guter Teil der Menschheit als Opfer eines Schicksals, über das der Mensch keine Kontrolle hatte. Über andere lange Zeiträume hinweg glaubte die Menschheit, dass dieses Schicksal dem Einfluss von Menschen des Gebets (die „Spirituellen" in den Religionen) zugänglich sei, aber bittere Erfahrungen aller Art warnten sie gegen diesen „dogmatischen Traum", und so begann der Mensch zu träumen, ein „Zeitalter der Aufklärung" zu erreichen, das zur Freiheit führen würde. Diese Illusionen beginnen jedoch zu bröckeln.[43]

Kurz: Ein Teil der Menschheit fühlt, auf einer oft unbewussten Ebene, dass in der heutigen Welt Wichtigeres auf dem Spiel steht als ein Wechsel in der Mode oder ein Computer-Upgrade, dass wir etwas Radikaleres brauchen als eine Verschiebung von rechts nach links, als eine echtere Form der Demokratie, oder eine gerechtere Verteilung der „Reichtümer" und „Ressourcen" der Erde. Vom Bauern bis zum Intellektuellen, von denen, die sich Gläubige nennen, zu denen, die sich Ungläubige nennen, weil sie nicht die Glaubenssätze der sogenannten „Gläubigen" teilen, sind sich alle bewusst, dass keine einzige Reform des gegenwärtig herrschenden Systems genügen wird, und dass die anstehende *Transformation* nicht bereit zu sein scheint, irgendein Paradigma zu akzeptieren, sondern sie alle zurückweist.

Wir nähren ein verständliches Misstrauen vor jeglichem Paradigma (es scheint uns die Freiheit zu rauben) und eine wohlbegründete Angst vor jedweder Art von Messianismus. Die historische Erfahrung der Menschheit

---

42 Hierauf folgt in der italienischen Ausgabe ein weiterer Absatz, der in der englischen ausgelassen ist und zu dem hier nachfolgenden Satz hinzufügt: „Ich beziehe mich auf diese etwas künstliche Chronologie des Millenniums nicht um einen Tribut zu zahlen an die Mode oder zu einer monokulturellen Mentalität (Jahrtausend für wen?) beizutragen, sondern aus einem tieferen Motiv. Tatsächlich ist die Popularität des „neuen Millenniums" nicht nur Frucht einer propagandistischen Manipulation, sondern mit einem Archetyp menschlicher Weisheit korrespondiert: …" (Anm. d. Hg.).

43 In der italienischen Ausgabe folgen die Sätze: „Es genügt ein Beispiel aus dem ökonomischen Bereich anzuführen: Der Unterschied [im Vermögen] zwischen den 20% der reicheren Bevölkerung des Planeten im Verhältnis zu 20% der ärmeren Bevölkerung im Jahr 1960 war 30:1; 1999 war er 82:1; und heute ist der Unterschied noch größer. Ist der sogenannte Monotheismus des Marktes der neue Götze?" (Anm. d. Hg.).

erlaubt uns nicht mehr zu glauben, dass wir bessere Menschen als unsere Vorfahren sein werden.

Aristoteles, Buddha, wahrscheinlich auch Zarathustra und Laozi predigten ungefähr zur selben Zeit einen mittleren Weg zwischen der Heteronomie, die von den Göttern abhängig ist, und der Autonomie des Menschen, doch scheint es, dass die Menschen darin gescheitert sind, die richtige Balance zu finden. Einige Propheten Israels, in gleicher Weise Jesus selbst und viele Weise, Heilige und Religionsgründer verkündeten seit jeher den Weg der Liebe, doch offensichtlich ohne großen Erfolg. Andere Religionen haben die Botschaft der alten Traditionen verfeinert und angepasst, aber die Folgen waren nur erneute Spaltungen. Sogar Wissenschaft und Moderne glaubten an Frieden, an das „globale Dorf", an die „glückliche Neue Welt" und an den Fortschritt, aber ebenso mit magerem Erfolg ... Die Diskurse über dieses „neue Jahrtausend" sind symptomatisch für diese Krise.

Das „neue Jahrtausend" zeigt sich als ein Slogan, der mit allen Mustern moralischer Reformationen, metaphysischer Predigten oder wissenschaftlicher Optimismen bricht. Man erkennt, dass, solcher Erfahrungen müde, die neuen Gewinner der Geschichte wieder das (Nicht-)Gesetz des Dschungels unter dem Banner des freien Handels proklamieren und glauben, dass sich der „Markt" von selbst reguliert – ohne die Menschen, die die Opfer sein werden.

Dieses Buch wird sich nicht in direkter Weise mit diesen Fragen befassen, sie aber auch nicht ignorieren. Im Gegenteil, im Hintergrund dieser Studie steht der gegenwärtige Zustand der Menschheit als konkrete Manifestation der *conditio humana*. Gelassenheit und Distanz bedeuten nicht Gleichgültigkeit oder Mangel an Sensibilität.[44]

Im heutigen Sprachgebrauch bedeutet Mythos etwas Unwirkliches oder einfach eine mit mehr oder weniger Phantasie ausgestaltete Legende. Ein Eintrag in einem bekannten englischen Nachschlagewerk von 1966 definierte „Mythos" immer noch als eine „fiktive Erzählung, die gewöhnlich mit übernatürlichen Dingen zu tun hat". Für mich hat jedoch das Wort *mythos* seine traditionelle (wenn auch nicht immer klare) Bedeutung beibehalten, eine menschliche Überzeugung oder vielmehr eine menschliche Wahrheit in einer Weise auszudrücken, die nicht zwangsläufig für den Verstand

---

44 In der italienischen Ausgabe endet diese Einleitung mit dem folgenden Absatz, der in der englischen Ausgabe fehlt: „Die Seiten, die folgen, haben plötzlich ein Aroma vieler Jahrzehnte, das sie befreit haben aus der Tyrannei der linearen und homogenen Zeit, charakteristisch für die zeitgenössische, aus dem Abendland herrührende Gesellschaft. Sie haben eine lange Geschichte gehabt sowie viele „Reinkarnationen"." Die folgenden Absätze finden sich nur in der englischen Ausgabe bzw. in dem unserer Übersetzung zugrundeliegenden Manuskript (Anm. d. Hg.).

„klar und deutlich" ist, die aber dennoch als offensichtlich akzeptiert wird und daher keiner näheren Erläuterung bedarf.

Der *mythos* ist unverzichtbar für uns. Viel zu oft hat man Begriffe für die besten Instrumente der Sprache gehalten, da sie dazu neigen, eine eindeutige Bedeutung zu haben, was für die Intelligibilität nötig sei – eine der begrifflichen Art natürlich. Die Reduktion des *logos* auf einen Begriff führt zu einer bedenklichen Verarmung des *logos*, welche ernsthafte Auswirkungen auf das menschliche Leben selbst hat. Doch ist der üblichste Gebrauch des Wortes eigentlich das Symbol, das nicht nur polyvalent ist, sondern uns auch vor der großen Gefahr des Objektivismus bewahrt, der leicht zum Fanatismus führen kann. Der ägyptische *mythos* (wie von Platon weitererzählt), welcher in der Erfindung der Schrift den Beginn einer kulturellen Degeneration sieht, ist nicht ohne einen gewissen Wahrheitskern.

Ein rein objektiver Gedankengang lässt keinen Raum für alternative Interpretationen. Eine eindeutige, logische Deduktion erlaubt keine Abweichung von der Gleichung $2 + 2 = 4$, und nur 4. Symbole lassen uns hingegen über den Objektivismus hinausgehen, ohne in einen Subjektivismus zu fallen. Symbole sind weder objektiv noch subjektiv; sie gehören zu Beziehungen, und daher ist Dialog unabdingbar für gutes Denken – und auch für gutes Leben.

Die menschliche Natur ist nicht individualistisch. Der Mensch kann nicht auf das Individuum reduziert werden, und schon gar nicht auf einen bloßen Begriff. Das, wiederum, lässt uns auf das stärkste Mittel zu sprechen kommen, welches der Mensch hat, um der Wirklichkeit und Seinesgleichen nahezukommen: das Symbol. Auf einen bloßen Begriff reduziert, hält es der Vernunft nicht stand. Ist das Symbol des *karman* in der Hälfte der Kulturen der Welt verbreitet, so ist die Metapher des Wassertropfens als Symbol der Verfasstheit jeder Existenz, der menschlichen miteingeschlossen, praktisch universal.

Kult, nicht als Zeremonie verstanden, sondern als Ausdrucksweise des *homo religiosus*, ist keine „Funktion", sondern die Aktivität, die der Mensch in Gemeinschaft mit dem Kosmos ausübt, um das Universum aufrecht zu erhalten – der *lokasaṃgraha* der hinduistischen Weisheit. Die Säkularität – das heißt das Interesse am Säkularen – wurde viel zu oft in vielen Traditionen als ein Hindernis für das spirituelle Leben angesehen. Das „Pro-fane" (was vor dem *fanum* liegt, dem Tempel oder heiligen Ort, der den Göttern geweiht ist) steht im Gegensatz zum Heiligen, jedoch nicht das Säkulare, das in all seiner Heiligkeit erfahren werden kann.

Band IX – Mysterium und Hermeneutik
Buch 2: Glaube, Hermeneutik, Wort

Während das erste Buch dieses Bandes sich mit Mythos, Symbol und Kult befasste – drei Formen, mit denen sich der Mensch dem Geheimnis der Wirklichkeit öffnet –, widmet sich dieses zweite Buch dem Glauben, der Hermeneutik und dem Wort als Ausdrucksformen dieser Öffnung.

Glaube

Glaube bedeutet jene Dimension im Menschen, die dem Mythos entspricht. Der Mensch ist offen für einen sich stets weitenden Horizont des Gewahrseins, ein Horizont, der im Mythos gegenwärtig ist. Glaube ist hier als das Vehikel verstanden, durch das das menschliche Bewusstsein vom *mythos* zum *logos* übergeht, indem jeder Glaube sich in Glaubenssätzen ausdrückt. Glaube offenbart den Mythos, an den wir glauben, selbst ohne zu „glauben", dass wir an ihn glauben. Zu glauben bedeutet nicht, einen Glauben zu haben, wie man ein Wissensobjekt hat; es ist einfach der Akt des Glaubens.

Die menschliche Reflexion über Glauben kann sich darum drehen, *dass* wir glauben, aber auch um die Inhalte unseres Glaubensbekenntnisses. Der erste Fall ermöglicht den Diskurs über Glauben als solchen und verleiht uns ein Bewusstsein der Wirkungen des Gläubigseins. Der zweite Fall destruiert entweder sich selbst als rationale Reflexion, weil sie seine Inhalte nicht versteht, oder, wenn sie sie versteht, zerstört sie den Glauben, indem sie ihn in Wissen konvertiert. Das ist, was im lateinischen Mittelalter als die Unvereinbarkeit von *cognitum* und *creditum* bezeichnet wurde, zwischen dem, was gewusst, und dem, was geglaubt wird. Wir wissen, *dass* wir glauben (Fall 1), aber wir wissen nicht, *was* wir glauben (Fall 2), und daher glauben wir und wissen nicht. In anderen Worten, der Glaube, der sich in unserem Glaubensakt ausdrückt, hat kein Objekt, er ist kein *ob-iectum* unseres Verstandes. Im zweiten Teil seiner *Summa* formulierte Thomas von Aquin eine allgemeine christliche Überzeugung, wenn er sagt: „*Actus autem credentis non terminatur ad enuntiabilem sed ad rem*", „der Akt des Glaubenden endet nicht bei der Formulierung, sondern in der Sache selbst", in der Wirklichkeit selbst. Die Wirklichkeit hier ist das stets unerschöpfliche Mysterium, das über die Reichweite objektiven Wissens hinausgeht.

„Ich glaube an Gott" ist beispielsweise eine kognitive Aussage, wenn sie für den Ausdruck des Glaubensaktes steht (Fall 1), und es ist nur wirklicher Glaube, wenn ich nicht weiß, *was* Gott ist, das heißt, wenn ich Gott nicht als Objekt meines Glaubens *kenne* (Fall 2). Wenn ich gefragt würde, ob ich an Gott glaube, könnte ich nicht wirklich Antwort geben, da ich nicht weiß, was mit „Gott" gemeint ist, und so kann ich nicht antworten, ob ich an diesen „Gott" glaube oder nicht. Jede Frage über Gott destruiert entweder sich selbst, weil sie nicht weiß, *was* sie fragt, oder sie löst den Gott, nach dem wir fragen, in etwas auf, das nicht mehr Gott ist, sondern ein bloßer Götze. Der Gott des Glaubens ist ein Symbol, nicht ein Begriff.

Hermeneutik

Der Umstand, dass das „Geglaubte" nicht das „Gewusste" ist, ordnet das eine nicht dem anderen unter, sondern setzt Wissen und Glauben als verschiedene Bewusstseinsformen in Beziehung zueinander, ohne zuzulassen, Bewusstsein auf bloßes Wissen (von Objekten) oder bloßes Glauben (an Mythen) zu reduzieren. Daraus ergibt sich ein Bild des Menschen, welches weder allein auf den *logos* noch allein auf den *mythos* begrenzt werden kann.

Dennoch erfordern viele Dinge eine Interpretation. Der Mensch lebt nicht von Symbolen allein. Davon handelt dieser zweite Teil des Buches. Hermeneutik ist die Kunst und Wissenschaft der Interpretation, der Sinngebung, der Verleihung von Bedeutung, der Wiederbelebung von Symbolen, und letztendlich des Hervortretenlassens neuer Symbole. Hermeneutik ist die Methode, die die Distanz zwischen einem wissenden Subjekt und einem zu erkennenden Objekt überwindet: Hermes ist der Götterbote, doch ist er es nur außerhalb des Olymps.

Wir können nun eine dreifache Hermeneutik unterscheiden, oder vielmehr drei kairologische Momente im hermeneutischen Unterfangen, drei miteinander verwobene Arten, die epistemologische Distanz, und somit die menschliche Isolation zu überwinden.

(a) Die *morphologische* Hermeneutik beinhaltet die Erklärung oder Klärung durch, zum Beispiel, Eltern, Lehrer, Gelehrte, Ältere oder weisere Menschen zum Nutzen derer, die noch keinen vollen Zugang zu der kostbaren und verborgenen Bedeutung einer bestimmten Kultur hatten. Es ist das Lesen des *Textes*. Morphologische Hermeneutik ist das homogene Enthüllen von impliziten oder *de facto* unbekannten Elementen. Hier ist die Logik die große Methode. Sie beginnt mit dem, was implizit (dem „Weisen" bekannt) ist, um es schließlich mit der Gegenwart zu verbinden. Sie schreitet voran durch den Vergleich – und all die anderen Regeln korrekter Argumentation.

(b) Die *diachrone* Hermeneutik betrachtet den Kontext. Das Wissen um den Kontext ist notwendig, um einen Text zu verstehen, denn der zeitliche Graben zwischen dem Verstehenden und dem, was verstanden werden soll, hat den Sinn des ursprünglich Gegebenen verdunkelt oder sogar verändert. Diachrone Hermeneutik befasst sich auch mit den Problemen von Ideologie und Zeit. Für sie ist der zeitliche Faktor ein intrinsisches Element im Prozess des Verstehens. Ihre Methode ist im Wesentlichen historisch. Aktion und Engagement sind ihre grundlegenden Bestandteile. Das heißt, von unserer eigenen „Position" abzurücken, um in eine andere Sicht der Welt einzutreten. Hier hat Dialektik ihren rechten Platz: Die Bewegung geht von der Gegenwart in die Vergangenheit um diese in sich aufzunehmen, sie in eine weitere Sichtweise einzubeziehen oder zu verwerfen. Diachrone Hermeneutik geschieht nicht, wenn der Jugendliche von seinen Zeitgenossen über die Vergangenheit lernt, sondern wenn der Erwachsene, der in seinem gegenwärtigen Bewusstseinszustand fest gegründet ist, durch das Verstehen der Vergangenheit sein Bewusstsein zu bereichern sucht.

(c) In jedem vollständigen hermeneutischen Prozess gibt es jedoch ein drittes Moment, und der Umstand, dass es oft vernachlässigt oder übersehen wird, ist einer der hauptsächlichen Gründe für Missverständnisse zwischen den verschiedenen Kulturen der Welt. Ich nenne das *diatopische* Hermeneutik, weil der Graben, den es zu überbrücken gilt, nicht nur ein zeitlicher innerhalb einer ausgedehnten Tradition ist, sondern auch die Entfernung zwischen zwei menschlichen *topoi*, „Orten" des Verstehens und des Selbstverständnisses zwischen zwei oder mehr Kulturen, die ihre Verstehensmuster oder Grundannahmen nicht mittels einer gemeinsamen historischen Tradition oder durch gegenseitigen Einfluss entwickelt haben.

Heute ist es nicht mehr angängig, die Grenze seiner eigenen Kultur zu überschreiten ohne sich bewusst zu sein, dass eine andere Kultur einen radikal unterschiedlichen Zugang zur Wirklichkeit haben kann. Diatopische Hermeneutik beginnt mit der thematischen Überlegung, dass wir den anderen verstehen müssen ohne anzunehmen, dass der andere dasselbe grundlegende Selbstverständnis und Verstehen hat wie wir. Was hier auf dem Spiel steht, sind nicht bloß unterschiedliche Kontexte, sondern der letzte menschliche Horizont. Die Methode in diesem dritten Moment ist die eines spezifischen *dialogischen Dialogs*, bei dem der *dia-logos* den *logos* durchdringt, um jenen dialogischen, translogischen Bereich des Herzens (wie es der größere Teil der Traditionen bezeichnet) zu erreichen, wodurch ein Mythos entstehen kann, in dem wir in Kommunion sein können, und der letztendlich zum Verstehen führt, weil wir denselben Verstehenshorizont teilen.

Diatopische Hermeneutik strebt danach, den Vor-text (*pretext*) jenseits von Text und Kontext zu erkennen. Solch eine Hermeneutik ist nicht objektivierbar, weil sie den anderen als eine gleichermaßen ursprüngliche Wissensquelle erachtet. Mit anderen Worten, die Selbsterkenntnis des Menschen betrifft nicht nur das, was der Mensch von sich selbst denkt, sondern auch, was der Mensch ist. Um zu verstehen, was der Mensch ist, brauchen wir eine Methode, die sich grundlegend vom „wissenschaftlichen" Zugang unterscheidet, denn wie der Mensch sich selbst versteht, macht auch einen Teil seines Seins aus. Die verschiedenen Weisen menschlichen Selbstverständnisses zu verstehen, ist ein zentrales Problem der diatopischen Hermeneutik. In unserem Fall werden wir die diatopische Hermeneutik anwenden ohne einer systematischen Untersuchung ihrer Theorie.

Ich habe bereits die Wichtigkeit und auch die Grenzen der Hermeneutik erwähnt. Der Mensch lebt weder vom Brot noch vom Wort allein. Mythos und Glaube fordern die Hermeneutik heraus, aber ohne Hermeneutik würden Mythos und Glaube untergehen, sobald die Unschuld des ekstatischen Zustands endet. Doch es bleibt nicht nur wahr, dass der Mensch – und er allein – interpretieren kann, sondern auch, dass das Interpretieren in der menschlichen Natur liegt. Nicht nur gehört die Selbst-Interpretation des Menschen zu seinem Wesen, sondern die menschliche Interpretation der Welt ist auch in einer gewissen Weise Teil des Wesens der Welt. Deshalb ist unsere Suche hier konstitutiv offen, unabgeschlossen, nicht beendet, unendlich.

Wort

Eine Sprache ist mehr als ein Werkzeug; sie ist ein Körper, ein Teil von uns, ein Teil, der in gewisser Weise das Ganze repräsentiert, eine *pars pro toto*. Eine Sprache ist eine Art und Weise, auf die Welt zu schauen, ja auch in der Welt zu *sein*. Eben das ist die charakteristische Eigenschaft des Wortes: Das Bild, die *eikôn*, der Ausdruck und die Manifestation der Ganzheit zu sein, der Erstgeborene Gottes, gemäß hinduistischer, christlicher[45] und anderer heiliger Schriften. Aber hier ist der Singular wesentlich. Die vielen Worte ersetzen nicht das Wort als Inkarnation des Geistes. Wir müssen eine Sprache sprechen, und diese Sprache muss gewiss auch der regionale Dialekt der Gemeinschaft sein, der wir angehören. Nur ein Dialekt ist voller Leben, strahlt, und ist imstande auszudrücken, was kein künstliches Idiom, wie unentbehrlich es auch sein mag, je ausdrücken kann. Die Dichter wissen das. Gleichwohl können unsere zeitgenössischen Dialekte es sich

---

45 Siehe insbesondere Kolosser 1,15.

nicht länger leisten, der Jargon einer ausgewählten Gruppe oder die bloße Wiederholung von Klischees zu sein. Unser Dialekt muss in sich die Erfahrung anderer Weltanschauungen integrieren. Wir können jedoch nicht die Summe menschlicher Erfahrung in *eine* Sprache gießen, nicht, weil es dem Dichter an Können fehlte, sondern weil das Unterfangen von Anfang an unmöglich ist.

BAND X – PHILOSOPHIE UND THEOLOGIE

Der Band X, welcher der Philosophie und der Theologie gewidmet sind, umfasst unterschiedliche Schriften, die von dem schmalen Band *Jacobi y la filosofía del sentimiento*, das im Jahr 1948 entstand, bis zu meinem letzten (noch unveröffentlichten) Buch[46] reichen, das ich als mein philosophisches Testament betrachte, *Il ritmo dell'Essere/The Rhythm of Being*, entstanden aus meinen Gifford Lectures von 1989, die vor einer langen Zeit stattfanden. Das Grund des Stillstands dieses letzten Werkes, welches von Freunden und Verlegern immer wieder angemahnt wurde, ist der Tatsache geschuldet, dass das letzte Kapitel das Schicksal des Seins behandelt, dessen Argumentation ich lange meditiert habe, das aber in Erwartung einer Intuition, die nicht eintraf, in einer wenig befriedigenden Form blieb. Es ist vielleicht eine Anmaßung, über das Schicksal des Seins zu reden, wenn der Mensch ein Teil eben dieses Seins ist.

BUCH 1: DER RHYTHMUS DES SEINS

Die Gifford Lectures

Locus Philosophicus

Es ist kaum nötig, diese Vorlesungen mit einer Analyse der ungefähr 150 Vorlesungsreihen, die in den vergangenen 100 Jahren über das Schicksal von Lord Giffords Begriff der „Natürlichen Theologie" gehalten wurden, zu beginnen. Es genügt, die fundamentalen Veränderungen in der westlichen Gesellschaft vom Ende des letzten Jahrhunderts bis zum Beginn des

---

46 Dieses beeindruckende Werk, in dem Panikkar seine prestigeträchtigen Gifford Lectures von 1989 ausgearbeitet hat, war noch unveröffentlicht, als Panikkar das Vorwort für die italienische Ausgabe dieses Buches schrieb. *The Rhythm of Being* (Orbis Books, Maryknoll, NY) wurde 2010, im Jahr seines Todes, veröffentlicht. Der Autor betrachtet es als sein philosophisches Testament. Die englische Ausgabe dieses Buches verwendet als Einführung Abschnitte aus dem *Preface*, xxv–xxxii (Anm. d. Hg.).

neuen Jahrtausends in Erinnerung zu rufen. Was uns heute bewegt, ist vielleicht noch ein Widerhall vieler der alten Auseinandersetzungen über „Vernunft und Glaube", „natürliche und christliche Theologie", „die rationalen Grundlagen der Moral", „moderne Wissenschaft und Religion" und dergleichen, jedoch hat sich die fundamentale Problematik verändert.

Die Welt selbst hat sich verändert. Viel hat sich im letzten Jahrhundert ereignet, vieles ist neu: Zwei Weltkriege und mehr als einhundert größere bewaffnete Konflikte seit 1945 haben die Erde verwüstet; die Kolonialreiche sind verschwunden; die Technokratie hat sich über den ganzen Planeten ausgebreitet; religiöse Traditionen haben sich vermischt; ganze Völker sind entwurzelt worden; Mentalitäten haben sich gewandelt. All das hat uns an den Rand einer Mutation gebracht, die viel tiefer geht als eine bloße kulturelle Neuorientierung und viel mehr ist als nur eine Veränderung unseres Weltgefühls. Könnte es sein, dass die Wirklichkeit selbst sich zutiefst verändert, und wir uns mit ihr verändern? Ein „Paradigmenwechsel" wird nicht ausreichen, um es zu verstehen. Wir brauchen eine Transformation, eine *meta-noia* im wörtlichen Sinne einer Überwindung des *nous*.

Eine derartige Veränderung kommt nicht zustande, weil neue Dinge im Panorama erscheinen, sondern weil das Panorama selbst umgestaltet wurde. Eine solche Veränderung zu entdecken mag sehr wohl mit dem tiefsten Anliegen von Lord Gifford im Einklang stehen, der uns ermutigte, der Wirklichkeit selbst zu Leibe zu rücken mit Annahmen, die sich von denen, die üblicherweise von den Repräsentanten der Kirche und der akademischen Welt seiner Zeit angewandt wurden, unterschieden.

Kein geringeres Genie als William James, begann 1901 seine Gifford Lectures mit dem Eingeständnis: „Mit ziemlich bangen Gefühlen trete ich an dieses Pult und vor dieses gelehrte Auditorium."[47] Ich erspare Ihnen die Beschreibung meiner eigenen Gefühle, aber ich werde an Chuang Tzus Aussage erinnert: „Der ruhige Geist des Weisen wird zum Spiegel des Universums."

(…)

So weit wie möglich möchte ich aus der menschlichen Erfahrung der letzten ungefähr 6000 Jahre schöpfen und dabei der Weisheit des geschichtlichen Menschen erlauben, sich holoedrisch zu kristallisieren, um dann die Möglichkeit zu eröffnen, die Geschichte zu überwinden (nicht zu negieren) und somit in eine neue Phase im Leben der Wirklichkeit einzutreten. Mein *locus philosophicus* wird deshalb nicht allein im Bereich der Begriffe sein,

---

47 William James, Die Vielfalt religiöser Erfahrung. Eine Studie über die menschliche Natur. Übersetzt von Eilert Herms und Christian Stahlhut. Mit einem Vorwort von Peter Sloterdijk, Insel Verlag, Frankfurt am Main und Leipzig 1997, S. 37 (Anm. d. Hg.).

welche die Allgemeinwährung unserer Zeit bilden, sondern im Reich der Symbole, die vielleicht besser geeignet sind, die Situation der Menschheit über ihre ganze historische Zeitspanne hinweg zu beschreiben. Ich möchte sozusagen den darunterliegenden Mythos ergründen und Elemente dessen liefern, was vielleicht der entstehende Mythos für das menschliche Leben in seinem post-historischen Projekt ist.

(…)

Es ist ein irreführender Allgemeinplatz, wenn es heißt, wir sollten sagen, was die Alten sagen würden, wenn sie in unserer Situation wären. Dieses Vorgehen beginnt mit einer fehlerhaften Annahme, die einen der vielen Mythen der Moderne erkennen lässt. Wir müssen die Idee der Zeit überwinden, als wäre die echte Zeit unabhängig von den Dingen und Ereignissen, die mit ihr in Verbindung stehen. Wenn jene alten Weisen in unserer Zeit leben würden, wären sie nicht die vollkommen gleichen Weisen, mit vielleicht ein paar kleinen Anpassungen oder einem größeren Maß an zeitlicher Reife. Sokrates wäre nicht Sokrates ohne seine ganze zeitliche und räumliche Umwelt. Ein Jesus *redivivus* wäre nicht der lebendige Christus. Zeit ist nicht ein Zufall des Lebens oder des Seins. Wir können weder mit einer Fortführrung noch mit einer Reform des Alten zufrieden sein. Jede Existenz ist *zeitewig* (*tempiternal*), wie wir erklären werden, und mit dieser Beobachtung sind wir schon bei unserem Thema „Rhythmus des Seins" angelangt, das stets alt und stets neu ist.

Unsere Aufgabe und unsere Verantwortung sind es, die Weisheit vergangener Traditionen zu assimilieren, und wenn wir sie uns zu eigen gemacht haben, sie wachsen zu lassen. Leben ist weder Wiederholung noch Fortführrung. Es ist Wachstum, welches zugleich Bruch und Kontinuität impliziert. Leben ist Schöpfung.

Wenn Schöpfung ein Akt der Kontemplation ist, wie Plotin sagt, so bestünde wirkliches Wachstum darin, in einer kontemplativen Weise unsere Partnerschaft in der schöpferischen Tätigkeit der Wirklichkeit zu aktualisieren:

> Und die Natur würde auf die Frage, warum sie ihre Werke hervorbringt, antworten, falls es ihr darum gelegen wäre, (auf unsere Fragen) zu hören und zu sprechen: Es wäre besser gewesen, nicht zu fragen, sondern zu verstehen und still zu sein, so wie ich selbst still bin und nicht die Gewohnheit habe zu sprechen.

Der Philosoph aber befragt die Natur und antwortet in ihrem Namen:

> Und was müssen wir verstehen? Dieses: Was auch immer entsteht, ist meine Schau, die ich in meiner Stille sehe. … Die Geometer zeichnen ihre Figuren aus ihrer Schau, ich aber zeichne nichts: Ich betrachte

(θεωρούσης, *theôrousês*) nur, und die Figuren der materiellen Welt nehmen Sein an, als würden sie aus meiner Betrachtung fallen.[48]

Ich hätte *Śankarāchārya* und andere zitieren können, aber das soll genügen, um die Atmosphäre zu schaffen, die Lord Gifford sich wünschte, um „das Studium der Natürlichen Theologie im weitesten Sinn dieses Begriffes zu fördern, voranzubringen, zu lehren und zu verbreiten".

Doch das ist nur das halbe Bild, da wir nicht von einer linearen und äußerlichen Auffassung der Zeit ausgehen sollten, als wäre jeder zeitliche Augenblick nur die logische und „inertiale" Fortsetzung des vorhergehenden im Gegensatz dazu, dass Zeit im Rhythmus des Seins lebt und ein Aspekt von uns selbst und von allem ist, wie wir ausführen werden.

Wir sind keine kybernetischen Maschinen, die in raffinierter Weise nur den Gesetzen von Aktion und Reaktion folgen. Nicht nur der Künstler ist schöpferisch tätig. Jeder von uns ist Mit-Schöpfer, wie Bonaventura in Fortführung eines Gedanken des heiligen Paulus[49] bekräftigte.

Perspektive des Buches

Ein persönliches Bekenntnis mag nicht unangebracht sein, nachdem ich dieses Werk über fast 20 Jahre geplant und an ihm geschrieben habe. Während dieser langen, allzu langen Jahre war es meine große Versuchung, in die heutige Diskussion um die brennenden Fragen der Gerechtigkeit, die politischen Probleme, die soziologischen Fragen, linguistische Analysen, ethische Streifragen usw. hineinzuspringen und Haltungen einzunehmen, die in die *palestra*[50] unserer gegenwärtigen Zeit hinabtauchen. Ich brauche hier nicht die unzähligen Namen derer aufführen, die sich dieser noblen Aufgabe verschrieben haben. Ich schließe mich dem Chor der Stimmen an, die zu einer radikalen Transformation unserer herrschenden Kultur aufrufen. Nichtsdestoweniger wage ich hier schüchtern ein Solo, das glücklicherweise nicht allein ertönt. Als ein Mensch, der die Welt liebt und einer heiligen Säkularität das Wort redet, ignoriere ich nicht die Bedeutung des zeitgenössischen Denkens. Meine Perspektive, auch wenn ich das zeitgenössische Denken so viel wie möglich berücksichtige, ist jedoch eine etwas andere. Sie ist weder „orientalisches Denken", was auch immer das sein mag; noch ist sie reine Seinsmetaphysik, trotz der Zweideutigkeit des Wortes.

Die Perspektive dieses Buches ist eine zweifache. Erstens versucht es, den Monokulturalismus unserer gegenwärtigen Zeit zu überwinden, auch

---

48 Plotin, Enneaden III,8,4.
49 1 Kor 3,9; 1 Thes 3,2.
50 palaestra (lat.) = Ringplatz, von griech. πάλη = Ringkampf (Anm. d. Hg.).

wenn ich die geweihten Worte der westlichen Tradition benützen muss, wenn ich dem Gros meiner Leser verständlich sein soll. Mein Horizont ist hauptsächlich der der indo-europäischen Welt, aus der ich die meisten Beispiele und die Mehrzahl der Worte schöpfe. Weite Felder der menschlichen Erfahrung bleiben außerhalb dieses Blickwinkels, trotz meiner Bemühungen, auch für die Empfindsamkeiten von Völkern, die zu anderen Kulturen gehören, sensibel zu sein. Ich sollte es von Anfang an klarstellen, dass Worte wie „Welt", „Sein", und „Gott" eine universale Bedeutung beanspruchen. Diese haben sie jedoch nicht; derartige Worte übermitteln nur *eine* Sichtweise. Sich bewusst zu sein, dass es keine kulturellen Universalien gibt, kann für manche unserer Zeitgenossen an der gegenwärtigen geschichtlichen Wegkreuzung erhellend sein. Geschichte verstehe ich hier mehr als eine Offenbarung des „Zeitlosen" – oder auch des „Zeitvollen" – in der Zeit, statt als ein Narrativ von Ereignissen und deren Verbindung.

Aus diesem Grund werden die meisten Worte hier als Symbole gebraucht, und nicht als Begriffe. Symbole sind weder rein objektiv noch bloß subjektiv.

Sie erfordern die Teilnahme des Subjekts, welches im Symbol auch eine objektive Realität entdeckt. Deshalb ist menschliches Denken wesentlich dialogisch.

Ferner, Interkulturalität bedeutet nicht, dass wir uns vorwiegend mit den Problemen anderer Kulturen beschäftigen, so wie wir sie sehen, sondern dass wir versuchen, die Denkweisen anderer Völker, soweit es uns möglich ist, in eine zeitgenössische intelligible Sprache zu integrieren.

Das führt uns nun zu der anderen Perspektive dieses Buches: Es beabsichtigt, ein kontemplatives Werk zu sein. Der lange Verzug der Veröffentlichung hat mir geholfen, jeden Satz, der nicht die Frucht einer Erfahrung ist, zu streichen. Kein Wort sollte geäußert werden, das nicht aus der Kontemplation entstanden ist, aber keine Kontemplation ist möglich, wenn sie nicht die Frucht eines Handelns ist. Handeln bedeutet Leben, und Leben ist nicht Leben, wenn es nicht in vollem Maße gelebt wird – und daher auch so weit wie möglich bewusst gelebt wird. Gleichwohl muss Erfahrung ausgedrückt und interpretiert werden. Ausdrücke sind kontingent und Interpretationen sind nicht unfehlbar.

„*Die Wohnstatt des Göttlichen* in der heutigen Welt" war der ursprüngliche Titel der Gifford Lectures. Auch wenn ich den Titel geändert habe, aus Gründen, die deutlich werden dürften, ist der rote Faden des ganzen Werkes gleichgeblieben. Ich entwickle keine Kosmologie oder Anthropologie, sondern präsentiere eine Theologie – um an der gewöhnlichen Aufteilung des Wissens festzuhalten, die ich nicht akzeptiere, wenn eine solche Aufteilung als eine Zergliederung der Wirklichkeit interpretiert wird; dies ist bereits einer der Gründe für die Änderung des Titels.

Dieses Buch möchte auch eine Antwort sein auf Tausende von unbeantworteten Briefen, die in meinem Geist präsent waren, als ich diese Vorlesungen neu durchdacht habe.

Bei der Überarbeitung dieser Vorlesungen habe ich auch meine Gemeinschaft mit den unzähligen Brüdern und Schwestern erneuert, mit denen ich in der Vergangenheit und der Gegenwart in einen lebendigen und liebenden Dialog treten durfte. Meinem Gefühl nach ist dieses Buch ein gemeinschaftliches Unterfangen.

BAND X – PHILOSOPHIE UND THEOLOGIE

BUCH 2: PHILOSOPHISCHES UND THEOLOGISCHES DENKEN

Die folgende Schrift, *Philosophy as Life-Style/Filosofia stile di vita*[51], bietet sich an als Einleitung dieses Bandes über *Philosophie und Theologie* (eine Trennung, die, wie im Prolog erklärt, eines Grundes entbehrt, da beide Disziplinen sich gegenseitig implizieren), insofern sie die Bedeutung, welche die Philosophie in meinem Leben hat, unterstreicht, Philosophie verstanden nicht nur als *Liebe zur Weisheit*, sondern auch als *Weisheit der Liebe*.

> *„Nessuna parola senza voce e carne ... –*
> *Kein Wort ohne Stimme und Fleisch ..."*

1. Philosophie ist ebenso *Weisheit der Liebe* wie *Liebe zur Weisheit*. Und wahre Liebe ist nicht nur spontan, sondern auch ekstatisch, das heißt nicht-reflexiv: Sie ergibt sich nicht durch kritische Analyse. Sie hat kein Warum. Sobald ich einen Grund für meine Liebe angeben kann, ist sie nicht mehr echte Liebe. Philosoph zu sein ist wie verliebt zu sein – es passiert einfach. Philosophie ist eine primäre, keine sekundäre Haltung: „Wer von Gott verflucht ist, ein Philosoph zu sein!", wie Fichte sagte. Philosophie kann weder durch den Willen noch durch den Verstand manipuliert werden. Beides, Wille und Verstand, sind Mittel und Werkzeuge, aber sie sind keine Gebieter. Philosophie ist eine besondere Art der Liebe. Sie ist Weisheit, Weisheit der Liebe, die Weisheit, die in der Liebe enthalten ist. Philosophie ist nicht einfach *erôs* oder *agapê* oder *bhakti* oder *prema*. Sie ist die *sophia* (*jñāna*) der uranfänglichen Liebe. Sie ist Transparenz, der Glanz (*svayamprakāsha*) des ursprünglichen und alles-hervorbringenden *kāma*, Impulses, Dranges, Akts, das *karman* der Wirklichkeit. Und Weisheit wird geboren,

---

51 Diese Einführung verwendet den Artikel *Philosophy as Life-Style*, als Grundlage, erschienen in: A. Mercier, M. Svilar (Hg.), Philosophes critiques d'eux-mêmes – Philosophers on Their Own Work – Philosophische Selbstbetrachtungen, Bern, Frankfurt, Las Vegas 1978, 193–228, übersetzt ins Italienische als *Saggezza stile di vita*, San Domenico di Fiesole 1993.

wenn sowohl die Liebe zur Erkenntnis und die Erkenntnis der Liebe spontan zusammenfließen.

Eine solche ursprüngliche Philosophie wird dann in einer Lebensform Gestalt annehmen; oder besser gesagt, sie wird der Ausdruck des Lebens selbst, ob geschrieben oder in einer eigenen persönlichen Lebensweise in der Wirklichkeit ausgedrückt. Eine Philosophie, die sich nur mit Strukturen, Theorien und Ideen befasst und sich vom Leben fernhält, Praktikabilität vermeidet und Gefühle unterdrückt, ist nicht nur einseitig, weil sie andere Aspekte der Wirklichkeit nicht berücksichtigt, sondern auch schlechte Philosophie. Die Wirklichkeit als solche kann nicht von einem einzigen Organ oder nur in einer ihrer Dimensionen erfasst, begriffen und verwirklicht werden. Solch ein Zugang würde die Philosophie nur in eine weitere Wissenschaft verwandeln, eine neue Form der Algebra, aber er würde die Philosophie als Weisheit zerstören und verhindern, dass sich Philosophie in einem menschlichen Lebensstil ausdrückt. Daher setzen alle Traditionen ein reines Herz, eine asketische Gesinnung und ein authentisches Leben als Grundlage für wahrhafte philosophische Betätigung voraus.

Philosophische Betätigung erfordert restloses Engagement. Eine moralisch schlechte Person mag ein guter Mathematiker sein, aber sie kann kein Philosoph sein, zumindest nicht in einem existentiellen Sinn. Ein Zen-Meister würde sagen: Nur, wenn du du selbst bist, dein reines Selbst, wirst du die Dinge erkennen, wie sie sind. Diese Art der mit Erfahrung verbundenen Weisheit schließt das, was die westliche Tradition seit Kant den kritischen Aspekt der Philosophie genannt hat, mit ein, aber sie geht auch darüber hinaus. Jede kritische Analyse muss bei einer letztgültigen Erfahrung ankommen, und hier, am Sitz der Weisheit, ist es, wo die Philosophie geboren wird. Ich habe das in der Vergangenheit *Sophodizee* genannt.

2. Wie kann ich meine Philosophie vertreten, ohne ihr dabei Gewalt anzutun? Sobald mein Lebensstil nicht mehr spontan und frei ist (weil er nicht mehr rein sein mag oder von externen Faktoren beeinflusst ist), hört meine Philosophie auf, authentisch zu sein. Kann ich mir selbst gegenüber ein wahrer Zeuge sein? Kann ich wirklich mir selbst gegenüber kritisch sein? Kann das Selbst der Wissende bleiben, wenn es zugleich das Gewusste ist? Würde ich nicht die Quelle verschließen, wenn ich zu ihr zurückkehrte? „Mein Lieber, wie kannst du den Erkennenden erkennen?", fragt eine Upaniṣad (BU II,4,14). Ich könnte in der Tat die Reise meines Lebens zurückverfolgen; aber ich kann die Fußspuren nur sehen, wenn ich nicht mehr in ihnen stehe. Deshalb bezweifle ich, dass es möglich ist, eine persönliche Aussage über mich selbst zu machen. *Kein Wort, wenn es nicht Fleisch wird!*

Vielleicht kann ich aber etwas anderes tun: Mir die Last, die ich während meiner gesamten Pilgerschaft nach oben getragen habe, in Erinnerung rufen und sehen, ob ich sie leichter machen kann, indem ich Überflüssiges loswerde.

3. Ich habe immer ein großes Bedürfnis verspürt, die Wirklichkeit zu umfassen, oder besser, zur Wirklichkeit in ihrer Fülle zu werden (sie zu leben). Daher mein Interesse an den letzten Fragen – nicht auf eine rein theoretische Weise, sondern indem ich mich als Person ganz und gar auf sie einlasse. Nachdem ich die Spekulationen über das Absolute in der gesamten Menschheitsgeschichte studiert hatte, war ich so mit der Sehnsucht erfüllt, das Wahre, das hinter seinen Erscheinungen ist, zu suchen, dass ich versucht war, die Wirklichkeit hinter mir zu lassen. Ich war versucht, entweder ein spezialisierter Akademiker oder ein a-kosmischer Mönch zu werden. Ich fühlte die enorme Anziehung und Faszination beider Wege – rein intellektuelle Abstraktion und kompromisslose Askese. Wenn ich jetzt sowohl den akademischen als auch den religiösen Weg gewählt habe, dann nur, weil ein Professor für mich jemand ist, der „bekennt" (*professes, professa*), der mit seinem ganzen Leben ein Bekenntnis (*profession, professione*) des Glaubens, ein Glaubensbekenntnis ausdrückt. Und ein religiöser Mensch ist jemand, der sich darum bemüht, der danach strebt, eine harmonische Vereinigung des Heiligen und des Säkularen zu erreichen.

In dieser Hinsicht fühle ich meine Berufung zu einer Synthese und einem all-umfassenden, globalen Ansatz. Die christliche Lehre von der Auferstehung des Leibes ist für mich zu einem lebendigen Symbol geworden. Nichts von dem, was existiert, darf verloren gehen. Das Wirkliche kann nicht vom Körperlichen losgelöst sein – ja, es kann nicht ohne Materie existieren, obwohl es nicht aus Materie allein besteht.

4. Meine akademischen Studien begannen mit der Materie. Sieben Jahre lang waren Physik und Chemie meine ernsthaftesten intellektuellen Betätigungen. Nebenher begann ich, Philosophie zu studieren, aber nicht, weil meine wissenschaftlichen Studien mich enttäuscht hätten. Es war vielmehr eine Weiterführung meiner Interessen. Der philosophische *pathos* war die ganze Zeit über da gewesen, es brauchte aber Geduld, bis ich imstande war, diesen Interessen in einer intensiven und systematischen Weise zu folgen. All das führte zu langen Jahren streng philosophischer Studien und intellektueller Tätigkeit.

Die lineare Struktur des geschriebenen Wortes zwingt mich dazu, als drittes, über meine theologischen Studien zu schreiben. Wiederum war dieses Interesse schon da seit meinem frühen bewussten Leben. Es gab da keinen Bruch oder einen plötzlichen Wendepunkt. Sogar der Begriff „Theologie" wurde bald zu klein, um mein Interesse und Engagement zu beschreiben, mein totales mich Vertiefen ins Leben, in voller Kommunion mit der Wirklichkeit. Für mich ist dieser Punkt der religiöse Drang. Ich verstehe Religionen als unterschiedliche Wege, die zur Erfüllung führen, zu Glück oder zu Befreiung. Statt Religion als etwas zu verstehen, das uns an das Höchste Ziel bindet (*religat*), sehe ich sie als etwas, das uns von allen Begrenzungen entbindet und uns dadurch Freiheit und Freude anbietet.

Die wahrhaft religiöse Person ist nicht jemand, der „Herr, Herr" sagt",[52] sondern jemand, der existenziell die Trennung zwischen Gott und der Welt überwindet. Nur so können wir Transzendenz lernen: „Herr, wann haben wir dich nackt, hungrig, im Gefängnis gesehen…?" (Mt 25,37–40). Die Unaussprechlichkeit Gottes kann nur bewahrt werden, wenn wir nicht über sie sprechen.

Das „Denken der Transzendenz" zerstört entweder das Denken oder beseitigt die Transzendenz. An diesem Punkt wird es offensichtlich sein, dass ich mich nicht mit einer rein theoretischen Haltung zufriedengeben konnte, sondern in der Weisheit leben musste, die den Menschen, die Götter und das Universum bewegt: „Hier stehe ich und kann nicht anders!" (Luther).

Ich will jetzt mein Bekenntnis (*confession, confessione*) für einen Moment beiseitelassen und etwas über meinen Beruf (*profession, professione*) sagen: über das, was ich als meine Überzeugungen bekenne (*profess, professere*), das heißt, was mich überwältigt und über-wunden (*convinced* – von *con-victus*) hat in meinem Ringen mit der Wirklichkeit – was natürlich nicht immer wie ein Engel aussah.[53]

Ich möchte zusammenfassend mein philosophisches Leben unter zwei Überschriften stellen: *existentielles Risiko* und *intellektuelle Verantwortung*.

5. *Existentielles Risiko* ist das Risiko eines Lebens, das in mehr als einer Kultur und mehr als einer Religion verwurzelt ist, einer Existenz sowohl der Orthopraxie als auch der Orthodoxie. Persönliche Umstände (biologischer, historischer und biographischer Natur) haben mich dazu gebracht, das Risiko einer Konversion ohne Entfremdung, einer Akzeptanz ohne Zurückweisung, einer Synthese oder Symbiose ohne Synkretismus oder Eklektizismus einzugehen. Hier wurde die hinduistische Lehre vom persönlichen *karman* (*svadharma*) zu einem neuen lebendigen Symbol für mich. Es ist nicht so, dass ich mich aus Willkür sowohl als indisch als auch europäisch als hinduistisch als auch christlich betrachte, oder dass ich mich künstlich sowohl als eine religiöse als auch eine säkulare Person bezeichne. Es ist vielmehr so, dass ich durch meine Geburt, meine Erziehung, meine Initiation und mein praktisches Leben eine Person bin, die gleichzeitig die originären Erfahrungen der westlichen (sowohl säkularen als auch christlichen) Tradition

---

52 Vgl. Mt 7,21.
53 Vgl. Gen 32,29.

und der indischen (sowohl der hinduistischen als auch der buddhistischen) Tradition lebt.

Ich brauchte ungefähr drei Viertel meines Lebens, um dies mit Zuversicht sagen zu können. Ich bin mir bewusst, dass das ein Risiko in sich birgt, aber die Herausforderung bleibt. Gegenseitiges Verstehen und gegenseitige Befruchtung zwischen verschiedenen Traditionen der Welt können nur stattfinden, wenn man bei dem Versuch, die bestehenden Spannungen zu überwinden, sein eigenes Leben opfert, ohne schizophren zu werden, und zugleich die Polaritäten aufrechterhält, ohne Opfer einer persönlichen oder kulturellen Paranoia zu werden. Nur eine solche Haltung einer gelassenen Akzeptanz ermöglicht es, die ersehnte Transformation zustande zu bringen. Interkultureller Dialog ist nicht bloß eine politische Notwendigkeit oder eine rein akademische Übung. Es ist eine persönliche Angelegenheit und muss mit einer intra-religiösen Erfahrung beginnen. Wenn ich in mir selbst nicht die schmerzlichen Spannungen und Polaritäten der Wirklichkeit fühle und sie erleide, wenn ich nur eine Seite von innen sehe und die andere von außen, werde ich nicht imstande sein zu „begreifen" („*com-prehend*", „*com-prendere*"), das heißt, die beiden Visionen der Wirklichkeit zu umarmen und so beiden gerecht zu werden.

Eine andere Art, diese Erfahrung zum Ausdruck zu bringen, ist es, über mein Interesse am Mythos und mein Vertrauen in den Geist zu sprechen. Dieses Vertrauen brachte mich dazu, den *dharma* meiner konkreten Existenz nicht so sehr zu wählen als vielmehr zu akzeptieren und mich der Ausarbeitung einer persönlichen Spiritualität zu widmen. Diese Art der Spiritualität versucht letztlich einen Dialog mit der Grundlage des Menschlichen, der nicht allein oder vorrangig auf dem *logos* gegründet ist, sondern den Geist (*Spirit*) als gleichermaßen fundamental ansieht. In der westlichen Tradition gibt es eine Tendenz zum „Krypto-Subordinationismus", der nicht überwunden werden kann, nicht einmal von den vielen neuen, gut fundierten Pneumatologien, und noch weniger von Phänomenologien. Der Geist kann nicht auf den Logos reduziert oder ihm untergeordnet werden.

Eine Phänomenologie des Geistes (*Spirit*), der spirituellen Wirklichkeit, ist so unvollständig wie eine Ballettaufführung in einem Stummfilm. *Mythos* und *logos* gehören zusammen. Und doch ist ihre Beziehung weder dialektisch noch mythisch; es ist vielmehr eine für beide konstituierende Beziehung. Wäre die Verbindung logisch, würde der Geist (*Spirit*) im *logos* ersticken; wäre sie mythisch, würde der *logos* auf den Geist (*Spirit*) reduziert. In anderen Worten, es gibt keinen *logos* ohne *mythos* (dessen Sprache der *logos* ist), und es gibt keinen *mythos* ohne *logos* (dessen Grundlage der *mythos* ist). Das „Niemandsland" ihrer Beziehung ist vollkommen leer. Keiner überragt den anderen. Hier wurde für mich die buddhistische *śūnyatā*, die radikale Leere, zu einem lebendigen Symbol. Nur *pratītyasamutpāda*, die radikale Relationalität von allem, was existiert, kann eine Harmonie ohne Verdrehungen aufrechterhalten.

6. *Intellektuelle Verantwortung* ist nicht weniger ein existentielles Risiko. Sie besteht darin, diese grundlegenden existentiellen Erfahrungen in einer intelligiblen Weise zum Ausdruck zu bringen. Kann die Menge der eigenen persönlichen Experimente und Erfahrungen einen intelligiblen Ausdruck finden? Das könnte uns zu der Frage zurückbringen, ob es möglich ist, das Monismus/Dualismus-Dilemma nicht nur auf der existentiellen, sondern auch auf der intellektuellen Ebene zu überwinden.

Das ist genau der Ort für den Begriff des *advaita*. Damit meine ich die unmittelbare Erfahrung, die uns für eine Wirklichkeit öffnet, in der Unterschiede nicht verabsolutiert (Dualismus: Gott-Welt; Materie-Geist), nicht ignoriert (Monismus: reiner Materialismus, reiner Spiritualismus), nicht vergöttlicht (Pantheismus: alles ist göttlich und nur göttlich) und nicht auf reine Schatten (Monotheismus: ein einziges Prinzip, ein Herrscher, viele Untertanen) reduziert werden. Wirklichkeit ist charakterisiert durch Polarität, mit einer Spannung zwischen den Polen. Die Symbole dafür sind Säkularität, *advaita* und Trinität: Zeit und Zeitlosigkeit sind ko-extensiv und aufeinander bezogen; die höchste Intuition ist a-dualistisch; die Wirklichkeit ist trinitarisch.

Es ist unmöglich, diese intellektuelle Aufgabe hier im Detail auszuführen. Ich werde mich auf einige wenige Gedanken beschränken.

a) Der Begriff der *Ontonomie* (*nomos tou ontos*), welcher sich sowohl auf die internen als auch auf den konstitutiven *nomos* jedes Wesens bezieht, trägt, wie ich glaube, zum gegenseitigen Verständnis und zur Befruchtung in den verschiedenen Bereichen menschlicher Aktivität und Seinsebenen bei, indem er (ontonomes) Wachstum ermöglicht, ohne die Harmonie zu zerbrechen. Dieser Begriff scheint mir entscheidend zu sein für Politik, Wirtschaft, Wissenschaft, Metaphysik, Religion, und das Leben überhaupt. Er stellt nicht eine losgelöste und abgetrennte Unabhängigkeit besonderer Sphären auf (Autonomie), oder die Dominanz der sogenannten höheren Sphären über die schwächeren und kleineren (Heteronomie), sondern die reziproke Bezogenheit, die radikale Relationalität (*pratītyasamutpāda*), die uns zeigt, dass die Höchste Wirklichkeit eine a-dualistische Polarität ist, und dass daher das Wohl jeder einzelnen Sphäre des Seins in der harmonischen Integration in das Ganze besteht (Ontonomie).

In unserer ökologisch verwundeten Welt beginnen wir zu akzeptieren, dass es nicht im Interesse irgendeines Landes sein kann, mehr Energie zu verbrauchen als andere; dass es nicht von Vorteil sein kann, die stärkste militärische Macht zu werden; dass es *nicht* vernünftig ist, *Laissez-faire*-Liberalismus zu praktizieren oder künstliche Maßnahmen aufzuerlegen; dass

Freiheitseinschränkungen Rebellionen entfachen; dass die Ermutigung zur Anarchie Totalitarismus hervorruft, und so fort.

Ist es möglich, eine ontonome Ordnung zu entwickeln? In dieser Hinsicht ist das Symbol dafür die *Person*, wie ich finde. Besteht das Mysterium der Person nicht darin, weder Singular noch Plural zu sein? Eine Person ist die Konjugation aller Fürwörter. Wenn ich das „Ich" verletze, wird das „Du" leiden. Wenn ich den Sohn ehre, wird sich die Mutter freuen. Solch einen ontonomen Zustand zu entwickeln, wo das Optimum nicht notwendigerweise das Maximum ist, ist nicht nur eine Wissenschaft, sondern auch eine Kunst. Hier braucht die Theorie sowohl *praxis* und auch als auch *poiêsis*, Kreativität: nicht Technologie, sondern *Techno-Kultur*. Letztere sollte nicht mit Technokratie verwechselt werden, wo es die Macht der Technologie ist, die zum Ausdruck gebracht wird, und nicht die Kunst der *technê*.

b) Ich möchte hier – neben den ultimativen und daher irreduziblen Differenzen, wie sie in der Ontologie und Theologie formuliert werden – die *symbolische Differenz* einführen, welche die symbolische Struktur jeglicher Wirklichkeit ausdrückt und die Dichotomie zwischen Subjekt und Objekt auf der epistemologischen wie der ontologischen Ebene überwindet. Ein Symbol ist nicht eine andere „Sache" wie ein Zeichen (das von Natur aus noetisch ist). Ein Symbol ist einfach das, was im Symbol selbst erscheint. Das Symbol als die Sache zu nehmen, ist genauso falsch wie die Sache für das Symbol zu nehmen; und doch sind sie nicht *zwei*. Das Symbol ist weder auf der Seite des Objekts noch auf der Seite des Subjekts, sondern in der Beziehung zwischen ihnen. Sein als ein Symbol anzuerkennen, öffnet meiner Meinung nach ein neues Kapitel in der Begegnung der Kulturen und Weltanschauungen.

c) Ein dritter Neologismus ermöglicht mir, etwas kurz zu skizzieren, was von entscheidender Bedeutung ist, um den Menschen und die Vielfalt der Kulturen und Religionen zu verstehen. Die Phänomenologie hat es uns möglich gemacht, sehr unterschiedliche Bewusstseinszustände mithilfe einer geeigneten *epochê* (die Zurückstellung der Frage nach wirklicher, faktischer Existenz) zu verstehen und so zu einem intelligiblen *noêma* (die wahrgenommene Bedeutung) zu kommen. In entsprechender Weise brauchen wir *pisteuma*, um auf die Symbole des Glaubens zuzugreifen. Zwei Grundannahmen werden hier gemacht. Erstens: Glaube ist ein wesentliches, grundlegendes Phänomen des *Humanum*. Zweitens: Auch das menschliche Selbstverständnis ist ein fundamentales Element des menschlichen Wesens (anders als das Wesen eines objektivierbaren „Dings"). Deshalb muss man zuerst wissen, was der Mensch glaubt, dass er ist, um zu verstehen, was der Mensch ist. Und deshalb muss man auch bis zu einem bestimmten Grad seine Glaubenssätze verstehen. Zweifelsohne sollten wir die damit verbundenen „methodologischen" Schwierigkeiten nicht unterschätzen.

d) Meine Studien über die Beziehungen zwischen Kulturen haben mich überdies zum Begriff einer *diatopischen Hermeneutik* geführt, welche sich von der morphologischen wie der diachronischen Hermeneutik unterscheidet. Der Unterschied besteht darin, dass die diatopische Hermeneutik mit dem Bewusstsein beginnt, dass die *topoi* (die *loci* der verschiedenen Weltanschauungen) nicht mit den Kategorien (Werkzeuge des Verstehens) nur einer Tradition oder Kultur verstanden werden können. Während die morphologische Hermeneutik die verborgenen Schätze einer bestimmten Kultur entfaltet, und während die diachronische Hermeneutik den zeitlichen Abstand in der Geschichte der menschlichen Kultur überbrückt, versucht die diatopische Hermeneutik, eine Konvergenz radikal unterschiedlicher menschlicher Horizonte zu bewirken. Der erste Schritt hier könnte der *dialogische Dialog* sein, der den *logos* bis zum *mythos* hin durchdringt, wobei er sich von einem bloß dialektischen Dialog unterscheidet. Wie können wir am Selbstverständnis einer anderen Person teilhaben? Das Problem hier ist enorm, und es ist komplex. Wir brauchen hier wiederum eine Liebeseinheit zwischen *mythos* und *logos*, oder zwischen *ātmavāda* und *nairātmyavāda*.

e) Eine andere Art, die gleiche Einsicht auszudrücken, besteht darin, von der *tempiternen/zeitlich-ewigen* Natur der Wirklichkeit zu sprechen. Die säkulare Kultur hat recht, wenn sie sagt, dass Sein und Zeit „ko-extensiv" sind, so dass es nichts gibt, das von der Zeit unberührt bleibt. Der Zeitaspekt der Wirklichkeit ist jedoch nur ein Aspekt der tempiternen/zeitlich-ewigen Natur aller Dinge. Die Wirklichkeit erschöpft sich nicht allein in ihrem zeitlichen Aspekt. Die Wirklichkeit ist nicht jetzt zeitlich, und „später" ewig, sondern tempitern, zugleich zeitlich und ewig.

f) Schließlich rang ich mit der Formulierung mit dem, was ich die *kosmotheandrische* oder *theanthropokosmische* Intuition genannt habe. Die Wirklichkeit ist a-dualistisch, und jedes Sein hat drei konstituierende Dimensionen: die kosmische, die menschliche und die göttliche. Man könnte auch sagen: die materielle (Raum-Zeit), die intellektuelle (Bewusstsein) und die des Mysteriums (Unendlichkeit).

Nach einer Zeit, in der eine mythisch-holistische Sicht der Wirklichkeit vorherrschte, haben Menschen in den letzten dreitausend Jahren versucht, die Wirklichkeit mithilfe von Unterteilung, Abstraktion und Spezialisierung zu meistern. Jetzt ist die Zeit gekommen, in der man die zersplitterten Teile dieser partiellen Einsichten langsam in einer neuen, globalen Sicht zusammenfügen kann. Es gibt keine Materie ohne Geist und keinen Geist ohne Materie, keine Welt ohne den Menschen und keinen Gott ohne das Universum, usw. Gott, Mensch und Welt sind drei Formen der drei ursprünglichen Attribute, welche die Wirklichkeit beschreiben und denen man künstlich eine eigenständige Substanz zugeschrieben hat. Die drei Welten (*triloka*), die man praktisch in allen Traditionen findet, sollten in eine Sichtweise synthetisiert werden, welche die Einsichten der Analyse nicht übersieht, aber die Wiederentdeckung der Wirklichkeit als ein dynamisches Ganzes ermöglicht. Es gibt keine drei getrennten Bereiche oder Ebenen; stattdessen durchdringt jeder Aspekt die anderen beiden in einem gegenseitigen Wechselspiel; jede Dimension ist auch im kleinsten Teil der Wirklichkeit gegenwärtig.

Ein Beispiel aus dem Bereich der Religion ist die Sichtweise, dass die verschiedenen Weltreligionen jeweils Dimensionen voneinander sind. Keine einzelne Religion – nicht einmal alle traditionellen Religionen zusammengenommen – hat das Monopol auf *Religion*.

7. Das eben Gesagte ist das Ergebnis persönlicher Erfahrung, die weder individualistisch noch soziologisch ist, sondern die in dem winzig kleinen Spiegel sich ereignet, der alle Wirklichkeit reflektiert und deshalb enthält – im inneren Mikrokosmos der Person, in der Tiefe kontemplativer Liebe, auf die ich anfangs Bezug nahm.

BAND XI – HEILIGE SÄKULARITÄT

Dieser Band ist der Säkularität gewidmet, die als „heilig" definiert wird, weil sie den Lebensstil darstellt, zu dem wir aufgerufen sind, wenn wir die Dichotomie zwischen heilig und profan überwinden.

Es geht nicht darum, der Welt zu entfliehen, sondern vielmehr sie zu verwandeln. Wir müssen das Heilige „finden" und seinen säkularen Pfad „entdecken". Uns erscheint die heilige Säkularität wie ein Katalysator, der eine Transformation bewirkt, die nicht bloß ein Kleiderwechsel oder eine neue Mode ist, sondern eine geschichtliche Mutation. Wenngleich die Aufgabe nicht einfach ist, ist sie doch zugleich dringend wie fasizinierend.

Dieses Buch ist ein Ruf zur Transformation. Die Transformation von Summen in Stille, des Murmelns zitternden Aufkochens in die Beruhigung äußeren und inneren Lärms gehört zur Lebenskunst, das heißt, zur Weisheit.

Dieser Band möchte eine Sicht der Welt vorstellen, in der, ohne die mögliche Transzendenz des Göttlichen zu leugnen, in der die Immanenz des Heiligen in den Eingeweiden der Welt hervorgehoben wird. Viel zu lang hat die sogenannte *Religion* versucht, uns mit einem transzendenten Sein zu verbinden (*religare*) auf Kosten der Immanenz des Seins in Seienden, und so eine Spaltung im Menschen verursacht. Die Verteidigung der Heiligkeit der Welt bedeutet die „Wiedervereinigung" dieser beiden Bereiche, aber ohne sie zu vertauschen. Die Krise einer exklusiv transzendenten Religion kann nicht gelöst werden, indem man das Weltliche im Göttlichen aufgehen lässt, und auch nicht, indem man Göttliches und Weltliches vertauscht. Es kommt zustande durch die Anerkennung und Erfahrung der intrinsischen Beziehung zwischen diesen zwei „Dimensionen" der Wirklichkeit im Menschen selbst, dem Berührungspunkt zwischen Himmel und Erde – was ich die *kosmotheandrische Schau* genannt habe.

Nach zwei Jahrhunderten der Kontroverse über den Gegensatz zwischen „säkular" und „religiös" (in einer Zeitspanne, die die Französische Revolution, die industrielle Revolution und die Russische Revolution umfasst und sich bis zum Zweiten Vatikanischen Konzil, dem Fall der Berliner Mauer und den Auseinandersetzungen zum Verhältnis zwischen Naturwissenschaft und Religion erstreckt) ist vielleicht die westliche Welt in einer besseren Position, um über den letztendlichen Sinn des Phänomens der Säkularität zu reflektieren, indem sie der Beiträge der Wissenssoziologie und der Perspektive einer interkulturellen Wissenschaft der Religionen Rechnung trägt. Der

Standpunkt dieser Untersuchung ist genuin philosophisch im traditionellen Wortsinn. Philosophie ist eng verbunden mit Erkenntnis, und nicht nur mit der Analyse begrifflicher Aussagen. Wir werden natürlich auf die Beiträge der Soziologie, Theologie und Religionswissenschaften zurückgreifen, doch werden wir das Problem in der Perspektive des zeitgenössischen Menschen definieren und über seine Erfahrung über die letzten 6000 Jahre der Geschichte reflektieren. Ich glaube, das ist die richtige Perspektive, um die Probleme der Menschheit in Angriff zu nehmen. Wenn wir diese Perspektive einengen, wird das Ergebnis oberflächlich sein und den aktuellen Bewusstseinsgrad nicht erfassen können. Wenn wir sie bis in prähistorische Zeiten ausweiten, wird die Suche schwieriger, wobei die Frage, wo man die Grenze ziehen soll, strittig wäre.

Dieser zweite Teil sagt uns, dass Säkularität ein – relatives – Novum im Leben des Menschen auf Erden darstellt. Säkularität geht mit einer besonderen Erfahrung der Zeit einher als eines *wesentlichen* Bestandteils der Wirklichkeit, und daher auch der Menschheit. Sie ist ein Novum, welches Chronologien und Kulturen transzendiert und zu einem allgemeinen Mythos wird. Sie ist vor allem ein relatives Novum, weil jede Veränderung relativ ist, aber auch, weil es diese Erfahrung seit Anbeginn der Zeit in den entferntesten Winkeln der menschlichen Existenz gibt und sich schon in den traditionellen Weisheitstraditionen in Ansätzen gezeigt hat. Durch die menschlichen Traditionen hindurch haben viele Säkularisierungsprozesse stattgefunden; im Laufe der Geschichte gab es auch viele weise Menschen (einige nennen sie Mystiker oder Poeten, andere Wissenschaftler und Denker), die die wahrhaft säkulare Dimension der Wirklichkeit als etwas Einzigartiges und nicht einfach Vergängliches erfahren haben, wenngleich sie nicht alles auf diese Dimension reduziert haben. Das hören wir aus den Worten der Poeten.

Wir kommen nun zur Frage der Zeit. Raum und Zeit sind zwei unvermeidliche Notwendigkeiten des menschlichen Lebens. Es gibt eine Zeit, die Daten beinhaltet, kollektive und öffentliche Geschichte; aber es gibt auch eine Zeit ohne Daten – privat und intim. Im Augenblick wird dem Leben hier auf der Erde großer Wert beigemessen, man spürt keine Notwendigkeit, dass die Zeit zu einem Ende kommt.

Bis hin zur Gegenwart hatte das Phänomen der Säkularität jedoch keine so weitreichende Bedeutung. Säkularität für sich allein würde den Menschen ersticken, doch kann die säkulare Dimension der Wirklichkeit nicht in den Hintergrund gedrängt werden, wenn wir die entstehende Kultur unserer Zeit und eine vollständigere Sicht, was menschliches Leben jetzt ist, getreu darstellen wollen

Gehört der „Mensch, der erkennt, dass es eine materielle Beschäftigung ist, Brot für sich selbst zu beschaffen, und eine spirituelle Beschäftigung,

Brot für andere zu beschaffen" (Berdjajew) zu einer säkularisierten Welt oder einer nicht-säkularisierten, aber noch undefinierten Welt? Ist Brot für die Hungernden zu geben (welche Art von Hunger auch immer in Frage kommen mag), nur eine profane Pflicht oder eine „religiöser" Institutionen, oder ist es nicht vielmehr die Pflicht heiliger Säkularität? Was ich damit sagen will: Wenn alles, was wirklich ist, reduziert wird auf das, was bloß säkular (was noch definiert werden muss) ist, wird die Wirklichkeit erstickt und ihrer intrinsischen Unendlichkeit und Freiheit beraubt. Aber in gleicher Weise würde die Verleugnung des realen und definitiven Merkmals der Säkularität das menschliche Leben zu einem bloßen Spiel ohne echte Bedeutung oder Würde erniedrigen. Vielleicht liegt einer der Gründe für die offensichtlich universale Krise der heutigen Menschheit darin, dass eine Synthese zwischen dem Heiligen und dem Säkularen noch nicht erlangt worden ist.

Vielleicht stehen wir an der Schwelle einer neuen „Achsenzeit", aber in diesem Falle nicht einer der Geschichte, wie von Karl Jaspers beschrieben, sondern einer des menschlichen Lebens auf der Erde. Das historische Zeitalter, das heißt, das Zeitalter der Menschheit mit vorwiegend historischem Bewusstsein, neigt sich dem Ende zu. Nichtsdestotrotz bleiben ihre Archetypen unter und in uns, aber das Zeitalter, das die letzten 6000 Jahre umfasst, wird fortschreitend durch andere Formen des Bewusstseins ersetzt. Ich glaube, dass das historische Bewusstsein, oder der Mythos der Geschichte, begonnen hat, kairologisch (nicht chronologisch) durch ein trans-historisches Bewusstsein ersetzt zu werden. Das Phänomen der Säkularität ist eine Manifestation dieser Transformation. Die Essenz der Säkularität ist eine bestimmte Erfahrung der Zeit als einer konstitutiven Dimension der *tempiternen/zeitlich-ewigen* Wirklichkeit.

Ich beziehe mich hier nicht auf die Religiosität des Westens von einem soziologischen Blickpunkt aus. Es gibt zahlreiche Untersuchungen zu diesem Thema. Im Endeffekt verändert sich die Situation beinahe alle zehn Jahre, und von einem Land zum anderen. Wir haben eine exzessive Tendenz, die Welt nach dem Maß unserer eigenen provinziellen Parameter zu beurteilen. Im Laufe der Geschichte gab es viele säkulare Bewegungen, aber wir müssen festhalten, dass es sich in der gegenwärtigen Form um ein fundamental westliches Phänomen handelt.

Säkularität ist ein trans-kulturelles Phänomen, das für unsere Zeit charakteristisch ist. Wenn wir – mit Verlaub – den Ausdruck *saeculum senescens* (eine alternde Welt), den Augustinus in *De Civitate Dei* beim Fall des Römischen Reiches geprägt hat, modifizieren, können wir heutzutage von einem *saeculum emergens* (eine entstehende Welt) sprechen, aber wir müssen vielleicht paradoxerweise hinzufügen: *et necans seipsum* (und sich selbst-zerstörende), wenn wir uns als nicht fähig erweisen, die tödlichen Tendenzen der heutigen vorherrschenden Kultur zu neutralisieren.

Wir haben diejenige Säkularität, welche dem gewöhnlichen Leben entspricht, als heilig bezeichnet, um so die immer noch weit verbreitete Dichotomie zwischen heilig und säkular zu überwinden. Das Heilige ist sicherlich nicht das Profane, aber es kann in gleicher Weise zu einem säkularen wie zu einem religiösen Leben gehören.

BAND XII – RAUM, ZEIT UND NATURWISSENSCHAFT

Der Band XII, der letzte im Aufbau dieser *Opera Omnia*, enthält Artikel und Bücher, die mit Naturwissenschaft zu tun haben und in den frühen Jahren meiner Tätigkeit veröffentlicht wurden. Obwohl ihr Inhalt und Stil jetzt ziemlich überholt klingen mögen, habe ich mich dennoch entschlossen, sie hier als Reminiszenz an diese Zeit und die Themen, für die ich mich damals interessierte, einzufügen. Vor allem der Prolog „Synthetische Visionen des Universums" ist in besonderer Weise überholt, aber es stellt einige Einsichten vor, die ich immer noch als bedeutsam erachte.

Das Thema dieses Bandes beginnt mit der Auffassung von Zeit, die mit der naturwissenschaftlichen Sicht der Wirklichkeit verbunden ist.

Omnia tempus habent („Alles hat seine Zeit").[54]

Diese Zeit ist nicht eine äußere Hülle um die Seienden, sondern eine integrale und spezifische Dimension jedes Seienden, welches *ist*, insofern es *dauert*, und es dauert eben deshalb, weil es dieses spezifische Seiende *ist* und nicht ein anderes.

Die technische Zeit hat einen tiefen Konflikt im Menschen verursacht, indem sie seinen Lebensrhythmus verändert hat. Sollte der Mensch sich der Technologie verweigern oder sie, im Gegenteil, noch verstärken und sich in den Fortschritt integrieren? Dies ist ein unvermeidbarer Konflikt.

An diesem Punkt sollte festgehalten werden, dass Technologie eine ontonome Natur hat und daher eine intrinsische Beziehung sowohl mit der Welt wie dem Menschen besitzt. Die Beziehung zwischen Mensch und Technologie ist so tief und eng wie die zwischen Technologie und Natur. Der Mensch erzeugt die Technologien ausgehend von der Natur. Technologie ist ursprünglich eine Frucht des Interesses des Menschen an der Erde und der Materie.

Et tempus non erit amplius[55] („Und die Zeit wird nicht mehr sein").

---

54 Koh. 3,1, in der Übersetzung der Vulgata.
55 Offb. 10,6.

1. Das Auslaufen der Zeit

Jede Kosmovision, die sich auf die Idee der Schöpfung gründet, impliziert den Glauben an die Endlichkeit von Zeit und Raum. Diese Endlichkeit führt uns dazu, einen Anfang der Zeit zu vermuten und auch ein Ende. Nun ist Zeit nicht unendlich – nicht, weil sie gänzlich verbraucht würde, wie eine Art Weg, auf dem der Mensch entlanggeht, sondern weil auch der Mensch nicht unendlich ist. Das Ende der Zeit bedeutet deshalb nicht, dass der Weg plötzlich aufhört und die Dinge unvollendet lässt. Die Endlichkeit der Zeit bedeutet, dass die Zeit sich erschöpft, weil die Dinge eine Existenzfülle erreichen. Die Zeit endet, weil Seiende ihr Ende erreichen. Das Ende der Zeit bedeutet das Ende des Seins, insofern Sein zeitlich ist.

Wir haben vom sich Erschöpfen der Zeit gesprochen, weil die zeitliche Dimension der Art, wie wir die menschliche Situation erfassen, am nächsten ist. Aber wir hätten in gleicher Weise das Zum-Ende-Kommen bzw. die Kontraktion des Raumes in Betracht ziehen können. Man spricht von der Eroberung des Raumes, aber sollte nicht vergessen, dass diese Herrschaft über den Raum eine Verminderung des Raumes als Distanz bedeutet, und deshalb eine Verminderung des Raumes als solchen.

In dieser Perspektive werden wir – durch eine Art *salto paradoxale* – zu erkennen versuchen, wie Technologie dazu dienen kann, einerseits den Menschen mit der Natur zu versöhnen und andererseits den Kosmos zu humanisieren.

2. Die Reintegration des Menschen in die Natur

Die Technologie ermöglicht eine neue Beziehung zwischen Mensch und Natur – eine Beziehung der *Ontonomie*.

Fast alle Zivilisationen führen den Menschen zu einem Bewusstsein seiner selbst. Wenn der „primitive" Mensch sich als ein Objekt unter Objekten sah und sich innerhalb des Kosmos, von dem er ein Teil war, verloren fühlte, wird der zivilisierte Mensch zunehmend seiner selbst bewusst und sieht sich nicht mehr als Teil der „Natur" oder als „Objekt", sondern als ein „Betrachter" der Welt. Es ist das Zeitalter der Erkenntnis, vor allem der reflexiven Erkenntnis.

Die Technologie entzieht dem Menschen den Boden unter den Füßen und nimmt ihm seine Stütze. Sie bricht seinen natürlichen und vernünftigen Rhythmus und verdinglicht den Menschen wieder, aber in einer sehr spezifischen Weise. Durch die Technologie verliert der Mensch seinen Rhythmus und zwingt der Natur schwindelerregende Rhythmen auf. Durch die Technologie hört der Mensch auf, ein passiver Betrachter des Universums zu sein und wird ein Handelnder. Aktivismus ist eine der Krankheiten unseres Jahrhunderts, insofern er günstige Bedingungen gefunden hat als Reaktion auf einen unbeweglichen Essentialismus.

So reduziert die Technologie die Entfernung zwischen Mensch und Natur, und vielleicht auch der Materie, auf ihre wahren Proportionen. (Diese Entfernung hat den Menschen glauben lassen, er sei der König der Natur, das Zentrum des Universums, und er gehöre einer anderen „Klasse" an als der Rest der Schöpfung). Die Technologie hilft uns, unsere Verwandtschaft mit der Materie und unsere gemeinsame Bestimmung mit dem Universum wieder zu entdecken.

Die Technologie kann den Menschen umbringen, aber sie kann ihm auch helfen, sein Wesen zu erreichen. Man sollte nicht vergessen, dass der Mensch, ein zeitliches Wesen und ein Pilger, nicht isoliert ist, sondern mit der Welt und mit den anderen ein Ganzes bildet, und dass er Teil eines Universums ist, das auch vergänglich und in einem Zustand der Reifung ist.

3. Der Eingang der Natur in den Menschen

Eine Vorbemerkung ist notwendig: Die „Natur", in welche der Mensch mithilfe der Technologie neu eingeht, ist nicht mehr die reine und einfache Natur einer unterjochten Welt, wie es im Zeitalter der Heteronomie erscheinen mochte, sondern eine andere Natur, die durch den Eingang des Menschen verändert worden ist.

Dieser Bereich muss mit großer Vorsicht angegangen werden. Die Technologie verletzt auch die kosmischen Rhythmen und verändert die Natur komplementär zu der Weise, wie sie den Menschen verändert. Heute reden wir von einer „Anthropoisierung" der Natur. Es ist jedenfalls eine Tatsache, dass die Natur erhöht wird, insofern sie sozusagen von der Technologie übernommen wird. Dank der Technologie imitiert die Materie den Menschen viel genauer; eine Maschine ist nichts anderes als eine Imitation des Menschen. Alle Maschinen sind anthropomorph. Es heißt, dass Maschinen den Menschen in seinen Aktivitäten, seiner Arbeit und seinem Wirken ersetzen sollen, und tatsächlich, sie tun es, indem sie den Menschen imitieren. Die Natur eignet sich so einen menschlichen Aspekt an und erweckt in sich verborgene Möglichkeiten; man könnte sagen, sie durchläuft einen Prozess der Vergeistigung. Die Phänomenologie der Technologie offenbart eine gewisse Konvergenz: Mensch und Natur steuern in ein und derselben Bewegung auf ein gemeinsames Ziel hin. Alle Werke Teilhard de Chardins, insbesondere *L'Avenir de l'Homme* [Die Zukunft des Menschen], entfalten dieses Thema ausführlich.

Dieser dynamische Prozess schreitet fort, er findet immer noch statt, und wir glauben, dass wir eine Teilnahme der Maschine an dieser Dynamik entdecken können. Die Maschine übermittelt der Materie tatsächlich etwas Menschliches; menschliche Anweisungen werden von der Natur befolgt und ausgeführt; menschliche Strukturen werden von Maschinen kopiert und befolgt. Eine Maschine mag eine ärmliche Nachahmung des Menschen sein, von unserem Standpunkt aus gesehen. Aber vom Standpunkt der Natur aus stellt sie eine wichtige Errungenschaft der Materie dar.

Natürlich ist eine Maschine kein lebendiger Organismus, aber man sollte gleich hinzufügen, dass der Organismus, dessen Teil die Maschine sein will, nicht bloß ihre rein mechanische Struktur ist, sondern eine komplexere Organisation, in der auch der Mensch ein Teil ist. Der vollständige Organismus der Maschine ist über-materiell. So wie ein Finger, oder ein Magen, wenn er von seiner vitalen Funktion und der Verbindung mit dem Organismus als Ganzem abgeschnitten ist, tot ist und keine vitale Funktion mehr hat, so ist auch eine Maschine tot und nicht mehr organisch mit dem technologischen Über-Organismus verbunden, wenn sie von ihrer „vitalen" Verbindung zum Menschen und zur Gesellschaft entfernt wird. Sie hat kein Leben oder keinen Sinn in und für sich selbst, aber das gilt auch für jeden Teil eines lebenden Organismus. Insofern der Mensch über die letzten Jahrhunderte geglaubt hat, das Ziel und die Erfüllung der Schöpfung zu sein, ist sein Widerstand dagegen, dass ihm seine Vorrangstellung von einem Organismus genommen wird, in dem er nicht mehr als ein Organ wäre, verständlich. Es ist offensichtlich, dass in dieser Symbiose zwischen Mensch und Maschine das Individuum seine Autarkie verliert.

Folglich geht es nicht mehr darum, den Platz des Menschen im Kosmos wieder zu entdecken oder die alte Diskussion über Anthropomorphismus und Kosmozentrismus neu zu beleben. Seit ihren ersten Anfängen glaubt die Naturwissenschaft, sie könnte die anthropozentrische Idee der Welt zerstören, aber das Universum ohne den Menschen ist verloren, genauso wie der Mensch ohne das Universum verloren ist.

4. Mensch und Naturwissenschaft

Wir müssen die Antinomie zwischen moderner Kosmologie und traditionellen Kosmologien berücksichtigen.

Was wir sagen wollen, ist sehr einfach. Wir haben alle vergangenen Weltauffassungen relativiert; wir sprechen vom aztekischen Universum, von der hinduistischen Kosmologie und so weiter, und Anthropologen erklären, wie jede Kultur ihre eigene Sicht der Welt, in der sie lebt, konstruiert. Es scheint jedoch, dass der moderne Mensch jene Sicht nicht auf sich selbst anwenden möchte und die heutige Naturwissenschaft zu einem Absoluten macht und er sie zu einem Schema umfunktioniert, womit er all die anderen Kosmovisionen beurteilt, weil sie seiner Meinung nach die ultimative Errungenschaft des menschlichen Geistes ist. Für die einen ist der Mond eine Göttin, für andere ist er ein lebendiges Wesen, für einige die Wohnstatt ihrer Vorfahren und für wieder andere das Symbol bestimmter Rhythmen; aber „wir wissen sehr wohl", dass er eine träge Masse ist, die in einer gewissen Entfernung von der Erde ihre Kreise zieht, mit diesen Kratern, die wir sehen können. Außerdem glauben wir, dass wir über ihn eine tiefe Kenntnis haben, weil wir aus seinem Boden Proben entnommen haben und unsere Füße auf ihm gegangen sind. Kurz, wir glauben, wir haben den Mond entmythologisiert und entmystifiziert.

Wir haben anfangs gesagt, es sei sehr einfach, was wir sagen wollen, aber es ist auch ernsthaft, schwierig und gefährlich. Es ist *ernsthaft* insofern, als es das Schicksal der Welt umreißt, die Bedeutung der menschlichen Erfahrung der letzten 6000 Jahre. Es ist *schwierig*, weil es einerseits eine synthetische Sichtweise beinhaltet, und andererseits eine selektive, um die globale Bedeutung der Situation zu erfassen, zu der man nicht nur durch den Menschen gelangt ist, sondern auch durch das Leben unseres Universums. Es ist *gefährlich*, weil es unser Handeln beeinflusst. Wir mögen uns in unserem Urteil irren oder Gefahr laufen, oberflächlichen Vereinfachungen zum Opfer zu fallen, aber das ist keine Entschuldigung dafür, nicht Partei zu ergreifen, denn sich davon zu enthalten wäre auch eine Entscheidung. Und Praxis ist immer gefährlich.

Während der letzten Jahrhunderte der westlichen Tradition herrschte eine solche Angst, als Dunkelmann gegenüber dem Erfolg der modernen Naturwissenschaft zu erscheinen, dass niemand es wagte, die radikale Unvereinbarkeit einer naturwissenschaftlichen Sicht des Universums mit der christlichen Tradition laut auszusprechen. Wo sind die „Himmel" im Newtonschen Raum? Was besagt die Aufnahme Mariens in den Himmel mit Leib und Seele? *Was* ist in der Eucharistie gegenwärtig? Was ist die Bedeutung der Engel und Erzengel, der Throne und Cherubime, die zur Ehre Gottes singen? Die Auferstehung Christi ist reiner Unsinn, wenn man die naturwissenschaftliche Konzeption des menschlichen Körpers teilt. Es stimmt, das Christentum hat die Vernunft verachtet, Glauben mit einer Reihe mehr oder weniger abergläubischer Auffassungen identifiziert und seine Macht missbraucht. Daher rührt sein Schuldkomplex, dessen es sich mehr oder weniger bewusst ist, von dem es sich dann zu erlösen sucht, indem es in das entgegengesetzte Extrem geht und unkritisch die naturwissenschaftliche Kosmovision umarmt. Wir wollen uns jedoch nur auf einen Punkt beschränken: *Weder die Naturwissenschaft noch die moderne Technologie stellen eine unveränderliche kulturelle Größe dar; sie sind weder neutral noch universal und folglich nicht „universalisierbar", ohne andere Kulturen zu zerstören.*

Es ist nicht zufällig, dass die moderne Wissenschaft und Technologie im Schoß der westlichen Kultur mit ihrem mediterranen, christlichen und atlantischen Ursprung entstanden sind. Sie sind nicht nur *de facto* an die westliche Kultur gebunden, sondern auch *de iure*: sie haben ein gemeinsames Schicksal. Die sogenannte Modernisierung, ein Problem, das sich in zwei Dritteln der Welt widerspiegelt, ist gleichbedeutend mit Verwestlichung. *De facto*, trotz aller Bemühungen, nur die „Vorzüge" von Wissenschaft und Technik zu erlangen, zeigt unsere Erfahrung, dass es nicht möglich ist, den Lebensstil und das Denken des Westens dabei nicht einzuführen. *De facto* kann sich überdies die Technologie nicht etablieren, ohne ihre Wurzeln in den Boden und Unterboden zu graben. Vereinfacht kann man sagen, dass die Wurzeln dem christlichen Wunsch entsprechen, die Welt zu retten, der Boden dem griechischen Streben nach Erkenntnis, und der Unterboden der pragmatischen Sicht der Wirklichkeit.

Moderne naturwissenschaftliche Ideologie in zwei Dritteln der Welt einzuführen, die etwas ist, was nicht im Schoß ihrer je eigenen Kultur hervorgebracht wurde, ist wie die Strategie des trojanischen Pferdes. In den Eingeweiden der Technologie liegt eine Schar von Grundannahmen verborgen, die die Grundintuitionen anderer Kulturen aus dem Gleichgewicht bringen und zerstören, wenn sie von ihrer natürlichen Umgebung verpflanzt werden – mit dem offensichtlichen Risiko von Protesten, Aufständen und Katastrophen.

Meine These besagt nicht, dass einige oder alle oder fast alle Kulturen sterben müssen, wenn der Fortschritt der Menschheit es erfordert. Noch sagt sie, dass die westliche Kultur böse ist oder andere Kulturen großartig. Stattdessen behauptet sie, dass Naturwissenschaft und Technologie (nicht die westliche Kultur *tout court*) nur einen Aspekt des menschlichen Geistes darstellen. Natürlich heißt das nicht, dass alle Naturwissenschaftler und Technokraten pervers sind. Nicht alle, die in der Vergangenheit die Sklaverei durchgesetzt haben, waren menschliche Monster, noch waren alle Kreuzritter Kriminelle, oder alle Kolonialisten Unterdrücker. Doch brauchten wir mehrere Jahrhunderte dazu, um uns dessen bewusst zu werden. Was uns heute fehlt, ist nicht nur ein Urteil über die Vergangenheit oder eine *Generalreformation der ganzen Welt*, wie sie die Rosenkreuzer (Johannes Valentinus Andreae) seit dem 17. Jahrhundert predigen; wir brauchen nicht bloß eine Reform, sondern eine fundamentale Transformation, eine radikale *metanoia*, aber das heißt nicht, dass wir zu einer Art romantischen und irrealen Primitivismus zurückkehren müssen.

Die These bekräftigt nicht, aber sie weist darauf hin, dass Technologie in der Lage ist, dehumanisierung und folglich sehr negativ zu sein, auch wenn man auf individueller Ebene guten Gebrauch von ihr machen kann: Vom Blickpunkt einer individualistischen Mentalität aus ist das ziemlich offensichtlich, trotz der Gefahr von jeder Art von Despotismus (es ist irgendwie künstlich, wenn man den Besitz von Atomwaffen nur auf einige Länder begrenzen will, die als moralisch höher als andere angesehen werden). Diese Argumentation berücksichtigt jedoch nicht die intrinsische Dynamik der Ausbreitung, das heißt der Krebserkrankung des technologischen Systems, die nicht nur in Phänomenen wie dem Wettrüsten auftaucht, sondern generell in der gesamten industriellen, mit der Marktwirtschaft verbundenen Welt. Deshalb fühlen wir uns dazu bewegt, nicht für die Zerstörung der Technologie einzutreten, sondern vielmehr für unsere Emanzipierung von ihr.

Wenden wir uns jetzt der Universalität zu: *Weder Naturwissenschaft noch Technologie sind universal.* Im Gegenteil, sie leiten sich aus Prämissen ab, die mit einem bestimmten Kulturtypus in Verbindung stehen.

Was Verwirrung gestiftet hat, sogar unter den größten Naturwissenschaftlern, ist die fast magische Macht von Worten. Heute nennen wir die Fortführung und Vervollkommnung von Galileos „neuer Wissenschaft" immer noch „Wissenschaft", die so „neu" ist, dass sie nicht mehr Wissenschaft im traditionellen Sinn ist.

Traditionell bedeutete Wissenschaft Erkenntnis, und Erkenntnis wurde als die Fähigkeit des menschlichen Geistes verstanden, durch die der Mensch in Kontakt mit der Wirklichkeit kommen kann, indem er an ihr partizipiert und mit ihr in Kommunion tritt, mit dem Ziel einer spirituellen Wiedergeburt kraft einer natürlichen Kommunion mit der Wirklichkeit: *similia similibus cognoscuntur.*[56]

Die naturwissenschaftliche Mentalität drang auch in das Feld der Philosophie ein. Der Einfluss der neuen Wissenschaft auf berühmte Denker wie Descartes, Kant, Hume, Berkeley und andere ist wohlbekannt. In subtiler Weise ist dieser Einfluss auch heute noch da. Zum Beispiel ist es tatsächlich möglich zu schreiben, Erkennen sei Interpretieren. In diesem Fall wäre Philosophie reine Hermeneutik. Gewiss, es gibt eine interpretative Dimension in jedem kognitiven Prozess, aber Erkennen ist weit mehr als einfach Interpretieren, Erkennen ist mehr als ein geschriebenes Werk zu „dekodieren", die Distanz zwischen einem Subjekt und einem Objekt zu verringern. Erkennen ist mehr als eine Botschaft zu entschlüsseln. Erkennen heißt, sich mit der erkannten Sache zu identifizieren, Teil davon zu sein, wenn auch mit der nötigen kritischen Distanz. Man kann nicht wirklich erkennen, wenn man nicht von der Wahrheit dessen, was man erkennt, überzeugt ist. Erkennen ist ein Prozess der Konversion, es impliziert Gemeinschaft, eine

---

56 „Gleiches wird durch Gleiches erkannt."

liebende Umarmung, die uns in Kommunion mit der Wirklichkeit bringt; der interpretative Aspekt ist nur ein Element. Die Hermeneutik erfordert nur Reflexion, nicht so Erkennen. Reflexives Erkennen als solches erkennt und interpretiert, aber besitzt als Erkenntnis etwas, was Hermeneutik nicht erfassen kann.

Die moderne Kultur hat eine „vierte Welt" geschaffen, um die Welt der Götter, Menschen und Dinge zu ersetzen, denn da sie sich in sich selbst unsicher fühlte, wollte sie sich in das Tal einer vierten Welt flüchten, welche sie kontrollieren konnte. Es ist wichtig, das Bedürfnis des modernen Menschen hervorzuheben, eine Welt zu schaffen, die er kontrollieren kann, eine Welt, wo man das Leben in Frieden und ohne Angst leben kann. Aber er beginnt, den Verlust des kosmischen Vertrauens (auf *ṛta, dharma, ordo, kosmos*) zu bereuen, in anderen Worten, das Vertrauen, dass die Wirklichkeit etwas ist, das uns gegeben worden ist, und mit der wir uns identifizieren können; dass Wirklichkeit zuallererst erfahren werden, dann erkannt und drittens transformiert werden muss, indem man sie lebt.

Der moderne Mensch hat dieses Grundvertrauen verloren, diese Haltung des Respekts für die Wirklichkeit. Heutzutage ist es notwendig geworden, alles zu untersuchen, alle Geheimnisse zu entdecken, das Atom zu spalten, alles zu haben, war man noch nicht hat, und sicherzustellen, dass alles, was man braucht, verfügbar ist und dafür sich auf seine eigene Kraft zu verlassen, seine eigene Intelligenz und darauf, was man direkt kontrollieren kann.

Vielleicht ist es das, worin das Novum der Modernität besteht. Das Leben in den drei Welten ging mit einem gewissen Vertrauen in die Wirklichkeit einher, in das, was uns gegeben war. Die Dinge funktionierten sozusagen mehr oder weniger gut, aber dank einer inneren Dynamik und nicht aufgrund einer äußeren *chiquenaude* (Descartes), eines mechanischen Impulses. Die Natur ist weise. Man muss auf sie achtgeben, ihr zuhören und sie auch verbessern, denn eben diese Impulse sind natürlich. Die klassische Funktion der Alchemie bestand darin, das Werk der Schöpfung zu vollenden, wozu der Schöpfer selbst einlädt; darin sah man die Würde des Menschen: Berufen zu sein zu einer *synergeia* mit dem Göttlichen. All das veränderte sich mit dem technologischen Komplex, welchen der Mensch für sein Leben erschuf. Heute braucht er nicht länger die Götter zu fürchten („Naturwissenschaft"), in Furcht vor der Natur zu leben („Technologie") oder von anderen Menschen terrorisiert zu werden („Demokratie"). Aber er muss beständig auf der Hut sein, dass die Energie nicht zur Neige geht oder das System kollabiert. Es ist kein Zufall, dass der sogenannte „Terrorismus" für die Technokraten zur Obsession wird. Diese vierte Welt ist nicht imstande, sich selbst zu recyceln, aber sie *kann* auseinanderfallen, Ressourcen könnten zu Ende gehen, und sie könnte sich selbst zerstören, zusammen mit der ganzen Menschheit und allem Leben auf dem Planeten. Die Versuchung des Massenselbstmords („Kosmozid") ist ein Novum in der Geschichte des menschlichen Bewusstseins.

Das fraglose Vertrauen in die Wirklichkeit ist verloren. Die Welt, der Planet, und in gewissem Sinne sogar das Sein, könnten aufhören zu existieren. Nichts garantiert ihre Permanenz. Wenn die Zeit einen Anfang hatte, kann sie auch ein Ende haben. Nicht-Sein könnte über Sein triumphieren. Das menschliche Abenteuer weitet sich aus und wird zu einer kosmischen Bestimmung. Ein externer Gott ist anscheinend nicht geneigt zu intervenieren, wenn er angesichts der größten menschlichen Katastrophen in Schweigen verharrt.

Es ist kein historischer Zufall, dass Naturwissenschaft und Technologie in Westeuropa entstanden sind: Naturwissenschaft und Technologie können nur in ihrem kulturellen Kontext verstanden werden. Man könnte sagen, dass wenigstens die Mathematik universal sei, aber auch dessen können wir nicht sicher sein: Ohne bis auf Pythagoras zurückzugehen, könnten wir Cassiodor zitieren, der im 6. Jahrhundert die *Musik* als die „Wissenschaft der Zahlen" definierte. Aber mehr noch: Der Begriff der Universalität selbst beinhaltet eine Vorstellung von Objektivität, das heißt eine Möglichkeit der Abstraktion von jeder Form von Subjektivität, die gewiss keine kulturelle Invariante ist, die als universal definiert werden könnte.

Letztendlich sind weder Naturwissenschaft noch Technologie „universalisierbar", ohne dass man alle anderen Kulturen wie mit einer Dampfwalze platt macht und sie zu halbwegs exotischer Folklore oder Touristenattraktionen zum Wohle der „Ersten Welt" reduziert, wie wir es in der Tat schon erleben.

Es gibt eine Grundannahme hinter unserer These: Die Legitimität des kulturellen Pluralismus und die Überwindung eines monodirektionalen Evolutionismus. Nehmen wir an, dass die Evolution der Menschheit keinen Grund hat, in eine einzige, lineare Richtung zu gehen. Selbstverständlich könnte man denken, dass die Menschheit bis jetzt praktisch in Dunkelheit vorangeschritten ist, aber dass schließlich der *Homo technologicus* das ganze Erbe der Menschheit in sich zusammenbringen kann, so dass alles in einem einzigen Menschentyp konvergiert, dem Repräsentanten der heutigen technokratischen Zivilisation, und nach dem naturwissenschaftlichen Modell geschmiedet wird. Wenn solche Analysen zuträfen, wäre die Konsequenz, dass dies der einzige Pfad wäre, dem die Menschheit folgen könnte. Die anderen Kulturen wären dazu bestimmt, von der naturwissenschaftlichen Zivilisation absorbiert zu werden.

Diese Ideologie ist heute viel verbreiteter, als wir meinen. Man hört oft die Aussage, dass 90% der großen „Erfinder" der Menschheit in den letzten 50 Jahren gelebt haben, und dass vor dem technologischen Fortschritt das Leben des Menschen auf der Erde kaum mehr war als ein verzweifelter, wilder Kampf ums Überleben. Andere Kulturen werden als zufällige, vielleicht exotische Extras toleriert, und andere Religionen als eine *praeparatio technologica* für den neuen Supermenschen. Zwischen Nietzsche, Aurobindo, Teilhard und den modernen Technokraten besteht ein großer Unterschied, aber sie alle teilen eine gewisse zentripetale Sicht der Wirklichkeit. Unsere These dagegen behauptet, dass die Wirklichkeit bunt ist und bestreitet die universale Gültigkeit der „monochromen" Sicht der modernen Naturwissenschaft.

ANHANG

Autobiographische Skizze – Fragment[57]

Als Hindu und Nicht-Christ hätte mein Vater in die Hölle kommen müssen. Unter ‚Hölle' meine ich die echte, feuerlodernde Hölle der Zeit vor dem Zweiten Vatikanischen Konzil. Meine Mutter, hingegen, die Katholikin war, hat mir das jedoch nie in diesen Begriffen beschrieben, ganz im Gegenteil. Dennoch habe ich als Kind, das in einem strenggläubigen römisch-katholischen Umfeld aufgewachsen ist, diese Vorstellungen sehr schnell übernommen. Später, als junger Bursche, fühlte ich den Zwang mit dem ‚Theologisieren' zu beginnen, um dieses ‚Schicksal' zu verstehen und das Leiden, das ich verspürte, zu verringern. Die Frage erschien mir viel zu ernst, und ich war zu scheu, um darüber mit meiner Mutter oder mit irgendjemandem sonst zu reden, nicht einmal mit einem Priester. Es blieb mir nur noch die Möglichkeit, auf Gottes Mitleid zu vertrauen und schließlich mich selbst in die Angelegenheit zu vertiefen.

Als ich meine Religion mehr und mehr eindringlich studierte, fand ich heraus, dass die Metaphysiker, und besonders die Mystiker, eine völlig andere Anschauung des Tuns Gottes hatten als diejenige, die zu meiner Zeit von der Kirche dargeboten wurde. Ich entdeckte, dass die christlichen Scholastiker Gott als höchstes Wesen (being) ansahen, und dass Gott für sie Sein (Being) ist.

Hier werde ich einen langen Zeitinterwall überspringen, bis zum Anfang der 50er Jahre, als ich zum ersten Mal Martin Heidegger und Max Müller traf, den damaligen Dekan der Philosophischen Fakultät in Freiburg. Heidegger bestand darauf, dass der christliche Begriff Gottes der einer höchsten Wesenheit sei, während ich der Meinung war, dass das nicht unbedingt so ist, und dass der christliche Gott ebenso als Sein verstanden werden könne. Während dieser langen und aufgeheizten Diskussion mit Heidegger war

---

[57] Dieser Fragment gebliebene außerordentliche autobiographische Text ist Teil des ursprünglichen Vorworts Panikkars für die englische Ausgabe, der mit dem auch vorne im Vorwort verwendeten kurzen Überblick über die Phasen des Lebens und Denkens Panikkars ersetzt wurde, der auch die italienische Ausgabe einführt (vgl. Raimon Panikkar, Vita e Parola. La mia Opera, Milano 2010, S. 8f., Anm. d. Hg.).

mir nicht bewusst, wie ich es mir heute bin, dass das, was ich in Frage stellte, im Grunde genommen der Monotheismus war. Jahrzehntelang habe ich nun einen christlichen Begriff der Trinität – und daher aller Wirklichkeit – aufrechterhalten, der weder monotheistisch noch polytheistisch ist.

Die christlichen Metaphysiker überzeugten mich davon, dass das christliche Ereignis Teil der wahren Definition von Sein ist und aus diesem Grund universale Bedeutung hat. Ich begann zu verstehen, dass ich mit meiner metaphysischen Konzeption des Christusereignisses nicht allein war – trotz der in meiner Zeit vorherrschenden Meinungen, die ich später als ‚mikrodoxe' Deutung des Christentums definierte. Ich war dann imstande, ausgehend vom inneren Bild des Christentums das ‚christliche' Ereignis in einen breiteren und tieferen Bezugsrahmen zu setzen als den, den das historische Szenario als solches erlaubt. Ich wurde mir so bewusst, dass meine wahre Identität nicht erst vor 2000 Jahren begann.

Die Mystiker haben mir diese metaphysische Sicht bestätigt. Die christlichen Mystiker, die griechischen Väter, die deutsche, spanische und andere Schulen, alle bestärkten mein spirituelles Leben, so dass ich viele Jahre später fähig war, mehreren theologischen Freunden gegenüber die Überzeugung zum Ausdruck zu bringen, dass ich keine Notwendigkeit sah, jenen ‚korrupten Verein', die Kirche, zu verlassen, da ich ihm nie beigetreten war. Sie nannten mich ‚den Priester Melchisedeks', angesichts der großen Bedeutung, die ich – vor allem schon während der Priesterweihe – der Tatsache beimaß, dass ich zum Priester nach einer Ordnung geweiht worden war, die nicht jüdisch, noch von YHWH war, sondern die eines unbeschnittenen Mannes ohne Stammbaum. Die Kirche, der ich mich geweiht hatte und an die ich glaubte und weiterhin glaube, ist die *Ecclesia ab Abel*, die Kirche des ersten natürlich geborenen Menschen, das ‚kosmische Geheimnis seit Anbeginn der Zeiten' (Eph 3,9).

Kurzum, ich entdeckte, dass ich von Beginn meiner bewussten Existenz an Zugang zu Dimensionen des christlichen Glaubens hatte, der mir erlaubte, in Frieden mit dem anderen Teil meines Wesens zu sein – dem Einfluss meines Vaters, der mir die *Bhagavad-gītā* vorsang und erklärte, der mir die ersten Grundlagen des Sanskrit beibrachte und eine nicht-sektiererische hinduistische Atmosphäre schuf, was durch das tief katholische, aber aufgeschlossene Gefühl meiner Mutter bestärkt wurde.

Nach diesem inneren intrareligiösen Dialog, der trotz all seiner Intensität dennoch ohne Konflikt war aufgrund meiner mystischen und metaphysischen Interpretationen der katholischen Lehre, begann ich einen wirklichen interreligiösen Dialog in Indien.

Ich ging nach Indien mit der Absicht, nicht mehr in den Westen zurückzukehren, und mit dem Gepäck von sieben langen Studienjahren in Chemie, zwei akademischen Titeln in Philosophie (in Deutschland und Spanien) und zwei in Theologie (Madrid und Rom). Damals musste ich meine Philosophiestudien wiederholen, weil ich wegen des Zweiten Weltkriegs nicht nach Deutschland zurückkehren konnte, um mein Doktorat zu vollenden. In Rom musste ich noch einmal Theologie studieren, da das Opus Dei, dem ich zu der Zeit angehörte, wegen meiner ‚unkonventionellen' Ansichten das römische Siegel der Rechtgläubigkeit verlangte. Mit diesem Gepäck begann ich eine äußerst faszinierende und enorm schwierige Pilgerschaft, um in die Traditionen und Religionen meiner Vorfahren einzutauchen. Ich war 36 Jahre alt. Die ersten zehn Jahre konzentrierte ich mich auf nichts anderes, danach machte ich noch eine Dekade weiter, indem ich meine Zeit dort mit Perioden der Lehrtätigkeit an der Harvard University (5 Jahre) und der University of California (18 Jahre) abwechselte.

Ich ging nach Indien, um zu lernen. Ich ging nicht als jemand, der schon etwas wusste, sondern als jemand, der auf der Suche ist. Ich saß zu Füßen eines Lehrers, studierte die Sprache der *Einheimischen* und war einfach einer unter vielen. Das war keine Strategie und von Anfang an so geplant. Es war schlichtweg mein *Karma*. Manchmal verriet mich mein ausländischer Akzent, aber es war nicht schwierig für mich, meine Hindu-Identität anzunehmen. Ich musste sie einfach nur hervortreten lassen. Ich erinnere mich an viele Momente meiner Pilgerschaften, in denen ich die Rituale wie alle anderen vollzog – als ich nach Gangotri, zu den Quellen des Ganges, ging, als ich mich unter die Massen in Kedārnāth und Badrināth im Himalaya und in Sabarimala in Südindien mischte, und so weiter.

Moses wurde für seinen Mangel an Glauben bestraft.[58] Meinem eigenen Zweifel verdanke ich eine leichte Hörschwäche, welche davon herrührt, dass ich meinen Kopf in heiliges Wasser im Tempel getaucht hatte, wobei ich dachte, dass es schmutzig sei. Ich erinnere mich noch lebhaft daran, wie ich im *ghāt* von Vārāṇasī um Mitternacht während einer Mondfinsternis am ‚kontrollierten' Bad zusammen mit mehr als 100.000 anderen Menschen teilnahm. Damals wurde mir bewusst, dass die Rufe, die Gebete, das Singen und die zum Mond gerichteten Augen nicht der magische Ausdruck eines Kausalnexus waren, sondern der einer Teilnahme an einem kosmischen Ereignis, an dem auch der Mensch teilnehmen muss, wenn er sich nicht von der Gemeinschaft der Wesen abschneiden will.

Des Weiteren erkannte ich durch direkte Erfahrung, dass die Hunderten von Leprakranken, die während des *muhūrta* und bei jeder passenden Gelegenheit klagten und bettelten, ganz normale Menschen waren, die ihre bescheidenen Mahlzeiten aßen, schliefen und ihre Einnahmen zählten. Das

---

58 Vgl. Dtn 3,26.

trug auch dazu bei, meine Theodizee zu zerstören und mich als menschliches Wesen wachsen zu lassen.

Meine buddhistische Identität indes ist von anderer Art, da ich sie nicht durch Geburt ererbt habe. Meine Initiationen in den Buddhismus kamen auch spontan zustande. Jedoch waren sie das Ergebnis einer inneren Arbeit, die, in aller Bescheidenheit und offensichtlich, *minutis minuendis*, der des Buddha ähnelte – die Einsicht in die tief verwurzelte Unbeständigkeit des menschlichen Daseins oder, akademisch gesprochen, eine Erfahrung vergleichbar der Dynamik der Entdeckung des Nichts am Ende von Allem (die sich in gleicher Weise bei Hindus und Christen findet). Die Begegnung des Christen und des Hindu mit dem Absoluten führt zu der Überzeugung, dass dieses Absolute, wenn es nicht alles Übrige ersticken will, mit der Erfahrung der Leere übereinstimmen muss. Tief im Herzen führt die buddhistische Erfahrung zum plötzlichen Erscheinen einer Leere im innersten Kern des Seins, und dies nicht erst am Ende, sondern gleich ganz am Anfang: vom *ātman* zum *anātmavāda*. In meinem Fall ereignete es sich ziemlich ‚beiläufig', doch genau zur rechten Zeit sozusagen, nach dem Studium von *Śankara*, Thomas von Aquin und Heidegger. Ich war eingeladen worden, ein Kapitel über ‚buddhistischen Atheismus' für eine große italienische Enzyklopädie über Atheismus zu koordinieren. Ich befasste mich dafür sowohl mit dem *Theravāda-* als auch *Mahāyāna*-Buddhismus. Ein ganzes Semester lang traf ich mich mit *Bhikkhu* Kashyapa, den späteren Vizekanzler der buddhistischen Universität von Nālanda, zu einem Seminar zweimal wöchentlich für je zwei Stunden, wobei einmal er buddhistische Mystik erklärte, das andere Mal ich christliche Mystik erläuterte. Es war er, der mich einlud, ihn zu begleiten als dritte Person des Willkommenskomitees für den Dalai Lama in Sārnāth, wo er direkt nach seiner Flucht aus Tibet eintraf. Diesem Umstand verdanke ich, dass ich in diesen ersten Jahren lange Diskussionen mit dem Dalai Lama führen konnte. Viel später verbrachte ich mehrere Monate in Rumtek mit dem 14. *Karmapa*, der mich ebenfalls mit seiner Freundschaft beehrte. Darüber hinaus habe ich mehrere Wochen in japanischen Zenklöstern verbracht und hatte weitere Kontakte mit der religiösen Erfahrung des Buddhismus.

Das waren tatsächlich keine Experimente, sondern Erfahrungen, ein langer und tiefer *sādhana*, bei dem das Herz, der Geist, der Körper und mein ganzes Leben eingebunden waren. Von Anfang an stellte dies eine Form des interreligiösen Dialogs dar, obwohl es eigentlich eher eine intrareligiöse Suche war, wie es auch während des langen meditativen Studiums der Veden und Upaniṣaden der Fall war.

Ich kam auch in engen Kontakt mit dem Judentum, dem Islam, sowie der Sikh-, Parsi- und Jaina-Religion, und ebenso mit den sogenannten animistischen Traditionen Indiens. Die erste Messe in Indien, an der ich teilnahm, wurde zum Beispiel von einem indischen muslimischen Gläubigen gehalten; später wurde ich in Nālanda vom Buddhismus gewonnen. Ich habe liebgewordene Freunde in verschiedenen Traditionen, und dennoch gibt es einen wichtigen Unterschied: Wohingegen das Christentum und sein säkularer (nicht säkularisierter) Aspekt und der Hinduismus, zusammen mit dem Buddhismus, der von ihm abstammt, Teil meiner eigenen Tradition sind, waren die anderen Religionen einfach nur Studiengegenstand und von Interesse für meine Kontakte und Begegnungen. Während ich beanspruchen kann, ein Weltbürger zu sein, ein Christ, Hindu und Buddhist, so kann ich nicht in gleicher Weise bekennen, beispielsweise Muslim oder Parse zu sein. Ich fühle eine Affinität mit den anderen Religionen und besitze eine gewisse Kenntnis über sie; nur in diesem Sinne kann ich über die anderen reden.

BIOGRAPHISCHES UND BIBLIOGRAPHISCHES NACHWORT

Milena Carrara Pavan

Raimon Panikkar Alemany (1918–2010) wurde am 3. November in Sarriá, einer Vorstadt von Barcelona in Spanien, in eine bürgerliche katholische Familie geboren. Seine Herkunft war jedoch ziemlich ungewöhnlich: die Mutter, Carme Alemany († 1967), war Katalanin, aber sein Vater, Ramuni Panikkar, war aus Malabar in Indien, ein Aristokrat und britischer Staatsbürger. 1916 war er nach Barcelona gegangen – Spanien war im Ersten Weltkrieg ein neutrales Land – und lebte dort als Unternehmer bis zu seinem Tod 1954. Er heiratete und hatte vier Kinder – Raimon, Josep-Maria, Mercé und Salvador. Seit seiner frühen Jugend war dieser einzigartige Hintergrund bei Panikkar greifbar, welcher ihn befähigte, sich in verschiedenen Traditionen zuhause zu fühlen, zudem besaß er eine tiefe religiöse Neigung.

Panikkar erhielt seine Schulbildung bei den Jesuiten in Barcelona und schloss 1935 die Schule mit einem „Premio Extraordinario" ab. Von 1935 bis 1936 studierte er zunächst Literatur. Seit den frühesten Stadien seiner intellektuellen Reise war das Bestreben erkennbar, die Integration der ganzen Wirklichkeit aufzuzeigen. Aus diesem Grund entschied er sich, Naturwissenschaften, Philosophie und Theologie zu studieren, an Universitäten in Spanien (Madrid und Barcelona), Deutschland (Bonn) und Italien (an der Lateran Universität in Rom); später würde er seine Studien in Indien vollenden.

Beim Ausbruch des Spanischen Bürgerkriegs veranlasste ihn die direkte Gefährdung seiner Familie aus Spanien zu fliehen und mit seinen Geschwistern nach Deutschland zu ziehen, wo er drei Jahre verbrachte und Physik, Mathematik, Philosophie und Theologie studierte. Im Sommer 1939 kehrte er nach Spanien zurück, nach einer langen abenteuerlichen Reise mit dem Rad durch Frankreich. Er hatte die Absicht, nach Deutschland zurückzukehren und seinen Abschluss zu machen, aber zu diesem Zeitpunkt brach der Zweite Weltkrieg aus. Panikkar führte deshalb sein Studium in Spanien fort, machte 1941 seinen naturwissenschaftlichen Abschluss an der Universität von Barcelona und 1942 seinen Abschluss in Literatur in Madrid. Er setzte seine Studien in Barcelona fort, wobei er auch im Familienunternehmen arbeitete. 1946 promovierte er in Philosophie und Literatur in Madrid mit einer Arbeit mit dem Titel *El concepto de Naturaleza* [Der Begriff der

Natur], das später sein erstes Buch werden und den „Menéndez Pelayo de Humanidades" Preis gewinnen sollte (Madrid 1951).

Kurz nach seiner Rückkehr aus Deutschland im Jahr 1940 schloss sich Panikkar einer Gruppe junger Laien an, später bekannt unter dem Namen Opus Dei, welche in einer durch einen blutigen Bürgerkrieg, der tiefe Narben hinterlassen hatte, zerbrochenen Gesellschaft, die Vollkommenheit christlichen Lebens durch die berufliche Arbeit anstrebte. Er war 20 Jahre lang offizielles Mitglied dieser religiösen Gruppierung, zuerst in Barcelona, später in Madrid. 1945 schlug Escrivá de Balaguer selbst vor, Panikkar solle die heiligen Weihen erhalten. 1946 wurde er zum Priester geweiht und in demselben Jahr zum Kaplan des Colegio Mayor la Moncloa in Madrid ernannt, wo er sowohl mit dem Klerus als auch mit Laien ein großes Arbeitspensum zu bewältigen hatte. Viele Jahre später würde er das Opus Dei verlassen und in die Diözese Vārāṇasī inkardiniert werden. Panikkar war immer sehr zurückhaltend über seine Beziehung zum Opus Dei, die sich schließlich als sehr schwierig erwies.

In Madrid war er in engem Kontakt mit bekannten Philosophen wie Laín Entralgo, García Morente und Xabier Zubiri; sie waren es, die mit dem Vorschlag aufwarteten, er solle sich für den Philosophielehrstuhl an der Universität bewerben, obwohl Escrivá de Balaguer ihn dazu drängte, sich gänzlich auf seine pastorale Arbeit zu konzentrieren. Während dieser Jahre war er Dozent für Geschichte der Philosophie und Psychologie an der Universität, gab Vorlesungen über Vergleichende Kulturwissenschaft im Priesterseminar der Diözese und Religionssoziologie am Institut für Sozialwissenschaften Leo XIII. und nahm zugleich Gastprofessuren an mehreren Universitäten wahr (darunter die Universidad Internacional Menéndez Pelayo di Santander und die Universidad Hispanoamericana de la Rábinda). Zu dieser Zeit war er auch Generalsekretär des Internationalen Philosophiekongresses in Barcelona (1948) und erster Sekretär der Sociedad Española de Filosofía. Ab dem Jahr 1942 war er Mitglied des Consejo Superior de Investigaciones Científicas und des Institudo de Filosofía „Luis Vives". Er war zudem einer der Autoren der Zeitschrift *Síntesis* (1943); sie war die Vorgängerin der von Panikkar mitbegründeten Zeitschrift *Arbor*, die erstmals 1944 erschien.

In diesen Jahren begann Panikkar auch ausgiebig zu schreiben. Einige seiner Arbeiten sind unveröffentlicht geblieben (*Praxis cristiana de la inteligencia* und *Mysterium Crucis*), einige erschienen in verschiedenen Zeitschriften und in seinen frühen Büchern. Er lieferte regelmäßige Beiträge für *Arbor* und internationale Zeitschriften, spanische (u.a. *Revista de Filosofía, Nuestro Tiempo, Indice, Atlántida, La Actualidad Española*), lateinamerikanische (u.a. *Sapientia, Revista de Teología de La Plata*), *französische* (*La Table Ronde*), italienische (*Studi Cattolici*), deutsche (u.a. *Wort und Wahrheit, Politeia, Dokumente, Neues Abendland*), und andere. Er war der erste

Direktor der „Collección Patmos" mit dem Rialp Verlagshaus, bei dem er auch einige seiner ersten Bücher veröffentlichte: *La India. Gente, cultura y creencias* (Madrid 1960). Für dieses Buch wurde er mit dem „Premio Nacional de Literatura" ausgezeichnet; *Patriotismo y cristiandad. Una investigación teológico-histórica sobre el patriotismo cristiano* (Madrid 1961); *Humanismo y cruz* (Madrid 1963).

Panikkar schrieb in dieser Zeit auch ein sehr persönliches Werk, obwohl erst viele Jahre später veröffentlicht: *Cometas. Fragmentos de un diario espiritual de la postguerra* (Madrid 1972).

Nach einem dreijährigen Zwischenspiel in Salamanca verbrachte Panikkar 1953 ein Jahr in Rom, um sein Theologiestudium an der Lateran Universität abzuschließen (Doktor der Theologie 1961). Zu dieser Zeit war er auch Leiter eines christlichen demokratischen Kollegs, was ihm half, mit der intellektuellen, philosophischen und theologischen Welt in Verbindung zu bleiben.

Ende 1954 verließ Panikkar Europa für eine „apostolische Mission" in Indien. Er war 36 Jahre alt, als er in das Land seiner Vorväter kam und sich bewusst wurde, dass diese Reise einen entscheidenden Einfluss auf sein Leben haben würde. In seiner Begegnung mit der alten Religion und Kultur dieses Landes entdeckte er neue Horizonte in seiner Auffassung von Gott, Mensch und Kosmos. Aber die Erfahrung einer tiefen Begegnung mit dem Hinduismus und Buddhismus führte ihn nicht dazu, das Christentum aufzugeben, auch wenn sie ihn dazu brachte, einige seiner Ideen und Haltungen zu verändern. „Ich bin als Christ ‚gegangen', ich habe mich als Hindu ‚gefunden' und ich ‚kehre' als Buddhist ‚zurück', ohne doch aufgehört zu haben, ein Christ ‚zu sein'" (*Der neue religiöse Weg*, München 1990, S. 51). In Indien lebte er hauptsächlich in Vārāṇasī, der heiligen Stadt des Hinduismus, in einem kleinen Zimmer über einem alten Śivatempel am Gangesufer; er war glücklich damit, einfach nur studieren, schreiben, beten und meditieren zu können. Er forschte und arbeitete an den Universitäten von Vārāṇasī und Mysore, vertiefte seine Kenntnisse der Wurzeln von Hinduismus und Buddhismus, die er als Teil seiner eigenen Wurzeln erkannte. Unter den Menschen, die er in diesen Jahren traf, waren zwei französische Priester und Pioniere des interreligiösen Dialogs, Jules Monchanin (Swāmi Paramārūbiānandam, 1895–1957) und der Benediktinermönch Henri Le Saux (Swāmi Abhiṣiktānanda, 1910–1973), die Gründer des *Saccidānanda* Āśrams, sowie den englischen Benediktiner Bede Griffiths (Swāmi Dayānanda, 1906–1993). Die Begegnung mit ihnen, vor allem mit Le Saux, mit dem er mehrere Pilgerschaften zu heiligen Stätten des Hinduismus unternahm, brachte Panikkar zu der Überzeugung, dass es möglich war, durch die den Dualismus überwindende Intuition des Advaita Christ und Hindu zur gleichen Zeit zu sein. Panikkar war der erste Präsident der Abhiṣiktānanda Society (1978–1988).

Ein Schlüsselmoment in seiner Begegnung mit dem Buddhismus ereignete sich, als er eine Studie über buddhistischen Atheismus für einen italienischen Lexikon des Atheismus schrieb, die erst Jahre später veröffentlicht wurde (*L'ateismo contemporaneo*). Dazu trugen auch der Gedanken- und Erfahrungsaustausch über hinduistische Mystik mit Bhikku Kashyapa und anderen in Indien, sowie über buddhistische Mystik mit dem 14. Dalai Lama und Mönchen aus japanischen Zenklöstern, insbesondere mit dem Dominikaner- und Zen-Mönch Shigeto Oshida bei. Er unterhielt überdies Beziehungen mit anderen Christen, die dieselbe hinduistisch-christliche Erfahrung zu leben suchten.

Obwohl er in Indien wohnhaft blieb, inkardiniert in der Diözese von Vārāṇasī, kehrte Panikkar oft nach Europa zurück und bereiste viele Teile der Welt. Er erlangte sein naturwissenschaftliches Doktorat in Madrid mit der Dissertation *Algunos problemas limítrofes entre ciencia y filosofía. Sobre el sentido de la ciencia* (1958), welche als eines seiner ersten Bücher drei Jahre später unter dem Titel *Ontonomía de la ciencia. Sobre el sentido de la ciencia y sus relaciones con la filosofía* (Madrid 1961) veröffentliche wurde. Im Anschluss daran reichte er seine theologische Dissertation mit dem Titel *The Unknown Christ of Hinduism* (1961) an der Lateran Universität ein, es wurde eines seiner erfolgreichsten Bücher, das in mehreren Sprachen veröffentlicht wurde. In diesem Buch erforscht Panikkar die Begegnung zwischen Christentum und Hinduismus und versucht aufzuzeigen, dass in letzterem der lebendige Christus gegenwärtig ist. Während dieser Jahre gab Panikkar auch Kurse als ein ‚libero docente' in Religionsphilosophie an der Universität von Rom und in Religionssoziologie an der International University of Social Studies „Pro Deo". Er nahm auch an der Synode von Rom und den Sitzungen des Zweiten Vatikanischen Konzils teil. 1964 kehrte er nach Indien zurück, wo er seine Forschungen zur hinduistischen Philosophie beim Christian Institute for the Study of Religion and Society (Bangalore) wieder aufnahm (1968–75).

Panikkar gab Vorlesungen und Konferenzen über indische Philosophie, Kultur und Religion für den Consejo de Estados Indios para las Relaciones Culturales in mehreren lateinamerikanischen Ländern und wurde 1966 zum Delegierten Indiens bei der UNESCO Versammlung in Buenos Aires ernannt. In demselben Jahr bewarb er sich für eine Professur für Hinduismus an der Universität von Vārāṇasī, wurde jedoch nicht berufen, weil er Christ war. Während dieser Zeit veröffentlichte er weiterhin Artikel, sowohl in europäischen als auch in amerikanischen Zeitschriften (Philosophy Today, Der Christliche Sonntag, East and West, Bulletin du Cercle de St. Jean Baptiste, Kairos, Nuestro Tiempo, El Ciervo, Qüestions de vida Cristiana, Orbis Catholicus, Atlántida, Revista de Occidente, Viveka, Il Nuovo Osservatore, Mitte Me, Humanitas, Studi Cattolici, Testimonianze, L'Osservatore Romano, Civiltà delle Macchine, Cross-Currents, Journal of Ecumenical Studies, Criterio, u. a.), ebenso wie in Zeitschriften in Indien und anderen östlichen Ländern (The King's Rally und Vedānta Kesari in Madras, The Examiner in Bombay, Religion and Society in Bangalore, Prabuddha Bharata, Indian Ecclesiastical Studies, Asian Carmels in Communion (Manila), Philosophy East & West (Honolulu), u. a.). Er veröffentlichte überdies eine Reihe von Büchern: *Die vielen Götter und der eine Herr* (Weilheim/Obb 1963); *Los dioses y el Señor* (Buenos Aires 1967); *Religione e Religioni* (Brescia 1964), das auch auf Spanisch erschienen ist, mit einem Vorwort von Kardinal Franz König (Madrid 1965). Gleichzeitig setzte er seine Studien über den Hinduismus fort und veröffentlichte *Kultmysterium in Hinduismus und Christentum* (Freiburg/München 1964); *Maya e Apocalisse* (Rom 1966); *Misterio y revelación. Hinduismo y cristianismo, encuentro entre dos culturas* (Madrid 1971).

Während er in Varāṇasī war, wurde er nach Harvard (Center for the Study of World Religions) als Gastprofessor eingeladen. Von 1966 bis 1987 wechselte er zwischen einsemestrigen Lehrverpflichtungen in den USA und seiner Forschung in Indien hin und her. Von 1972 an hatte er den Lehrstuhl für Vergleichende Religionsphilosophie an der University of California in Santa Barbara inne, wo er im Jahr 1987 emeritiert wurde. Über eine mehr als 20jährige Zeitspanne hinweg teilte Panikkar seine Zeit zwischen Indien und den Vereinigten Staaten und erlebte den markanten Kontrast zwischen beiden Ländern und Kulturen. Er gab auch Kurse in Vergleichender Religionswissenschaft am Union Theological Seminary in New York, am Centre for the Study of World Religions an der Cambridge University in Großbritannien, in Montreal in Kanada und auch in Lateinamerika, in Mexico, Venezuela, Kolumbien und Peru. 1970 wurde er zum Honorarprofessor am United Theological College in Bangalore ernannt. Das waren sehr fruchtbare Jahre, sowohl in wissenschaftlicher als auch literarischer Hinsicht. Panikkars Arbeiten wurden in Zeitschriften weltweit veröffentlicht, darunter *Theoria to Theory* und das *Harvard Divinity Bulletin* in Cambridge, Mass., *Communio Viatorum* in Prag, *Kairos* in Salzburg, *Aeropag* in München, *Studia Liturgica* in Rotterdam, *La Vie Spirituelle* in Paris, *Salmanticensis* in Salamanca, *Revista de Occidente y Cuadernos para el Diálogo* in Madrid, *Orient* in Montreal, *The Whole Earth Papers* in New York, *Interculture*, *The Teilhard Review*, *Humanitas*, *Revue Internationale de Philosophie*, Monchanin – Information, *Japan Missionary Bulletin*, *Concilium*, *The Clergy Review*, *Indian Ecclesiastical Studies*, *Jeevadhara*, *Indian Journal of Theology*, u. a. Er war zudem Mitherausgeber zahlreicher Werke. Viele seiner Bücher sind in diesem Zeitraum entstanden: *Kerygma und Indien* (Hamburg 1967); *Offenbarung und Verkündigung. Indische Briefe* (Freiburg 1967); *Técnica y tiempo. La tecnocronía* (Buenos Aires 1967); *La gioia pasquale*

(Vicenza 1968); *L'homme qui devient Dieu. La foi, dimension constitutive de l'homme* (Paris 1969), ein Aufsatz, der auf einer Debatte mit E. Castelli, G. Girardi, S. Breton, H. Otto und anderen basiert; *La presenza di Dio* (Vicenza 1970); *El silencio de Dios* (Madrid 1970), eines seiner Hauptwerke, das auf Lehrveranstaltungen 1967 in Vārāṇasī und 1968 in Harvard zurückgeht und in vielen Ausgaben und Sprachen erschien bis zu der revidierten Endversion *Il silenzio del Buddha. Un ateismo religioso* (Mailand 2006); *The Trinity and World Religions* (Bangalore 1970), ein weiteres Hauptwerk Panikkars, wiederholt revidiert und in verschiedenen Sprachen veröffentlicht; *Dimensioni mariane della vita* (Vicenza 1972); *Worship and Secular Man* (London-New York 1973); *Culto y secularización. Apuntes para una antropología litúrgica* (Madrid 1979); *Salvation in Christ* (California 1972); *Spiritualità hindū: lineamenti* (Brescia 1975), das zu *Espiritualidad hindū. Sanatana dharma* (Barcelona 2005) führte und später wieder auf Italienisch veröffentlicht wurde (Mailand 2006); *The Vedic Experience: Mantramañjari. An Anthology of the Vedas for Modern Man and Contemporary Celebration*, eine reichhaltige Anthologie der Veden, für deren Übersetzung aus dem Sanskrit[59] Panikkar nahezu zehn Jahre aufwendete, und die mehrere Editionen hatte (Los Angeles, London, New Delhi 1977–2001), auch eine italienische (Mailand 2001 und 2004); *The Intrareligious Dialogue* (New York 1978) und dessen revidierte und erweiterte Ausgabe (New York 1999), ein weiteres von Panikkars richtungweisenden Werken über den religiösen Dialog mit Ausgaben auf Französisch (Paris 1985), Polnisch (Warschau 1986), Italienisch (Assisi 1988), Deutsch (München 1990), Indonesisch (2000) und Chinesisch (Peking 2001); *Myth, Faith and Hermeneutics. Cross-Cultural Studies* (New York 1979) und die revidierte und erweiterte Ausgabe auf Italienisch: *Mito, fede ed ermeneutica. Il triplice velo della realtá*, (Mailand 2000), mit Ausgaben auf Deutsch (nur erstes Kptl. 1985, ²1990, ³1992), Tamil (Chennai 2003) und Spanisch (Barcelona 2007); *Blessed Simplicity. The Monk as Universal Archetype* (New York 1982), später in weiteren anderen Sprachen veröffentlicht.

Am Ende seiner Universitätslaufbahn 1987 kehrte Panikkar zu seinen katalanischen Wurzeln zurück und zog nach Tavertet, einem kleinen Ort am Rande der Pyrenäen. 1988 gründete er dort ein Zentrum für interkulturelle Studien mit dem Namen Vivarium. Obwohl er aus dem aktiven akademischen Leben ausgeschieden war, gab Panikkar weiterhin Kurse, Seminare und Begegnungen zu Philosophie, Religion und Kultur und die verschiedenen Traditionen der Menschheit. Er war sich bewusst, dass die Probleme unserer Zeit nicht mit den Werkzeugen einer einzigen Kultur gelöst werden können. Sein literarisches Schaffen erreichte eine hohe Intensität; fast die

---

59 Unter Mithilfe von N. Shanta, Mary Rogers, Bettina Bäumer und Maria Bidoli.

Hälfte seiner Bücher wurde in dieser Zeit veröffentlicht, einschließlich einiger Sammelwerke und Revisionen älterer Werke: *La torre di Babele. Pace e pluralismo* (San Domenico di Fiesole 1990); *Sobre el diálogo intercultural* (Salamanca 1990); *Der Weisheit eine Wohnung bereiten* (München 1991); *Invitación a la sabiduría* (Madrid 1998), ein Buch, das „eine Einladung" sein möchte, „eine Wohnstatt des Glücks im menschlichen Herzen zu schaffen". Zum Teil basiert es auf vorherigen Werken und wurde auf Englisch (USA 1993 und Delhi 1995), Italienisch (San Domenico di Fiesole 1993 und Mailand 2005), Katalanisch (Barcelona 1997, 1998 und 1999), Niederländisch (Deventer 1997), Deutsch (Freiburg 2002) und Chinesisch (Nanjing 2000) veröffentlicht; *La nova innocència* (Barcelona 1998, vollständige Ausgabe) mit Teilausgaben auf Katalanisch und Italienisch: *La nuova innocenza. Innocenza cosciente* (Sotto il Monte 2005); *The Cosmotheandric Experience. Emerging Religious Consciousness* (Maryknoll 1993), auf Spanisch (Madrid 1999) und auf Italienisch (Mailand 2004); *Ecosofia: la nuova saggezza* (Assisi 1993), auf Spanisch (Madrid 1994); *Paz y desarme cultural* (Santander 1993) mit Ausgaben auf Englisch (Louisville 1995), Chinesisch (Chengdu 1999), Italienisch (Milan 2003) und Französisch (Arles 2008); *La experiencia de Dios* (Madrid 1994); *Iconos del misterio. La experiencia de Dios* (Barcelona 1998), in zahlreichen Sprachen veröffentlicht; *Meinen wir denselben Gott? Ein Streitgespräch* (München, 1994), ein Dialog mit dem jüdischen Theologen P. Lapide; *La experiencia filosófica de la India* (Madrid 1997), auch auf Italienisch veröffentlicht (Assisi 2000); *El espíritu de la política. Homo politicus* (Barcelona 1999), auch auf Italienisch, Katalanisch und Portugiesisch veröffentlicht; *Invisible Harmony. Essays on Contemplation and Responsibility* (Minneapolis 1995), eine Sammlung verschiedener wichtiger Werke, die früher veröffentlicht worden waren; *Entre Dieu et le cosmos* (Paris 1998), ein ausführliches Interview von G. Jardzyk mit Panikkar; *La pienezza dell'uomo. Una cristofania*, (Mailand 1999), eines der letzten größeren Werke Panikkars, mit Ausgaben auf Spanisch (Madrid 1999), Englisch (New York und Delhi 2006), Deutsch (Freiburg 2006), Französisch und Tamil (Dindigul 2005); *El mundanal silenzio*, Premio Espiritualidad (Madrid 1999); *L'Incontro indispensabile. Dialogo delle Religioni* (Mailand 2001), auch auf Spanisch (Barcelona 2003) und Französisch (2003) veröffentlicht; *L'esperienza della vita. La mistica* (Mailand 2005) mit einer spanischen Ausgabe (Barcelona 2005), ein Werk der Altersreife Panikkars.

Panikkars jüngste Werke sind: *La porta stretta della conoscenza. Sensi, ragione e fede* (Mailand 2005); *Pellegrinaggio al Kailāsa* (Sotto il Monte 2006), mit erweiterten spanischen und katalanischen Ausgaben (Barcelona 2009 und 2018), auch auf Französisch (Paris 2011) und Englisch (Delhi 2018) erschienen; *Lo spirito della parola* (Turin 2007); *La gioia pasquale*, *la Presenza di Dio e Maria* (Mailand 2007), welches drei kleine Schriften aus den 60er und 70er Jahren vereint; *Il Cristo sconosciuto dell'induismo* (Mailand 2008), die letzte revidierte und erweiterte Ausgabe eines seiner wichtigsten Werke (*The Unknown Christ of Hinduism*); *Liebe – Urquelle des Kosmos*, ein Dialog mit dem Physiker Hans-Peter Dürr (2008); *El matí amb Raimon Panikkar* (Barcelona 2008), eine Sammlung von Radiointerviews über aktuelle Themen über mehrere Jahre.

Panikkar hielt zahlreiche Vorträge an Universitäten sowie sozialen und akademischen Foren ab, in ganz Europa, in Israel, der Türkei, in Indien, Japan, Kanada und den Vereinigten Staaten. Von besonderem Interesse sind: *The Cardinal Bea Lecture* (1970); *The William Noble Lecture*, Harvard University, Cambridge, Mass. (1973); *The Cummings Lectureship*, McGill University, Montreal, Canada (1975); *The Warner Lectures Series*, St. Joseph's Seminary, Minnesota (1981); *The Presidential Lectures*, Duquesne University, Pittsburgh (1982); *The 5th Thomas Merton Lecture*, Columbia University, New York (1982); die prestigeträchtigen *Gifford Lectures*, Edinburgh, Scotland (1989), weiter ausgearbeitet in seinem Buch *The Rhythm of Being* (New York 2010), die *William Daniel Cobb Lectures*, Lexington Theological Seminary, Kentucky, (1989); die *Warren Lecture*, University of Tulsa, USA (1991); *The Cardinal Bellarmin Lectures*, University of St. Louis (1991).

Er war Mitwirkender in der Reihe der *Classics of Western Spirituality* (New York), welche bis jetzt in 120 Bänden vorliegt.

In seiner akademischen Funktion hat Panikkar weltweit ungefähr 20 Doktorarbeiten betreut, sein eigenes Denken war Thema von zahlreichen Promotionsarbeiten, wovon viele auch veröffentlicht wurden.

Panikkar war Präsident von Pipal Tree (Bangalore), Gründer und Direktor des Center for Cross-Cultural Religious Studies (Santa Barbara, California) und von Vivarium – Centre d'Estudis Interculturals (Tavertet, Katalonien). Seit 1993 war er auch Präsident der Sociedad Española de Ciencias de las Religiones (Madrid). 1960 war er einer der Gründer der NGO Pax Romana – mit einem Beraterstatus bei den Vereinten Nationen –, welche weltweit für Menschenrechte und Menschenwürde eintritt. Er nahm an zahlreichen internationalen Zusammenkünften der UNESCO und vieler akademischer Institutionen teil. Bei zwei Anlässen war er Sonderbotschafter der indischen Regierung für kulturelle Zwecke in Lateinamerika. Er diente in verschiedenen Ländern als Inspiration für interkulturelle Zentren, wovon eines eine besondere Erwähnung verdient: Das Interculture Institute of Montreal, das viele seiner Artikel veröffentlichte.

Für sein reiches literarisches Schaffen erhielt Raimon Panikkar viele internationale Auszeichnungen: den Spanischen Literaturpreis (1961), den *Premio Antonio Machado* (1990), das *Creu de Sant Jordi*, eine Ehrung der

Generalitat de Catalunya (1999), er wurde zum *Chevalier des Arts et des Lettres* durch die französische Regierung ernannt (2000), erhielt die *Medaglia della Presidenza* der Republik Italien (2001), den *Premio Nonino* „a un maestro del nostro tempo" (2001), den *Premio Casa Asia* für den Dialog zwischen Ost und West, Barcelona (2004), die *Medalla de Oro de Barcelona al Mérito Cultural* (2009). Institutionen, die Panikkar eine Ehrendoktorwürde verliehen, waren u. a. die Universität der Balearischen Inseln (1997), die Theologische Fakultät der Universität Tübingen (2004), die Soziologische Fakultät der Universität von Urbino, Italien (2005), und die Universität von Girona, Katalonien, Spanien (2008).

*

Panikkars Wissens- und Ideenreichtum, sowie sein schriftstellerisches Können und sein besonderer innovativer Stil zeigen sich in der Vielzahl und Breite seiner schriftlichen Arbeit in vielen verschiedenen Sprachen; er veröffentlichte an die 1.500 Artikel und etwa 60 Bücher in verschiedenen Ländern. Der Großteil seiner Bücher enthält Material, das früher als Zeitschriftenartikel erschienen ist, welche oft erweitert und überarbeitet wurden. Überdies gibt es identische oder sehr ähnliche Texte, die in späteren Ausgaben unter einem anderen Titel erschienen sind. Dieser Umstand ist jedoch nicht bloß Zufall, denn, wie der Autor selbst es sagte, schrieb er sein Werk immer wieder um. Er ließ es auch jahrelang „atmen", kam dann darauf zurück und fügte es in eine neue Arbeit ein, wobei er sowohl seine alten Positionen verteidigte als auch ihnen eine neue Bedeutung hinzufügte. Raimon Panikkar war kein gewöhnlicher Denker: er stieß oft Regeln, Konventionen und Vorurteile um. Seine intellektuelle Bildung – zwischen Ost und West – befähigte ihn dazu, in seinem Werk einen durchgehenden philosophischen Dialog zwischen Traditionen, Ideologien und unterschiedlichen Glaubensüberzeugungen zu führen und zu reflektieren. Sein tiefes Wissen der westlichen philosophischen Tradition und sein außergewöhnliches Verständnis der philosophischen und spirituellen Traditionen des Ostens statteten ihn in perfekter und einzigartiger Weise aus für den interkulturellen und interreligiösen Dialog. In Panikkar fand die Philosophie einen Denker, der originell ist und frei von Komplexen, denn er kennt seine Materie und kann Beziehungen aufzeigen und Unterschiede akzeptieren, die nur erkannt und debattiert werden können von jemandem, der sie von der Innenperspektive einer jeden Tradition gelebt und verstanden hat. Er war als Denker zutiefst seinem Werk und seiner Forschung verpflichtet, wie man aus seiner enormen Bibliografie ersehen kann: Er hat dies als eine seiner fundamentalsten Lebensaufgaben gesehen. Hierzu sei auch auf die Einführung zu *Band X Philosophie und Theologie* verwiesen, die man als ein tiefgründiges Bekenntnis seiner Ideale als Philosoph und Theologe sehen kann.

Panikkars überbordendes Werk wurde vom Autor selbst gesammelt und nach thematischen, statt chronologischen Gesichtspunkten in 12 Bände (18 Bücher) unterteilt.

Die Veröffentlichung seiner *Opera Omnia* begann 2008, zuerst auf Italienisch (Jaca Book, Mailand), dann folgten die katalanische (Fragmenta Editorial, Barcelona), französische (Les Edition du Cerf, Paris), englische (Orbis Books, New York) und spanische (Herder Editorial) Ausgabe. Der feierliche Abschluss der Veröffentlichung wird im Herbst 2022 sein, zu welchem Ereignis auch die Veröffentlichung dieses deutschsprachigen Bandes mit den Einleitungen zu den Opera Omnia gedacht ist.

Nachwort: Zur Relevanz von Raimon Panikkar für den deutschsprachigen Diskurs

Bernhard Nitsche

„Raimon Panikkar ist einer der herausragenden katholischen Protagonisten des interreligiösen und interkulturellen Dialogs im 20. und anbrechenden 21. Jahrhundert. Raimon Panikkar hat diesen Dialog schon von seiner Herkunft her als Sohn einer tiefreligiösen spanischen Katholikin und eines Inders aus hohem hinduistischen Adel biographisch-spirituell durchlebt und theologisch-wissenschaftlich belebt. Der Dialog zwischen den religiösen Systemen des Christentums und des Hinduismus ist Raimon Panikkar von seiner Herkunft her – mit ‚Muttermilch' und ‚Vatergesang' – in die Wiege gelegt worden. Später ist die intellektuelle Auseinandersetzung mit dem Agnostizismus bzw. Atheismus und die religiöse Begegnung mit dem Buddhismus hinzugekommen. Weil sein Lebensweg eine große interkulturelle Reise und ein intensives religiöses Gespräch wurde, kann Panikkar sagen: ‚Ich bin als Christ gegangen, ich habe mich als Hindu gefunden und ich kehre als Buddhist zurück, ohne doch aufgehört zu haben, ein Christ zu sein.'[1] Raimon Panikkars dialogisches Frageinteresse zielt auf das Verbindende, das ‚dia des Logos' zwischen Christentum, Hinduismus und Buddhismus.[2] Er fragt nach dem jeweiligen Denken des Göttlichen in seinem Verhältnis zur Welt und zum Menschen. So klingen Thema und Person symphonisch zusammen, wenn Raimon Panikkar unter dem Leitbegriff der ‚kosmotheandrischen Intuition' die anthropologisch und trinitarisch begründete Beziehung von Gott (*theos*), Welt (*kosmos*) und Mensch (*anthropos*) in den Blick nimmt. Dieser Intuition vor allem widmet er seine Aufmerksamkeit im interreligiösen Gespräch zwischen Christentum, Buddhismus und Hinduismus. Seine Reflexionen zur kulturellen Begegnung zwischen Europa und Indien sind im Dialog über diesen Dreiklang der Wirklichkeit fokussiert. In diesem Dreiklang leben die Menschen fragend und sinnschöpfend

---

1 Raimon Panikkar, Der neue religiöse Weg. Im Dialog der Religionen leben, München 1990, 51.
2 Vgl. R. Panikkar, The Dialogical Dialogue, in: Frank Whaling (Hg.), The World's Religious Traditions. Current Perspectives in Religious Studies. Essays in honour of Wilfred Cantwell Smith, Edinburgh 1984, 201–2022; und ders., The Encounter of Religions, in: Jnanadeepa 3,2 July (Pune), 151–176.

jener Wahrheit entgegen, die in den Religionen als göttliches Geheimnis und Weisung zum Leben bezeugt wird. [...] Das Symposion[3] trägt damit zu einer wissenschaftlichen Würdigung des Oeuvres von Raimon Panikkar im deutschen Sprachraum bei und nimmt im Spiegel seines Ansatzes die aktuellen Herausforderungen der interkulturellen Begegnung und interreligiösen Verständigung auf. So können kulturell-religiöse Differenzen wahrgenommen und mögliche Konvergenzen ausgelotet werden.

Mit diesem Blick auf Divergenzen und Konvergenzen, die in den Beispielen der soteriologischen Grundfiguren der Vermittlung von göttlicher Transzendenz und geschichtlicher Immanenz inhaltlich konkret werden, markiert das Symposion eine Zielsetzung, die vermutlich noch immer ein Desiderat für den deutschen Diskurs darstellt. Raimon Panikkars hermeneutisch-dialogischer Ansatz und sein engagierter Einsatz für das Gespräch zwischen den großen religiösen Traditionen Europas und Indiens wird heute von KulturphilosophInnen, ReligionsphilosophInnen und TheologInnen unterschiedlicher Provenienz weltweit diskutiert und rezipiert. Während Panikkars Überlegungen im angelsächsischen, indischen und italo-hispanischen Kulturraum selbstverständlich wahrgenommen werden, haben seine verschiedenen Forschungsergebnisse und hermeneutischen Reflexionen im deutschsprachigen wissenschaftlichen Diskurs bisher einen eher verhaltenen Eingang gefunden. Dies ist insofern befremdlich, als wichtige Schriften Panikkars in deutscher Sprache veröffentlicht sind."[4]

Diese Worte haben nichts an Aktualität verloren und sind noch 20 Jahre später genauso richtig wie einst. Es gehört zu den signifikanten Tatsachen, dass der für 2022 ausgeschriebene Panikkar-Preis zwar für einschlägige Arbeiten in Italienisch, Katalanisch, Französisch, Spanisch, Englisch und in Indien (ebenfalls in Englisch verfasst) vergeben werden konnte. Aber in deutscher Sprache wurde keine qualifizierte Arbeit eingereicht. Es ist nach wie vor bedauerlich, dass Panikkar, obwohl er vor allen Dingen in der frühen Zeit viel auf Deutsch publiziert hat, im deutschsprachigen Wissenschaftsbetrieb keine Rolle spielt.

Dies liegt sicher nicht an fehlenden Hinführungen zu seinem Denken. Francis D'Sa hat in seiner Zeit auf dem Würzburger Lehrstuhl für Missi-

---

3   Das internationale und interdisziplinäre Symposium „Gottesdenken in interreligiöser Perspektive" über Raimon Panikkars Trinitätstheologie fand im Jahr 2003 an der Universität Tübingen statt.

4   Bernhard Nitsche, Begegnungen mit Raimon Panikkar als Chancen interkultureller und interreligiöser Verständigung, in: Bernhard Nitsche (Hg.), Gottesdenken in interreligiöser Perspektive. Raimon Panikkars Trinitätstheologie in der Diskussion, (Lembeck / Bonifatius) Frankfurt/M. – Paderborn 2005, 13–47, hier 13f.

onswissenschaft in Deutschland immer wieder auf Veranstaltungen solche zum Denken Raimon Panikkars angeboten. Wegweisend sind seine Hinführungen „Der trinitarische Ansatz von Raimon Panikkar".[5] Für den ersten Zugang sehr hilfreich ist ebenso „Panikkars Beitrag zu einer interreligiösen und interkulturellen Hermeneutik aus indischer Sicht" seiner ehemaligen Schülerin Clemens Mendonca.[6] Mit einem stärkeren Blick von außen hat inzwischen auch Jiri Komulainen, „Raimon Panikkars Kosmotheandrismus als Katholizismus für das Dritte Jahrtausend?", eine sehr gute Hinführung vorgelegt.[7] Reinhold Bernhardt hat Raimon Panikkar in den Kontext maßgeblicher religionstheologischer Protagonisten eingeordnet und darin exponiert.[8] Ich will diese Hinführungen weder übergehen noch kopieren, überarbeiten oder ersetzen. Deshalb erlaube ich mir, noch einmal ausdrücklich auf sie zu verweisen. Vielmehr wage ich, das Thema der deutschen wissenschaftlichen Nicht-Rezeption noch einmal aufzunehmen und anhand aktueller Debatten zu zeigen, wo noch immer das Potenzial und die Relevanz des Denkens von Raimon Panikkar sichtbar werden können.

1. Gründe für die Nicht-Rezeption

Die Nicht-Rezeption Panikkars hat sicher mehrere Gründe. Zum einen hat Panikkar einen harmonisierenden und synthetisierenden Stil des Denkens, sodass er sich selbst nicht entschieden in das Feld solcher wissenschaftlicher Diskurse hineinbegeben hat, die Problemstellungen mit Argument und Gegenargument, mit These und Gegenthese, d.h. auch mit Kontroverse und Konflikt thematisieren. Vielmehr hat er sich aus diesen Diskursen weithin herausgehalten, um seine eigenen Vorstellungen und Visionen zu präsentie-

---

5   Francis D'Sa, Der trinitarische Ansatz von Raimon Panikkar, in: Bernhard Nitsche (Hg.), Gottesdenken in interreligiöser Perspektive. Raimon Panikkars Trinitätstheologie in der Diskussion, Frankfurt 2005, 230–248.
6   Clemens Mendonca, Panikkars Beitrag zu einer interreligiösen und interkulturellen Hermeneutik aus indischer Sicht, in: Bernhard Nitsche (Hg.), Gottesdenken in interreligiöser. Raimon Panikkars Trinitätstheologie in der Diskussion, Frankfurt 2005, 75–89.
7   Jiri Komulainen, Raimon Panikkars Kosmotheandrismus als Katholizismus für das Dritte Jahrtausend?, in: Christian Hackbarth-Johnson / Ulrich Winkler (Hg.) Homo interreligiosus. Zur biographischen Verortung interreligiöser Prozesse bei Raimon Panikkar (1918–2010). Beiträge einer internationalen Fachtagung zu seinem 100. Geburtstag (Salzburger Theologische Studien interkulturell 22), Innsbruck-Wien 2021, 103–116.
8   Reinhold Bernhardt, Klassiker der Religionstheologie im 19. und 20. Jahrhundert. Historische Studien als Impulsgeber für die heutige Reflexion (Beiträge zu einer Theologie der Religionen 20). Zürich 2020, 293–320.

ren. Aber auch dabei wurden andere maßgebliche Werke und Hintergründe, Protagonisten und Zeitgenossen nicht sichtbar rezipiert und zitiert. So bleibt nur die Innenwahrnehmung des Werkes mit gelegentlichen Außenbezügen zu realisieren oder die mühsame Aufgabe des wissenschaftlichen Lesers/ der Leserin, implizite Äußerungen auf ihren fachwissenschaftlichen Resonanzraum hin aufzuschließen. Das aber setzt bereits enorme Kenntnisse von Hintergründen und Zusammenhängen voraus, die es insbesondere Anfängern schwierig macht, Panikkar in einen wissenschaftlichen Diskurs einzuordnen. Dies gilt zum Beispiel für den Bereich des religiösen Pluralismus und der pluralistischen Wahrheitserfassung bzw. pluralistischen Religionstheologie. Hier hat er wichtige Gedanken formuliert, aber sie nicht als Zuspruch oder in Abgrenzung zu anderen Positionen in Beziehung gesetzt. Bei solchen Themen hätte Panikkar ohne Probleme differente oder konvergente Positionen seiner Zeit benennen und diskutieren können. Doch hat er das nicht getan. Obwohl er sich mehrfach mit Gadamers *Wahrheit und Methode* auseinandergesetzt hat, gibt es dazu, soweit meine Kenntnis reicht, keine verschriftlichten Vorlesungs- oder Seminarunterlagen, die Einblicke in seine Bezugnahme und Anverwandlung von Gadamers Denken rekonstruierbar machen könnten.

Zum anderen hat Panikkar seine Inspirationen in einer oft eigenen und kreativen Weise von Neologismen formuliert, die selten mit einer Definition dessen versehen wurden, was sie genau bedeuten und was sie in Abgrenzung zu anderen Theoriemodellen nicht bedeuten (Christophanie, Ontonomie, Ökosophie). Das macht es schwierig, entsprechende Begriffe genau zu fassen und einer präzisen Bestimmung zuzuführen. Bei Raimon Panikkar dominiert die Intuition und die Initiation, aber nicht die klare Definition und die systematische Arbeit am Begriff.

Solches gilt zum Beispiel für die Ökosophie. Gerade am Beispiel der Ökosophie zeigt sich, dass Panikkar sich nicht die Mühe gemacht hat, die ökologischen Diskurse aufzuarbeiten und in deren Horizont das Thema der Ökosophie als spirituellen Hintergrund der ökologischen Krise und ihrer Überwindung besser zu platzieren. Ein gezielter Diskurs und eine Zusammenarbeit mit Arne Dekke Eide Næss (1912–2009) und seinem Anliegen einer Tiefenökologie hätten Chancen geboten, das gemeinsame Anliegen eines Tiefenbewusstseins des Menschen für das verflochtene Gewebe der Welt und die Weisheit der Natur zu fördern, um mit indisch-hinduistischer Sensibilität den Zusammenhang natürlicher Prozesse, kosmischer Verflechtungen und wechselseitiger Vernetzungen in einem ganzheitlichen Denken zu stärken. Seit 1972 gab es den berühmten Weckruf des Club of Rome: „Die Grenzen des Wachstums". Doch erst in den letzten Jahren ist durch den menschlich gemachten Klimawandel unter den Menschen in der westlichen Moderne ein Bewusstsein dafür gewachsen, dass die Dinge des Kosmos und das Leben der Menschen und Tiere unmittelbarer miteinander verflochten sind, als zunächst angenommen. Dass die Verlangsamung des Jet-Streams zu längeren Hitze- oder Kälteperioden sowie zu extremen Wetterlagen führt, erfahren die Menschen jetzt unmittelbar durch die Rückwirkungen auf das „tägliche" Klima. So kann das Abschmelzen der Polkappen für den Nordpol mit allen Konsequenzen für den Zusammenbruch des Golfstroms usw. in wenigen Jahrzehnten Realität sein. Erst die Phänomene im Gefolge von Corona oder im Gefolge des Ukraine-Kriegs haben die Zerbrechlichkeit und die Störanfälligkeit globaler Vernetzungsprozesse sichtbar gemacht und gezeigt, was Interdependenz ohne Independenz bedeutet. Vielleicht ist das nun ein Horizont, in dem ein neues, tieferes Bewusstsein für den Zusammenhang aller Dinge untereinander und für die Eingebundenheit des Menschen in die kosmische Dimension erwachsen kann, sodass die Frage einer neuen kosmischen und ökosophischen Weisheit nicht zu einem Nischen-Sonderbereich im Esoterikpark oder der grün-alternativen Szene wird, sondern eine zentrale Aufgabe der menschlichen Bewusstseinsentwicklung darstellt.

Sicher wäre es hilfreich gewesen, wenn Raimon Panikkar seine Überlegungen zur Verbundenheit aller Dinge, gerade vor dem Hintergrund seiner katholisch-organologischen Denkweise, auch in Bezug zu strukturellen Systemen und kybernetischen Netzwerkvorstellungen entfaltet hätte.[9] Dann wären die Vernetzungsmodelle der śivaistischen Vorstellung der Verbundenheit aller Dinge (*sarvam sarvātmakam*) bzw. der buddhistischen Vorstellung von einer formal unabschließbaren und insofern unendlichen Vernetzung von endlichen Ursachen des bedingten Entstehens (*pratītyasamutpāda*) nicht nur eine Frage der Spiritualität, sondern auch der Realität von Lebensverhältnissen geworden. Dass Panikkar dies nicht ausschließt, dürfte unbestritten sein, insofern Spiritualität nicht einen (religiösen) Sonderbereich darstellt, sondern die Weise des aufmerksamen Bewusstseins und der spürenden Verinnerlichung bezeichnet, mit der die Begegnungen mit der Wirklichkeit und die Wahrnehmungen von Welt Beachtung und Wertschätzung finden.

---

9   Vgl. Ludwig von Bertalanffy, General System Theory: Foundations, New York 1976 (ursprünglich 1969). Eine Theorie komplexer adaptiver Systeme kann die Vielfalt der Agenten und ihrer Selbstorganisationen miteinander in Beziehung setzen und damit deutlich machen, dass komplexe Systeme mehr sind als die additive Sammlung der Eigenschaften einzelner Komponenten des Systems. So kann auch die Interaktion einzelner Aspekte in den Fokus des Interesses rücken. Was auf der realen und naturalen Ebene als Emergenz zu bestimmen wäre, ist im spirituellen Horizont dann als Intensivierung und Vertiefung von Einsicht und Lebenszusammenhang zu beschreiben. Vgl. auch Günter Ropohl, Allgemeine Systemtheorie. Einführung in transdisziplinäres Denken, Berlin 2012.

Der Begriff der Ontonomie hat Panikkar dazu angeregt, in seinen 2010 publizierten Überarbeitungen der Gifford-Lectures die Rhythmik des Seins noch einmal zu exponieren. Dabei ergeben sich Berührungspunkte zu einer relationalen Ontologie, die die Verbundenheit des Seienden untereinander betont, die aus der freien Relationalität Gottes hervorgeht und in diesem Horizont nicht nur die Verbundenheit Gottes mit der Welt und den Menschen, sondern auch die innere Beziehungshaftigkeit Gottes freilegt und anspricht. Dies hat Raimon Panikkar immer wieder mit dem Hinweis auf die Perichorese getan, aber dabei zum Beispiel nicht unterschieden, ob es sich um eine *circuminsessio* (wechselseitige Einwohnung) oder um eine *circumincessio* (gegenseitige Durchdringung) handelt. Zumindest systematisch ergeben sich daraus unterschiedliche Akzentsetzungen. In seinen Beschreibungen verwendet Panikkar allerdings vielfach die Vorstellung einer gegenseitigen Durchdringung.

Schließlich hat Panikkar sich immer mehr aus dem akademischen Bereich herausgenommen und sich zunehmend als Pandit, als gelehrter geistlicher Führer verstanden, der mit seinem gesammelten, angehäuften und herausgestellten Wissen Menschen unterweist, ihren eigenen geistlichen Weg durch das Abenteuer des Lebens zu finden. Da er primär am spirituellen Weg der Menschen interessiert war und von daher den inneren geistlichen Gehalt des Christentums sowie der Traditionen Indiens zu erschließen suchte, macht Panikkars Bestimmung der Aufgabe der Vergegenwärtigung indischen Denkens den Konflikt und Kontrast zur philologischen und kultursoziologischen Wende in der Indologie deutlich, die vielfach ohne eine tiefgreifende und existenzielle Sinnerschließung der Texte und Überlieferungsstränge auskommt. Entsprechend hat sich Panikkar nicht in den indologischen, philosophischen und theologischen Fach-Diskurs begeben und darin auch keine Wirkung erzielt.

Typisch formuliert er unter der Überschrift „Der Dharma Indiens":

„Im Falle des Hinduismus liegt der schwierigste Aspekt darin, eine so reiche Erfahrungswelt in eine Synthese zu bringen. Zwei Überlegungen dazu drängen sich auf. Die erste besteht darin, den Glauben zu kritisieren, man könne die Wirklichkeit adäquat beschreiben, als wäre sie transparent für den Verstand und ohne weiteres in Worte zu fassen, als wäre das Unaussprechbare nur eine menschliche Schwäche. Auch die zweite Überlegung entlarvt eine moderne Überzeugung als falsch, nämlich den Glauben, dass Zeit von den Dingen unabhängig sei, und dass Ereignisse deshalb in einer kürzeren oder schnelleren Zeitskala zusammengefasst oder katalogisiert werden können."[10]

---

10 Leben und Wort, 58.

Mit der zweiten Bemerkung unterstreicht Panikkar die Differenz und Fremdheit der damaligen Lebens- und Erfahrungswelt von unserer heutigen. Zugleich ist diese Differenz heterotopisch, was die Universen des Verstehens angeht. Diese Differenz der unterschiedlichen Verstehenshorizonte darf nicht unterschätzt und überspielt werden, wenn Panikkar umgekehrt in einer diatopischen Hermeneutik versucht, Brücken zu bilden und einzelne Figuren innerhalb der Systeme aufeinander zu beziehen.[11] Soll sich die Vergegenwärtigung nicht auf die Engführung philologischer Fragen richten, so bedarf es einer Über-Setzung von Einzelaussagen bzw. Einzelaspekten und ihrer leitenden Verstehenskontexte, die notwendig mit einer Transformation des einstmals Gesagten einhergeht. Insofern Panikkar eine solche Über-Setzung leistet, zieht er sich selbstverständlich die Kritik aller streng philologisch und historisch arbeitenden Disziplinen zu, die eine solche kreative Anverwandlung mit existenziell-sinnerschließender Ausrichtung weder leisten wollen noch müssen.

Die erste Bemerkung macht das Problem der angemessenen Rede vom Unsagbaren deutlich, die sich in der Sprache der Mystiker in Bildern vom Seelengrund oder vom göttlichen Meer entfaltet wird, aber darin Hinführung und Andeutung ist. Sie kann missverstanden werden, wenn daraus ein klar differenziertes kategoriales Beschreibungsfeld mit scharfen Abgrenzungen und Unterscheidungen abgeleitet wird. Nach Panikkar ist das Verhältnis von Unendlichem und Endlichem durch eine Transimmanenz bestimmt:

„Der Begriff der Transzendenz ohne den intrinsisch damit verbundenen Ausgleich der Immanenz ist sowohl undenkbar als auch widersprüchlich, und deshalb falsch. Wir sollten die Versuchung vermeiden, zuerst den Menschen von einem ‚anderen' (in diesem Fall von göttlicher Transzendenz) zu unterscheiden, und sie dann in Beziehung zueinander zu stellen. Das göttliche Element ist in der Tat sowohl *immanent* als auch *transzendent*. Göttliche Immanenz bedeutet, dass das Göttliche sich im *sôma*, in der *psychê*, in der *polis* und im *kosmos* findet. Und es ist genau dieses geheimnisvolle Element, dieser Atem, diese transzendente und immanente Gegenwart, die den Dingen, wie auch dem Menschen, Identität verleiht."[12]

11 Vgl. Michel Foucault, Andere Räume, in: Karlheinz Barck u. a. (Hg.), Aisthesis. Wahrnehmung heute oder Perspektiven einer anderen Ästhetik, Leipzig 1992, 34–46. Während Foucault die Differenz exponiert und die Konfigurationen in den Blick nimmt, wie Elemente in Einigungsformeln von Relationen eingefügt sind, sodass sie nebeneinander gestellt oder einander entgegengesetzt oder ineinander enthalten sein können, zielt Panikkar auf das Dia des Logos, mit dem die unterschiedlichen kulturellen und historischen Orte und ihre differenten Galaxien des Verstehens in einen Zusammenhang gebracht werden können.
12 Leben und Wort, 25f.

Dem kann der Systematiker sofort zustimmen und wird doch gleich die Anschlussfrage stellen, wie das Verhältnis von Immanenz und Transzendenz in Modellvorstellungen näher beschrieben und begrifflich präzise bestimmt werden kann. Panikkar gibt zumindest einen Hinweis *ex negativo*, indem er die Fülle *brahmans* als Tiefendimension der Wirklichkeit weder durch ein Emanations- noch durch ein Kreationsdenken angemessen bestimmt sieht.[13] Das weckt den Wunsch nach einer positiven Modellvorstellung.

Für das breite Publikum kann es verstörend sein, wie selbstverständlich Panikkar Glanzstücke der Tradition Indiens oder der Kirche im Sinne eines kurzen Mantras einführt, um seinen Gedanken an den weiten Horizont seines Wissens zurückzubinden. Der moderne Leser mit spirituellem Interesse wird daher manchmal Mühe haben, die Tiefe und den Reichtum der dahinter stehenden Tradition zu erfassen, zumal es Raimon Panikkar oft bei kurzen Andeutungen belässt. Für das Fachpublikum und den Wissenschaftsbetrieb gilt umgekehrt: Eine stärkere fachwissenschaftlich-akademische Ausrichtung hätte es Raimon Panikkar ermöglichen können, angedeuteten Anschlussfragen nachzugehen und auch wissenschaftlich Anreger zu sein. Doch dann hätte er in den konfliktträchtigen Diskurs von Argument und Gegenargument, von These und Gegenthese eintreten oder seine Intuitionen gezielt durch Promovendinnen und Promovenden ausarbeiten lassen müssen – etwa im Kontext des damaligen Wissenschaftsdiskurses von Harvard und Santa Barbara. Letzteres zum Beispiel wäre möglich gewesen, wenn die Figur der Verbundenheit aller Dinge im Gespräch mit systemtheoretischen und kybernetischen Modellen von einer akademischen Schülerin/einem akademischen Schüler ausgearbeitet oder veranschaulicht worden wäre. Das Konzept der Ökosophie wiederum zeigt, dass Raimon Panikkar ein Pandit, aber kein Teamplayer war.

2. Relevanz und Rezeptionschancen

Weil ich das Denken von Raimon Panikkar nach wie vor für höchst anregend halte und darin unausgeschöpfte Impulse für die Gegenwart sehe, möchte ich fünf Aspekte exponieren, um die nach wie vor gegebene Relevanz des Denkens von Raimon Panikkar für die deutsche Debatte anzuzeigen. Ich beginne mit dem Zusammenhang von Erlösung und Befreiung, verweise auf die chalkedonische Grammatik von *a-dvaita*, um das Verhältnis von Welt *in* Gott und Gott *in* Welt zu bestimmen, weite den Blick auf den Menschheitshorizont des Katholischen, zeige dann auf, wie die Komparative Theologie von den homöomorphen Äquivalenten profitiert hat

---

13 Vgl. ebd., 62–64.

und profitieren kann, obwohl sie den Bezug zu Panikkar nicht herstellt, um schließlich die Inspiration Panikkars für meine eigenen trinitätstheologischen Überlegungen offenzulegen.

2.1 Erlösung und Befreiung

Freiheit ist der Leitbegriff der aufgeklärten Moderne, unter der sich der Mensch als formal unbedingtes, aber materialbedingtes Wesen begreift, das nicht nur Prozesse des Neu- und Anderswerdens initiieren kann, sondern sich auch selbst Regeln des Handelns und des Denkens zu geben vermag. Von diesem Gedanken der Autonomie her wird bereits deutlich, dass Freiheit in einem tieferen Sinne nicht einfach die Wahl zwischen zwei Alternativen ist, etwa entlang der Frage, ob ich lieber Orangen oder Mangos esse. Obwohl die große Mehrheit von Menschen Freiheit zunächst in diesem Sinne des Auswählens von unterschiedlichen Möglichkeiten verstehen würde und gerade darin die Befriedigung einer Existenz sehen könnte, die die ökonomischen und sonstigen Voraussetzungen hat, um in größter Freiheit aus einer möglichst großen Fülle ein angenehm auswählendes Leben zu realisieren, so ist dies doch nicht der primäre Sinn von Freiheit. Auch die Frage, ob ich das Gute für möglichst Viele (Gemeinwohl) oder meinen eigenen Vorteil (Egoismus) wähle, bildet zunächst nicht den Kern des Freiheitsdenkens. Auch das Denken von Selbstgesetzgebung und Selbstregelung (Autonomie) ist zwar zentral für das Freiheitsdenken, aber nicht sein ursprünglicher Kernpunkt. Autonomie als Selbstgesetzgebung darf nicht mit einer losgelösten (ab-soluten) Unabhängigkeit (Autarkie) oder gar einer *splendid isolation* verbunden oder verwechselt werden.

Entscheidend ist das spontane Vermögen, sich selbst zu ergreifen und sich selbst zu bestimmen. Insofern ist Freiheit die Voraussetzung für den Vollzug des Menschen als Person. Für dieses spontane Vermögen der Selbstsetzung ist Freiheit die vorausgesetzte Bedingung der Möglichkeit. Nur in Freiheit ist eine Selbstbestimmung möglich, die durch nichts anderes bestimmt ist, weshalb sie formal unbedingt genannt wird. Natürlich vollzieht sich dieses formal unbedingte Vermögen des freien Sich-Entschließens nur innerhalb vielfältiger Bedingungen und Endlichkeiten. Daher ist das spontane, freie Sich-Entschließen in seinem Vollzug immer durch biografische und gesellschaftliche Rahmungen sowie durch inhaltliche Optionen oder alternative Meinungen mitbedingt und mitbestimmt. Deshalb kann Freiheit sich real und konkret in ihrer Selbstbestimmung nur als Spannungsverhältnis verwirklichen. Dies ist ein Spannungsverhältnis von freier, formal unbedingter spontaner Selbstsetzung und bedingten, material gebundenen Inhalten oder Strukturen, innerhalb derer der Mensch sich zu positionieren oder die er auszuwählen hat. Dabei darf die Bewegung der Freiheit, grundlegend eine Freiheit *für* etwas zu sein, nicht unterschätzt werden.

Freiheit begründet daher die Möglichkeit, aus eigener Fähigkeit heraus sich selbst wählen und entwickeln zu können, um immer mehr und transparenter, d.h. authentischer, die Person zu sein, die ich bin und sein soll. So steht am Grunde der Freiheit die „reine Lauterkeit" befreiten Selbstseins.[14] Von daher gehört es zur Freiheit, in der Lauterkeit des Herzens Erfüllung zu finden. Darüber hinaus kann Freiheit nur in Beziehungen und Praktiken voll Freiheit Erfüllung finden. Dies schließt sowohl die eigene wie die andere Freiheit in sich ein. Deshalb ist Freiheit „*ab ovo* ein Kommunikationsbegriff".[15] So kann mit Kant, Hegel, Schelling und allen elaborierten Freiheitstheorien gesagt werden, was Raimon Panikkar betont: „Es ist diese Freiheit, die die Grundlage unserer Würde und Verantwortung bildet."[16]

Es wäre daher eine interessante Studie, Panikkars *Vedic Experience* auf die heilsamen Erfahrungen hin zu untersuchen und danach zu fragen, wie diese in den Zusammenhang eines umfassenden Freiheitsdenkens eingebunden werden können. Dazu möchte ich einige Facetten aufzeigen.

Nach Fichte ist das Absolute als umfassendes und lauteres Leben durch Allwissen, ontologische Selbstursprünglichkeit, Allmacht und Allgüte ausgezeichnet. Dieses absolute Sein ist nichts als Sein (*sat*), Bewusstsein (*cit*) und Leben (*ānanda*) und als solches eine Ganzheit. Neben ihm kann kein Sein noch Seiendes sein, weil nichts außer ihm sein kann: „Nur Eines ist schlechthin durch sich selbst: Gott, und Gott ist nicht der todte Begriff, [...] sondern er ist in sich lauter Leben. Auch kann dieser nicht in sich selbst sich verändern und bestimmen, und zu einem anderen Seyn machen; denn durch sein Seyn ist alles sein Seyn und alles mögliche Seyn gegeben, und es kann weder in ihm, noch ausser ihm ein neues Seyn entstehen."[17] *Saccidānanda* wäre also die hinduistische Formel, mit der das Gespräch mit Fichte und seinem Freiheitsdenken möglich wäre. So bleibt die Frage, ob die Transimmanenz *brahmans*, obwohl nach Panikkar kein Kreationsdenken freiheitsbestimmt gedacht werden kann.[18]

14 Meister Eckhart konzipierte den göttlichen Grund und den mit ihm geeinten Seelengrund, nicht als ein höchstes Seiendes und nicht als Substanz, sondern als reine Lauterkeit, mithin Klarheit und Transparenz im Unterschied zu jedem Seienden und Nichts, reine Fülle. Vgl. Meister Eckhart, Die Lateinischen Werke V, Stuttgart 2006, 37–48.
15 Hermann Krings, System und Freiheit, Freiburg-München, 1980, 125.
16 Leben und Wort, 91.
17 Johann Gottlieb Fichte, Wissenschaftslehre: 1810, Werke Bd. 2, 1843, 696.
18 Anantanand Rambachan, Gnoseological Interpretation of Śaṅkara: A Proposal for the Relationality of saguṇa- and nirguṇa-brahman, in: Bernhard Nitsche / Marcus Schmücker (Hg.), God or the Divine – Religious Transcendence beyond Monism and Theism, between Personality and Impersonality?, Berlin

Vielfach wird in christlichen Kontexten die posttraditionale Spiritualität und das karmische Denken des Hinduismus mit dem Vorwurf der Selbsterlösung (Autosoterik) verknüpft. Doch trifft dies vermutlich weniger auf die hinduistischen Ursprünge zu, die in der Rhythmik des Seins die harmonische Balance von Anliegen und Interessen als Grund des karmischen Denkens begreifen, das durch diesen Ausgleich von guten und schlechten Taten auch ein rationales Verständnis eigenen Unglücks ermöglicht.[19] Ob dieses Konzept überzeugt, um mit dem Leiden der Menschen und dem Schrei aus Unvermögen, Selbstverstrickung, Schmerzen, Leiden oder Verzweiflung usw. umzugehen, ist eine andere Frage. Zumindest in der westlichen Aneignung eines optimistischen Fortschrittsdenkens der progressiven Selbstoptimierung wird in der Regel nach der Logik des Sprichworts verfahren: „Jeder ist seines eigenen Glückes Schmied" – um das karmische Denken zu erklären.[20]

Freilich ist dann noch immer nicht jene gnadentheologische Höhe des Arguments erreicht, die eine Trans-Immanenz des Göttlichen im Menschlichen benötigt. Entsprechend der noch anzuzeigenden *a-dvaitischen* oder chalkedonischen Hermeneutik kann nämlich nicht übersprungen werden, dass die göttliche Dimension der menschlichen Dimension so einwohnt, dass diese freigesetzt ist, um in aller Freiheit das ihr Gemäße zu tun. Deshalb heißt die Alternative nicht Theosoterik (Erlösung durch Gott) oder Autosoterik (Erlösung durch sich selbst). Das ist eine falsche dialektische Entgegensetzung. Vielmehr geht es um Autosoterik aus Theosoterik. Das Göttliche ist als der Grund der Freisetzung und Befreiung des Menschen zu eigener, lauterer und kommunikativ verantwortlicher Freiheit zu verstehen. Dann aber wird die Frage aktuell, wie solche Prozesse der Befreiung aus dem göttlich Unbedingten und Unverfügbaren gedacht werden können, welche menschliche Freiheit zu sich selbst befreien.

An dieser Stelle gewinnt Raimon Panikkars Hinweis auf die Freiheit in seinen Einführungen hilfreiche und wegweisende Bedeutung. Bezeichnend ist bereits der Titel von Kapitel VI. der *Vedic Experience*: „Neues Leben und Freiheit. Das wunderbare Geheimnis des Seins, das Wiedererwachen von Leben aus den Todesqualen, die Entdeckung, dass Leben unsterblich ist, dass Sein unergründlich ist, und dass Glückseligkeit und Wirklichkeit

---

u. a. 2022, 419–432; Fabian Völker, Transzendentalphilosophie und Transkulturelle Religionsphilosophie. Zur Lehre des Absoluten bei Śaṅkara und Fichte, in: Kai Gregor (Hg.), Philosophie der Zukunft – Zukunft der Philosophie. Zu den Perspektiven der Philosophie als Grundlagenwissenschaft, Freiburg-München 2019, 184–242.
19 Angelika Malinar, Hinduismus, Göttingen 2009, 175–179 und bes. 233–236.
20 Bernhard Nitsche, Reinkarnation. Zur westlichen Aneignung einer populären Vollendungshoffnung, in: Materialdienst EZW 78 (2015) H. 4, 123–135.

zu Selbsterneuerung fähig sind."²¹ Von daher sind die Religionen als unterschiedliche Wege in unterschiedlichen Kulturen zu verstehen, die den Menschen zur Befreiung von falschen Anhaftungen, so aber zur eigenen Erfüllung und zum wahren Glück in Beziehung untereinander und mit dem All und dem Göttlichen führen wollen. Daher steht nicht die Bindung oder Rück-Bindung im Mittelpunkt, die nach Theodor W. Adorno immer in Gefahr ist, eine autoritäre Bindung zu sein, die als autoritärer Charakter verinnerlicht wird und zu einem kontrollierenden und unterwerfenden Über-Ich (Sigmund Freud) wächst. Vielmehr kommt es darauf an, von falschen Begrenzungen zu entbinden und zu befreien, um in authentischer Spontanität der Selbstsetzung und Selbstaktualisierung ungehemmt und unbehindert jene Freude zu leben, die zu Glück und Erfüllung führt.²²

Nach hinduistischer Auffassung bedeutet dies einerseits: „*Mokṣa*, Befreiung, persönliche Freiheit ist der höchste Wert, der letzte der berühmten *puruṣārthas* oder menschlichen Werte. Die anderen sind Liebe, Wohlstand und Pflicht (*kāma*, *artha* und *dharma*)."²³ Nur kurz kann an dieser Stelle darauf hingewiesen werden, dass sich auch freiheitstheoretisch der Bezug zur moralischen Pflicht herstellen lässt, weil nur ein Leben in moralischer Verpflichtung im strengen Sinne glückswürdig genannt werden kann, weil es die Freiheit in reiner Gesinnung allgemeiner, auf das Gemeinwohl zielender Weise, realisiert. Schließt Freiheit im Ursprung den Bezug auf andere Freiheit als erfüllenden Gehalt in sich ein, so kann Freiheit ohne Widerspruch in der Bejahung anderer Freiheit realisiert sein. Wo ein Mensch den anderen Menschen als freies Subjekt und Person mit unveräußerlicher Würde bejaht, erwächst eine Haltung der Liebe, die affektiv über den moralischen Zusammenhang hinaus weist, denn die Liebe ist ohne Warum, aber voll Achtung für den Anderen und mit dem Wohlwollen versehen, den anderen in seine wahre Eigenheit und Authentizität hinein freizugeben.

Nach hinduistischer Auffassung beinhaltet dies aber auch den Aspekt der Askese, also jene Anhaftungen loszulassen, die den Menschen von seiner inneren Lauterkeit und persönlichen Authentizität wegführen. Deshalb soll nichts begehrt oder angehäuft werden, was dem eigenen inneren Weg widerspricht und auf einen falschen Weg führt: „*Mā gṛdhaḥ*, sagt der Text: Erstrebe nicht, hab' kein Verlangen, eigne dir nicht an. *Aparigraha* (mit wohl derselben Etymologie) ist eines der Worte, die Mahātma Gandhi während seiner politischen Kampagne gebrauchte: Ergreift keinen Besitz, beutet nicht aus, häuft nicht an; verschwendet nicht und beansprucht nicht egoistisch für euch selbst, was das menschliche, soziale, wirtschaftliche oder

---

21 Leben und Wort, 47.
22 Ebd., 140.
23 Ebd, 66.

kosmische Gleichgewicht beeinträchtigen würde. Das ist die Freiheit derer, die sich an nichts klammern."[24] Die mit Mahātma Gandhi angezeigten sozialen, wirtschaftlichen und kosmischen Dimensionen sind in der Gegenwart mit vielfachen Eruptionen vulkanischen Ausmaßes und Alarmsignalen aller Art verbunden. Wer wollte die sozialen Verwerfungen in Indien und global übersehen oder bagatellisieren, die mit Ausbeutung und Unterdrückung, Armut und Verlust an Lebenschancen, Hunger und Tod einhergehen? Wer wollte die Folgen des Global entfesselten Kapitalismus oder die ökonomische Abhängigkeit der globalen Interdependenz übersehen, in der Wirtschaftszweige und Volkswirtschaften durch Kriege oder Corona an den Rand des Zusammenbruchs geraten, weil die Interdependenz ohne Independenz realisiert ist. Schließlich sind die kosmischen Dimensionen des Klimawandels längst zu einer rückwirkenden Erfahrung von Temperaturanstieg und Katastrophenanstieg geworden. Wie Joseph Prabhu deutlich macht, nimmt die Person, die einen Tag die Luft New Delhis einatmet, so viel Abgase in sich auf, als würde sie 50 Zigaretten am Tag rauchen.[25] Und China erzeugt aktuell mehr Abgase als alle G 7 Industrienationen zusammen.

Deshalb wird am Ende deutlich, dass alles mit allem anderen verbunden ist (Śivaismus: *sarvam sarvātmakam*: „Alles ist in Verbindung mit allem anderen").[26] Entsprechend diesem fundamentalen Prinzip traditioneller Kosmo-Visionen macht Raimon Panikkar deutlich, dass Heil im umfassenden Sinne immer die Ganzheitlichkeit des Einmaligen betrifft, das aber nicht individualistisch isoliert betrachtet werden darf, sondern im Kontext des Ganzen und der Beziehungen zu allen Anderen und allem Anderen. Darin findet die Ontonomie, die Rhythmik des Seins, ihre Vollendung. Denn nur in der Verbundenheit von allem mit allem kann Befreiung und Erlösung, kann Versöhnung und Heil zur Vollendung kommen. Dafür bedarf es eines dynamischen und belastbaren, aber auch flexiblen und responsiven Beziehungsnetzes, das nicht als festzurrendes Gefängnis, sondern als Bereicherung freier Interdependenz in Independenz wahrgenommen wird. Was Panikkar im hinduistischen Kontext anzeigt, bedeutet christlich: „Gott alles in allem" (1 Kor 15,28), eine von Paulus verwendete eschatologische Formel. Diese geht auf den griechischen Philosophen Anaxagoras zurück. Später hat Maximos der Bekenner daraus seine Vision von der Vollendung der Schöpfung gezogen, wonach „Gott alles in allem sein werde, alles umfassend und in seine Person aufnehmend". In dieser Vision wird die ganze

---

24 Ebd., 65f.
25 Joseph Prabhu, Raimon Panikkars Kosmotheandrismus und seine ökologischen Implikationen, in: Christian Hackbarth-Johnson / Ulrich Winkler (Hg.), Homo interreligiosus, a.a.O., 100.
26 Vgl. Leben und Wort, 66.

Welt in Gott vergöttlicht (Theosis), im Logos zusammenfasst (Anakephalaiosis) und im Geist wieder aufgerichtet (Apokatastasis).[27] So verweist diese Verbundenheit von allem mit allem von der eschatologischen Vollendung weiter auf die trinitarischen Inspirationen Panikkars.

2.2 Panentheismus: A-dvaita in chalkedonischer Lesart

Wer die aktuelle Debatte um den Begriff des Pan-en-theismus kennt, wird sofort erkennen, dass dualistischer Theismus und monistischer Pantheismus die beiden scharfen Alternativen sind, die analytisch und kontradiktorisch entgegengesetzt werden können. Dazwischen öffnet sich ein breiteres Feld von Ansätzen, die die Welt *in* Gott beheimatet sehen und Gott *in* Welt trans-immanent gegenwärtig erachten. Gott und Welt sind dann durch ein asymmetrisches Verhältnis der Differenz-Einheit zu beschreiben. In diesem Zwischenfeld sind Positionen eines weltbezogenen relationalen Theismus, eines modal schwachen bi-direktionalen Panentheismus und eines modal starken bi-direktionalen Panentheismus möglich.[28] Vermutlich ist Panikkar in seinem Denken des Göttlichen stärker von den hinduistischen Traditionen bestimmt, sodass er diese Differenz-Einheit im Gedanken von *a-dvaita* als Nicht-Zweiheit liest, ohne sie monistisch, wie bei Śaṅkara, in Identität zu fassen. In der Perspektive von *brahman* aber wäre das Göttliche schlechthin über-seiend und unaussprechlich entzogen. In der Perspektive von *iśvara* wäre der Herr aller Herren zugleich der unbestrittene Lenker des kosmischen Geschehens, der alles umgibt und umhüllt, aber vielleicht doch zuwendungsvoll ansprechbar ist, zumindest in der Bhakti-Tradition *Rāmānujas*.[29] Insofern Panikkar eine Differenz-Einheit denkt, ist diese zugleich von einer Nicht-Einsheit und Nicht-Zweiheit bestimmt, obwohl die indische Debatte nur in der analytisch klaren Alternative von Dualismus: *dvaita* oder Monismus: *advaita* bzw. *bheda* und *abheda* geführt wird. Insofern steht Panikkar in seiner Bestimmung der Differenz-Einheit und Transimmanenz dem Viśiṣṭādvaita-Vedānta nahe. Obwohl Panikkar den Begriff des Panentheismus ablehnt, weil er darin eine Position identifiziert, in der „Gott nur die Matrix ist, aus der alles entspringt", darf doch gefragt werden: Was heißt das genauerhin? Ihm kommt es mithilfe der kosmotheandrischen Intuition darauf an, dass Gott, Welt und Mensch einander

---

27 Vgl. Klaus Heinrich Neuhoff, Gott alles in allem, Bonn 2016.
28 Vgl. Godehard Brüntrup, Prozesstheologie und Panentheismus, in: Godehard Brüntrup / Ludwig Jaskolla / Tobias Müller (Hg.), Prozess – Religion – Gott. Whiteheads Religionsphilosophie im Kontext seiner Prozessmetaphysik (Whiteheads Studien 5), Freiburg-München 2020, 206–228.
29 Vgl. Leben und Wort, 64.

durchdringen.[30] Die genaue Weise dieses Durchdringens und miteinander in Beziehung-Seins wird von Panikkar nicht vertieft. Das aber wäre für eine fachwissenschaftliche Rezeption und Weiterführung wichtig und hilfreich. Die Durchdringung kann nämlich im Sinne einer Art Interferenz verstanden werden, sodass es ein Ineinander von unterschiedlichen Wellen der unterschiedlichen Bereiche und Sphären gibt. Sie kann aber auch polar und dynamisch als ein Wechselverhältnis in Beziehung gedacht werden, wodurch es gegenseitige Beeinflussung und Bereicherung gibt. Der Umstand, dass Panikkar wiederholt eine solche Polarität anspricht, deutet in diese zweite Richtung. Dann aber würde Panikkar einem bi-direktionalen Panentheismus zugehören, der mit einer Feedbackschleife oder gegenseitigen Befruchtung in den Beziehungen von Mensch, Welt und Gott untereinander rechnet.

Eine andere Lesart bietet Panikkar im Zusammenhang einer christlichen Interpretation des Gott-Mensch-Welt-Verhältnisses unter der Maßgabe einer differenzierten Ganzheitlichkeit an. Dann ist zu lesen: „Wenn das Christus-Ereignis (Christic Event) etwas in der Menschheitsgeschichte bedeutet, dann ist es wegen der Vereinigung – unvermischt, aber ungetrennt – von Menschlichem und Göttlichem. Dieses Ereignis vereint (göttliche) Transzendenz mit (menschlicher) Immanenz, ohne in einem Monismus – sei er spirituell oder materiell – oder einem metaphysischen Dualismus gefangen zu sein."[31] Was Panikkar hier vor dem Hintergrund der christologischen Tradition anbietet, die ihm tief vertraut ist, ist nichts weniger als eine chalkedonische Hermeneutik, nach der die Sphären des Göttlichen, des Menschlichen und des Kosmischen unvermischt und ungetrennt zu denken sind – und man kann ergänzen: ungesondert und unverwandelt. Dann aber darf gerade nicht von einer gegenseitigen Durchdringung gesprochen werden, oder es wäre mindestens zu klären, wie eine solche wechselseitige Durchdringung ohne Vermischung gedacht werden kann.

Im Sinne einer systemtheoretischen Betrachtung, dass die Umwelt sich immer auch im Inneren einer Eigenwelt widerspiegelt, könnte davon gesprochen werden, dass Gott und Kosmos strukturell auch dem Menschen innewohnen und anverwandelt werden, wie der Kosmos und der Mensch auch in Gott Resonanz finden und in Gott anverwandelt werden usw. Das aber würde die Alternative von *circumincessio* (gegenseitige Durchdringung) und *circuminsessio* (wechselseitige Einwohnung) zugunsten der letzteren Position verschieben. Mit einer solchen chalkedonischen Hermeneutik wäre christlich viel anzufangen und ließen sich unterschiedliche Problemlagen der Verhältnisbestimmung (Gnade und Freiheit; Individualität und Sozialität usw.) angehen. Entsprechend wäre im Sinne der Differenz in

30 Ebd., 64. 66f.
31 Ebd., 34.

Beziehung von einer idiomatischen Unterschiedenheit in kommunikativer Verbindung und Vermittlung zu sprechen. Vielleicht – und das wäre eine eigene Überlegung und Studie wert – ließe sich zeigen, dass die Denkweise der gegenseitigen Durchdringung eher dem hinduistischen Denken und die Denkweise der wechselseitigen Einwohnung eher dem christlich-trinitarischen Denken entspricht. Doch ist das nur ein erster Gedanke, der angesichts der differenten Universen des Verstehens weiterer Aufklärung bedarf. Von daher kann Panikkar mit seiner Inspiration von Meister Eckhart her äußerst fruchtbar für ein kosmotheandrisches Denken der *creatio et incarnatio continua* aufgenommen und weitergeführt werden.[32]

2.3 Der Menschheitshorizont des Katholischen

Wer den Begriff der Katholizität gemäß dem Glaubensbekenntnis aufnimmt, hat zu realisieren, dass „katholisch" darin den christlichen bewohnten Weltkreis meint und nicht als Konfessionsbezeichnung für die römisch-katholische Kirche verwendet wird. Positiv wird darin die aus der Christus-Beziehung hervorgehende Fülle und Vollkommenheit bezeichnet. Diese verweist letztlich auf die Lebensfülle des dreieinen Gottes, dessen lebendige Gemeinschaft Ur-Bild der Kirche ist (Kirchenkonstitution: LG 4; Ökumenismus-Dekret: UR 2), sowie auf die ganze Schöpfung als Gleichnis und Bild der Seinsfülle Gottes. Diese Schöpfung wird umspannt von dem universalen Heilswillen Gottes, der die Welt im Geist von innen her durchwebt und in der Menschwerdung sein versöhnendes Eingehen in die Welt und alle ihre Strukturbedingungen wagt. So wird in Jesus die grenzenlose und allbelebende Liebe des Vaters konkret und baut der Geist die Menschen und die Kirche zur Leben zeugenden Rolle und Fülle ihrer Charismen auf. Vor diesem weitgespannten Hintergrund ist die Kirche von Gott her katholisch gewollt, um katholisch zu werden und tiefer in diese umfassende Fülle hineinzuwachsen und andere in diese Fülle des Lebens mit einzubeziehen.

Kat'holon (von *katholikós:* ‚allumfassend') bezeichnet das Ganze und Umfassende, und deshalb nicht nur die Kirche, die nach ihrem eigenen Selbstverständnis die Fülle der Heilsmittel tradiert, sondern auch die Kirche, die zu allen Menschen gesandt ist.[33] Dieser Sendung für die ganze Welt korrespondiert die mögliche Sensibilität der Menschen für Fragen des ge-

---

32 Vgl. Bernhard Nitsche, Following Raimon Panikkar towards an Understanding of Creation as Incarnatio Continua, in: Saskia Wendel / Aurica Jax (Hg.), Envisioning the Cosmic Body of Christ. Materiality, Incarnation and Ecology, Abingdon 2019, 62–76.
33 Vgl. Jürgen Werbick, Kirche. Ein ekklesiologischer Entwurf für Studium und Praxis, Freiburg i. Br. 1994, 102f.145. 280f.

lingenden Menschseins und des vollendeten Lebens. Insofern ist die kosmotheandrische Intuition ein Vehikel, um Menschen hineinzunehmen in diese Bewegung der Beziehung zu allem mit allem, die das Konzil als Prozess der Vereinigung versteht. Zugleich geht es um eine Dynamik des Hineinwachsens, in der die theandrische Verbindung des Menschen mit Gott besondere Bedeutung gewinnt, die Jesus Christus realsymbolisch ist und im Geist beflügelt sein will.[34] Daher geht es Panikkar mit Recht auch darum, Menschen in den Erfahrungsraum der Christophanie hineinzuführen und in ihm jene unvermischte Ungetrenntheit von Gott und allen Dingen zu erspüren, die im tempiternen und transhistorischen Heute des Ewigkeits-Augenblicks Gegenwart wird:

> „,Wer mich gesehen hat, hat den Vater gesehen' (Joh 14,9). Jesus Christus ist reine Transparenz: der Weg. Wer Christus sieht, sieht zugleich den Prototyp der ganzen Menschheit, den *totus homo*, den vollen Menschen. Jeder, der Jesus Christus entdeckt, erfährt das ewige Leben, das heißt die Wiederauferstehung des Fleisches und damit die Wirklichkeit der Materie, des Kosmos. Jesus Christus ist das lebendige Symbol der Göttlichkeit, der Menschheit und des Kosmos (das materielle Universum). Jede Erfahrung, die nicht diese drei Dimensionen einschließt, kann schwierig als eine lebendige Begegnung mit dem jungen Rabbiner betrachtet werden, den Nikodemus eines nachts sagen hörte, dass die neue Geburt des Menschen aus Wasser (Materie) und Geist (Heiligem) sein müsse (Joh 3,5–6).
> In Jesus Christus begegnen sich das Endliche und das Unendliche. In ihm sind das Menschliche und das Göttliche vereint. In ihm ist das Materielle und das Spirituelle eins – wie auch das Männliche und das Weibliche, hoch und niedrig, Himmel und Erde, Historisches und Transhistorisches, Zeit und Ewigkeit. Vom historisch-religiösen Gesichtspunkt könnte man Christus als denjenigen beschreiben, der die Distanz zwischen Himmel und Erde, Gott und Mensch, Transzendenz und Immanenz auf Null reduziert, ohne einen der zwei Pole zu ‚opfern' – genau das Prinzip des *advaita*.
> Jesus betete: ‚Dass alle eins seien' (Joh 15,21). Das (koptische) Thomas-Evangelium sagt: ‚Wenn du aus den Zweien Eins machst und das Außen wie das Innen ..., dann wirst du eintreten (in das Reich)'. [... Dass du aus den Zweien Eins machst] singt die große Antiphon ‚Oh' der Weihnachtsliturgie (22. Dezember) – den Sinn der Schrift erwei-

---

34 Dazu gehört nach römisch-katholischer Auffassung auch die in Zeichen und Vollzügen gelebte institutionelle Einheit durch wechselseitige Anerkennung: Werbick, Kirche, 405.

ternd (Eph 2,14). Und Petrus sprach von der *apokatastasis pantōn* (universale Wiederherstellung aller Dinge) (Apg 3,21)."[35]

Von daher begreift Panikkar das Geheimnis Christi mit Maximus Confessor als Konjunktion und Koinzidenz der Polaritäten des Männlichen und Weiblichen, der Erde und des Himmels, der Sinnlichkeit und des Verstandes sowie der geschaffenen und ungeschaffenen Natur.

Sofern katholisch nicht konfessionell enggeführt,[36] sondern im Lichte des Zweiten Vatikanischen Konzils inklusiv gelesen und in der spannungsvollen Einheit von institutionellen Aspekten und eschatologischer Weite verstanden wird und so für alle Menschen guten Willens Relevanz gewinnt, können alle Menschen, die das Rechte tun und ihrem Gewissen folgen, die in Wahrheit Gott suchen und ein Leben voller Liebe zu Gunsten der Menschen und Mitgeschöpfe realisieren, in solcher Weise katholisch genannt werden (Kirchenkonstitution: LG 16). Natürlich, um sie zu locken und zu werben, damit sie immer mehr katholisch im Sinne des Lebens der Fülle im Angesicht Gottes werden. Entsprechend hat Panikkars kosmotheandrische Intuition diese Offenheit und Dynamik der Katholizität und markiert ihre menschheitsuniversale Dimension.

Deshalb formuliert schon das Zweite Vatikanische Konzil (1961–1965) in der Einleitung zu seiner Erklärung über die nicht-christlichen Religionen *Nostra aetate*:

„Alle Völker sind ja eine einzige Gemeinschaft, sie haben denselben Ursprung, da Gott das ganze Menschengeschlecht auf dem gesamten Erdkreis wohnen ließ; auch haben sie Gott als ein und dasselbe letzte Ziel. Seine Vorsehung, die Bezeugung seiner Güte und seine Heilsratschlüsse erstrecken sich auf alle Menschen, bis die Erwählten vereint sein werden in der Heiligen Stadt, deren Licht die Herrlichkeit Gottes sein wird; werden doch alle Völker in seinem Lichte wandeln."

Dieser menschheitsuniversalen Ausrichtung korrespondiert die menschheitsuniversale Aufgabe der Religionen:

„Die Menschen erwarten von den verschiedenen Religionen Antwort auf die ungelösten Rätsel des menschlichen Daseins, die heute wie von je die Herzen der Menschen im tiefsten bewegen: Was ist der Mensch? Was ist Sinn und Ziel unseres Lebens? Was ist das Gute, was die Sünde? Woher kommt das Leid, und welchen Sinn hat es? Was ist der Weg zum wahren Glück? Was ist der Tod, […] die Vergeltung nach dem

---

35 Raimon Panikkar, Christophanie, Freiburg 2006, 237f.
36 Vgl. typisch Gerhard Ludwig Müller, Was ist katholisch?, Freiburg u. a. 2021.

Tode? Und schließlich: Was ist jenes letzte und unsagbare Geheimnis unserer Existenz, aus dem wir kommen und wohin wir gehen?" (NA 1).

Da die Kirche nicht Zweck in sich selber ist, sondern Zeichen und Werkzeug für die innigste Vereinigung der Menschen mit Gott und untereinander, ist sie in Christus gleichsam ein Sakrament für solche Prozesse der Vereinigung (Kirchenkonstitution: LG 1). Es ist diese Perspektive des Sauerteigs, die Raimon Panikkar für die Initiation in die pneumatische Christuserfahrung wichtig ist (Christophanie 25f.). Doch hat sie ihr Ziel nicht in sich selbst, sondern ist sie ausständig auf das Reich Gottes und damit auf den neuen Himmel und die neue Erde (Offb 21,4).

„Die Erwartung der neuen Erde darf die Sorge für die Gestaltung dieser Erde nicht abschwächen, sondern muss sie im Gegenteil ermutigen. (…) Alle guten Erträgnisse der Natur und unsere Bemühungen, nämlich die Güter menschlicher Würde, Gemeinschaft und Freiheit müssen im Geist des Herrn und gemäß seinem Gebot auf Erden vermehrt werden, dann werden wir sie wiederfinden, gereinigt von jedem Makel nicht voll und verklärt" (Pastorale Konstitution: GS 39).

Was hier für die Dinge der Welt gesagt wird, gilt nun allemal für die Menschen der Erde und alle lebendigen Wesen in den Weiten des Universums. Deshalb ist die Katholizität auf jene Umfassendheit und Fülle ausgerichtet, die eschatologisch als Leben der Fülle (Joh 10,10) in der lebendigen Fülle des trinitarischen Beziehungs-Reichtums und bei Gott zu verstehen ist, einer Fülle, die niemanden ausschließt und alle in das göttliche Fest des Lebens voller Prickeln und höchster Intensität ohne Ende einschließen will. So ist der endzeitliche Sabbat die Feier der Lebensfülle in der Perichorese der Aufgerichteten und Befreiten.

2.4 Homöomorphe Äquivalente und Komparative Theologie

Die Gestaltform-Entsprechungen oder funktionalen Entsprechungen zwischen unterschiedlichen Religionen, die Raimon Panikkar „homöomorphe Äquivalente" nennt, unterscheidet er von Analogien ersten Grades. Darunter wird normalerweise die Attributionsanalogie verstanden, bei der von einem übergeordneten Seienden durch Teilgabe einem untergeordneten Seienden Entsprechung ermöglicht wird. Im Falle Panikkars wäre das ein Verhältnis von Makrokosmos zu Mikrokosmos. Davon können Analogien zweiten Grades unterschieden werden, die nicht im Sinne direkter Ableitung funktionieren, sondern Verhältnisse der Entsprechung zu anderen Verhältnissen der Entsprechung in Beziehung setzen. Zum Beispiel kann gesagt werden:

Wie die Sonne ihr Licht auf das Meer wirft, sodass alle Wellenbewegungen glitzern, auf entsprechende Weise lässt Gott sein Licht in die Herzen der Menschen fallen, damit sie innerlich leuchten und aufblitzen können. Da es sich bei den homöomorphen Äquivalenten um Entsprechungen heterotoper Kulturen und Denkformen handelt, schlage ich vor, von Analogien dritten Grades zu sprechen. Dabei wird der systemischen Differenz der unterschiedlichen Universen des Verstehens Rechnung getragen und zugleich die funktionale Entsprechung in unterschiedlichen Bezugssystemen bzw. die Gestaltform-Entsprechung in zwei unterschiedlichen Denkformen hervorgehoben.[37]

Solches hat Raimon Panikkar in herausragender Weise geleistet, indem er in seiner theologischen Dissertationsschrift auf den den Christen unbekannten Christus im Hinduismus hingewiesen hat. Konkret bezieht sich Raimon Panikkar auf den Gedanken des *iśvara* als dem Herrn des Kosmos und dem Herrn aller Herren, wie er traditionell in den unterschiedlichen Formen des Viṣṇuismus und des Śivaismus zur Anwendung kommt, sodass in unterschiedlicher Perspektivik Viṣṇu – Śiva oder in einer übergeordneten Synthese ein Monotheismus ausgebildet wird, der auch eine Vergegenwärtigung oder Repräsentanz *brahmans* impliziert.

In solcher Bezugnahme zitiert Raimon Panikkar eine vedische Schrift (*Tāndya-Mahā-Brāhmana*, XX, 14,2) mit dem Vers: „‚Am Anfang war das Wort, und das Wort war göttlich'. Dieses Wort ist genau deshalb göttlich, weil es spricht, und wir sind genau deshalb menschlich, weil wir das Wort verstehen. Am lebendigen Wort teilhaben, auf eben diese Weise nimmt der Mensch [...] am gesamten kosmotheandrischen Abenteuer teil."[38] Die Parallele zum Johannesprolog ist nicht zufällig, auch wenn der Johannesprolog ergänzende Akzente setzt, indem er nicht zeitlich *am* Anfang formuliert, sondern prinzipientheoretisch *im* Anfang das Wort bei Gott aussagt und es damit personal strukturiert. Mit leichter Modifikation könnte der Vers aus dem Veda als Christus-Aussage der griechisch-altkirchlichen Tradition festgehalten werden. Damit kommt zum Ausdruck, dass die uneinholbare göttliche Wirklichkeit im ewigen Wort Gestalt gewinnt und fassbar wird und dass durch dieses Wort alles geschaffen und geformt ist.

„In christlicher Begrifflichkeit heißt das: Das Göttliche kann nicht auf einen unendlichen Logos reduziert werden. Es gibt auch eine apopha-

---

37 Bernhard Nitsche, Homeomorphic equivalents (logos, vāc) as chances of interreligious understanding, in: Milena Carrara Pavan / Kala Acharya (Hg.), Raimon Panikkar: His Legacy and Vision, (Somaiya Publications) Mumbai – New Delhi 2008, 167–181.
38 Leben und Wort, 62f.

tische Quelle. Es gibt auch den Geist, weder dem Logos untergeordnet noch getrennt von ihm, aber auch nicht auf ihn reduzierbar. Um es paradox auszudrücken: Die Wahrheit Gottes, der *logos*, ist nicht das Ganze Gottes, weil Gott Wahrheit, Logos und unendliche Wahrheit *ist*, aber Er ist *nicht nur* das. Gott ‚ist' Trinität."[39]

In der Konsequenz und im Rückbezug bleibt zu fragen, ob es hinduistisch ein a-dvaitisches Verhältnis im Panikkar'schen Sinne zwischen *brahman* und ātman einerseits und *brahman* und *iśvara* andererseits geben kann. Dann würde die Folgerung Panikkars einen um das Verhältnis von *brahman* und ātman bzw. Vater und Geist zu erweiternden Sinn erhalten.[40]

Verblüffend darf zur Kenntnis genommen werden, dass in der Komparativen Theologie permanent „homöomorphe Äquivalente" zwischen unterschiedlichen religiösen Systemen zum Thema gemacht werden, aber der Bezug auf Raimon Panikkar in der Regel nicht stattfindet. Dies erstaunt umso mehr, als auch Raimon Panikkar eine Haltung lernender Offenheit mit ihnen verbindet, um aus dem Reichtum der anderen Traditionen etwas für die offenen Fragen der eigenen Tradition zu lernen. Genau dieser Habitus, ungelöste Probleme der eigenen Tradition offenzulegen, um sie im Lichte der anderen Traditionen befruchten zu lassen, gehört zu einer Grundhaltung Komparativer Theologie und könnte sich dabei zutiefst auf Panikkar berufen.

Der Grund, warum Komparative Theologie so wenig auf Panikkar rekurriert, dürfte an drei Punkten festzumachen sein. Einmal haben die führenden Protagonisten und Protagonistinnen den möglichen Bezug zu Panikkar nicht sondiert oder nicht aufgenommen und an die SchülerInnen weitertradiert. Dazu gesellen sich zwei inhaltliche Gründe: Während Komparative Theologie die mikrologische Analyse von Detailfragen und Einzelelementen in den Blick nimmt, hat Raimon Panikkar diese Einzelfiguren immer im Rückbezug zum Gesamtzusammenhang gesehen und thematisiert und deshalb eine diatopische Hermeneutik gefordert, welche die unterschiedlichen Universen des Verstehens mitreflektiert und ihre mögliche Übersetzbarkeit mitbedenkt. Entsprechend kann man umgekehrt fragen, ob die mikrologischen Analysen Komparativer Theologie in Zukunft nicht auch stärker den makrologischen Bezug auf eine Denkformanalyse unterschiedlicher Reli-

---

39 Ebd., 85f.
40 Bernhard Nitsche, God or the Divine – Religious Transcendence beyond Monism and Theism, between Personality and Impersonality? (2017), in: Bernhard Nitsche / Marcus Schmücker (Hg.), God or the Divine – Religious Transcendence beyond Monism and Theism, between Personality and Impersonality?, Berlin u. a. 2022, 23–64; vgl. ebd. Rambachan, Gnoseological Interpretation of Śaṅkara, 419–432.

gionen und Traditionen zu berücksichtigen haben. Gleichwohl bleibt das Problem, dass Raimon Panikkar ein Denker in großen Bögen und des Anstoßes für ein Neues Denken ist und nicht so sehr, wie etwa Francis Clooney als Generation nach ihm, die fachwissenschaftliche Kleinarbeit in den Blick genommen und geleistet hat, der es auch bedarf, um in differenzierter Weise die unterschiedlichen Traditionen in einen fachwissenschaftlich elaborierten Austausch zu bringen.[41] Sodann hat mein Hinweis darauf, dass Panikkar auch mit anthropologischen Invarianten rechnet, die ich religionstheologisch für unterschiedliche Modellierungen des Transzendenzbezugs herausarbeite,[42] bei meinem Kollegen Klaus von Stosch äußerste Zurückhaltung hervorgerufen, weil er – und mit seiner Brille zurecht – kulturelle, historische und religiöse Traditionen in Entwicklungen und Differenzierungen eingebunden sieht, die nicht gut mit Invarianten kompatibel sind. Allerdings könnte das weiterführende Gespräch hier zeigen, dass Panikkar diese Invarianten auf die kosmotheandrische Struktur des menschlichen Daseins bezieht und in seiner Analyse religiöser Bezugnahmen solche nicht kennt.

2.5. Inspirationen für trinitarisches Denken

Fragt man nach den Inspirationen Raimon Panikkars für ein trinitarisches Denken, so kann noch einmal seine eigene Perspektive herausgestellt werden:

„Der Vater ist die Quelle des Seins (*origo et fons totius divinitatis*, wie das Konzil von Toledo es beschrieb), nicht die Ursache (*causa sui* ist ein Widerspruch in sich!). Der Sohn ist das Sein, der Heilige Geist ist so etwas wie die Seele des Seins, der Geist des Vaters, der das Sein zurück zu sich selbst, zum Vater, einsammelt. Er ist die Zuflucht, das Ziel des Seins, aber all diese Ausdrucksweisen, die alle als solche

---

41 Vgl. Francis X. Clooney, Komparative Theologie. Eingehendes Lernen über religiöse Grenzen hinweg, Paderborn 2013; Klaus von Stosch, Einführung in die Komparative Theologie, Paderborn 2022, besonders die Einführung: 9–37. Francis X. Clooney, World, Humanity, Sacrifice, God: Some Reflections on the Abundant and Elusive Possibilities, in: Bernhard Nitsche / Marcus Schmücker (Hg.), God or the Divine – Religious Transcendence beyond Monism and Theism, between Personality and Impersonality?, Berlin u.a. 2022, 367–394.

42 Vgl. jetzt die schöne Zusammenfassung meiner Anliegen in: Perry Schmidt-Leukel, Das himmlische Geflecht, Göttingen 2022, 71–74. Vgl. im Sinne der Bedenken von Klaus von Stosch: Saskia Wendel, Zugänge zur Transzendenz oder Möglichkeitsbedingungen für das Aufkommen von Religion?, in: Bernhard Nitsche / Florian Baab (Hg.), Dimensionen des Lebens – Wege der Transzendenz?, Paderborn 2018, 89–98.

unzulänglich sind, müssen natürlich richtig verstanden werden. Das Leben der Trinität ist wie eine Explosion des Seins, das vom Vater ausgeht und wieder zu ihm zurückkehrt. Die Bewegung, die vom Vater ausgeht, gibt dem Sohn seinen Ursprung, aber diese Bewegung bringt auch den Sohn zurück zum Vater, und dies ist das Werk des Heiligen Geistes."[43]

An anderer Stelle habe ich mit Panikkar gezeigt, wie der Vater *fons et origo* vor dem Sein ist, das der Sohn ist. Der Vater ist also der vor-ursprüngliche Grund von allem – jenseits des Seins und jenseits des Nichts von allem Seienden. Er ist also Ursprung schlechthin und in dieser Weise unaussagbar und uneinholbar. Er wird nur erkannt als das Wovonher der Fülle des Seins, die im Seienden der Welt aufscheint. Diese Fülle des Seins aber ist der Sohn. In solcher apophatischen Dimensionierung ist der Vater in einer tiefen Entsprechung zum hinduistischen *brahman* zu verstehen und zur buddhistisch letzten Tiefe von *śūnyatā* (Leerheit). Masao Abe hält in einer Reflexion zu den Begegnungsmöglichkeiten von buddhistischem und christlich-trinitarischem Denken fest: „*śūnyatā* is non-*śūnyatā* (*aśūnyatā*); therefore it is ultimate *śūnyatā* (*atyanta-śūnyatā*)".[44] Dieser Zusammenhang der Überwindung aller Vorstellung und Definition durch Begriffe erlaubt es, die letzte Leerheit aller Bestimmungen zugleich im Sinne einer uneinholbaren Über-Fülle und Über-Vollkommenheit zu verstehen, die alle konkreten Vorstellungen aufsprengt und überschreitet, und daher nicht mehr im Rahmen menschlicher Vorstellungen gebannt und fixiert werden kann. Es ist dieselbe „Sprengmetaphorik" (Hans Blumenberg), deren Suggestivkraft über das logisch Vorstellbare hinausführt und so in das Undarstellbare einer letzten transnumerischen und apophatischen Einheit einführt. Gemäß der auch von Panikkar geliebten Formel des *liber hermeticum* der 24 Philosophen/Propositionen kann festgehalten werden:

> „Die zweite *propositio* des *liber*; die als Proprium des göttlichen Seins dessen Allgegenwart und Unendlichkeit expliziert, lautet: ,*Deus est sphaera infinita, cuius centrum est ubique, circumferentia nusquam*' (,Gott ist eine unbegrenzte Sphäre, deren Zentrum überall und deren Peripherie nirgends ist'). Gemäß dem Kommentar zu dieser *proposito* sowie weiteren zu ihrer Erläuterung geeigneten *propositiones* und Kommentaren aus dem *liber* ist das Zentrum der alles enthaltenden

---

43 Leben und Wort, 119.
44 Masao Abe, „Kenosis and Emptiness", in Roger Corless / Paul F. Knitter (Hg.), Buddhist Emptiness and Christian Trinity: Essays and Explorations (Mahwah N.J. 1990), 5–25, hier: 20–22.

Kugel des göttlichen Lebens deshalb überall (wirksam), weil es keine Ausdehnung besitzt; der Umfang dieser Kugel ist insofern nirgends, als Gott in seinem kreativen und umfassenden, mithin konstitutiven Wirken durch nichts begrenzt wird und insofern unendlich ist."[45]

Ist der Vater in dieser Weise der ursprunglose Ursprung und das uneinholbare Wovonher der Fülle des Seins, so ist der Sohn – entsprechend der Kabbala und ihrer Transformation bei Schelling – das Andere als das maximal Gute und die vorstellbare Vollkommenheit in Gott. Als Bild des Ursprungs der vorstellbaren Andersheit in Gott, ist der Logos-Sohn zugleich Voraussetzung der Welt und ihrer Andersheit. Genau besehen wird in diesem Denken die Zweistufigkeit der Gottesbestimmung bei Anselm von Canterbury aufgenommen, der Gott einmal als dasjenige bestimmt, über das hinaus Größeres oder Vollkommeneres nicht gedacht werden kann (Proslogion 2), um später festzustellen, dass Gott, wenn er wirklich als Gott gedacht wird, noch einmal größer ist als alles, was gedacht werden kann. Deshalb ist er größer als alle Vollkommenheit, die der Mensch sich vorstellen kann (Proslogion 15). Genau in der Umkehrung dieser Figur kann Panikkars Unterscheidung zwischen dem Vater und dem Sohn religionsphilosophisch höchste Aktualität gewinnen.

Allerdings verstehe ich den Geist als die ekstatische, zentrifugale Bewegung Gottes, die auf Allgemeinheit und Universalität zielt und deshalb ebenso kosmosuniversal und menschheitsuniversal gedacht werden muss wie das Wirken des Logos-Sohnes. Im Sohn ist dann umgekehrt die zentripetale Bewegung der Rückführung zum Vater wirksam. Man kann das auch in einem anderen Bild sagen: Gott erscheint im Heiligen Geist wie durch eine konkave Linse als Streulicht, das sich überallhin verbreitet. Im Sohn ist die Wahrheit Gottes wie durch eine konvexe Linse gebündelt, die alles auf den Punkt bringt.[46]

Doch darf dann noch einmal mit Raimon Panikkar eingesehen werden:

---

45 Markus Enders, Zur Begriffsgeschichte der Allgegenwart und Unendlichkeit Gottes im hochmittelalterlichen Denken, in: Jan A. Aertsen / Andreas Speer (Hg.), Raum und Raumvorstellungen im Mittelalter (Miscellanea Mediaevalia 25), Berlin-New York 1998, 335–347.

46 Bernhard Nitsche, Transpersonalität des Geistes, in: Bernhard Nitsche / Florian Baab / Dennis Stammer (Hg.), Gott – Geist – Materie. Personsein zwischen Natur und Transzendenz (Ratio fidei), Regensburg 2020, 193–215; Bernhard Nitsche Gott – Welt – Mensch. Raimon Panikkars Denken – Paradigma für eine Systematische Theologie in interreligiöser Perspektive? (Beiträge zu einer Theologie der Religionen 6), Zürich 2008, 489–611.

„Solche Einteilungen sind offensichtlich künstlich (*quoad nos*). Die eine Bewegung kann nicht ohne die andere existieren, und umgekehrt. Der Sohn ist nur der Sohn, insofern der Heilige Geist ihn inspiriert, und umgekehrt. Vom Grund der Gottheit entspringt das Sein Gottes – und das ist der Sohn. Dieses Sein bleibt jedoch nicht unbeweglich, starr. Es ist, was der Vater ist; aber es kann nur dies sein, denn es ist nicht nur vom Vater gezeugt (als Sein Bildnis), sondern kehrt, insofern es vollkommen den Vater widerspiegelt, zu Ihm zurück. Das Sein atmet ein und aus (*inspires and respires*) innerhalb der Dynamik der Trinität, als Geschenk und Gabe, als Empfangen und Geben."[47]

---

47 Leben und Wort, 120.

DIE HERAUSGEBER, ÜBERSETZER UND DER AUTOR DES NACHWORTS

Milena Carrara Pavan war in den letzten 20 Jahren seines Lebens Panikkars engste Vertraute und Mitarbeiterin wie auch profunde Kennerin seines Denkens. Im Jahr 2006 veröffentlichte sie zusammen mit Panikkar den Bericht über ihre gemeinsame Pilgerreise zum Berg Kailash, der 2018 in erweiterter Form unter dem englischen Titel *Pilgrimage to Kailasa* (Motilala Banarsidass, Delhi 2018) erschienen ist. Mit Milena Carrara Pavan organisierte Pannikar seine Schriften in die 18 Bücher der *Opera Omnia* und übertrug ihr die schwierige Aufgabe, ihre Veröffentlichung in fünf Sprachen zu kuratieren, die im Jahr 2022 ihren Abschluss erreicht. Sie ist die Präsidentin der Stiftung Vivarium Raimon Panikkar, die von Panikkar gegründet wurde und das intellektuelle Erbe seines Werks verwaltet.

Christian Hackbarth-Johnson, Dr. theol., evangelischer Theologe, Religionswissenschaftler, tätig in der spirituellen Erwachsenenbildung, freier Mitarbeiter am Zentrum Theologie Interkulturell und Studium der Religionen der Universität Salzburg. Forschungsschwerpunkt: spiritueller interreligiöser Dialog zwischen Christentum und asiatischen Religionen, neuere Religions- und Spiritualitätsgeschichte.

Bernhard Nitsche, Professor für Fundamentaltheologie und Religionsphilosophie an der Universität Münster, Forschungsschwerpunkte: Transzendentaltheologie, theologische Anthropologie, Pneumatologie, Christologie.

Franz Xaver Scheuerer, Dr. theol., kath. Theologe, Religionslehrer. Forschungsschwerpunkte: Interkulturelle Theologie.